God, after god, me.

——José Mourinho

（左图）2004 年欧冠 1/8 决赛次回合，波尔图在补时阶段扳平比分，以总比分 3 比 2 淘汰曼联晋级。那一晚，制造冷门的穆里尼奥打破了公众的传统认知，整个足坛都注意到了他的存在——当然，特别是那个叫阿布拉莫维奇的俄罗斯人。

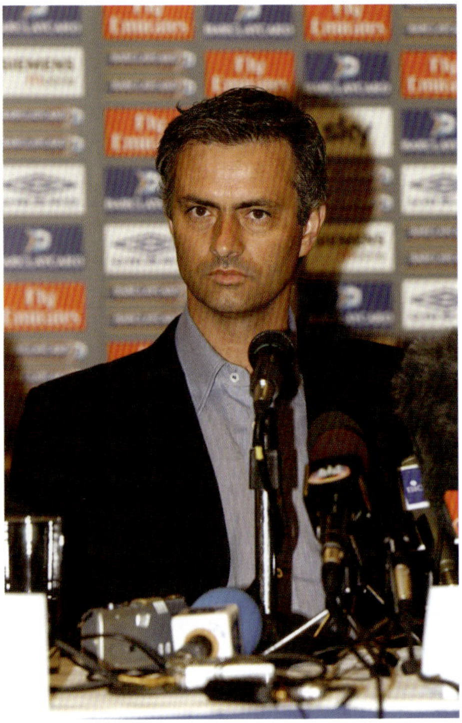

（右图）“特别的一个”：初到英格兰，穆里尼奥就在新闻发布会上口出狂言，面对世界各地的媒体，他毫不避讳地自称为“特别的一个”，用这样的方式宣布自己的到来。

（下图）穆里尼奥总是与蓝军球员维系着特殊的纽带关系，在执教切尔西的前两个赛季，他借此赢得了多座奖杯。

（上下图）由于撰写了“切尔西违规接触阿什利·科尔”的稿件，我一度担心我与穆里尼奥的关系将就此破裂，但如今看来，他要比我想象得更加宽容和大度。

（右图）大满贯：在执教切尔西的前三个赛季，穆里尼奥拿下了所有英格兰顶级赛事的荣誉。

（左图，与切尔西老板阿布拉莫维奇）不过，一旦关系出现问题，穆里尼奥很快在2007年失去了帅位。

英格兰队的错过，国际米兰的收获：初到亚平宁半岛，穆里尼奥只收获了联赛冠军，但在执教国际米兰的第二个赛季，他就带领“蓝黑军团”荣膺了“三冠王”。

（上图）过去、现在和未来：2010 年欧冠淘汰赛，穆里尼奥带领国际米兰对阵老东家切尔西，彼时蓝军的主帅是卡洛·安切洛蒂。

（下图）哈里·雷德克纳普并不晓得，穆里尼奥本有可能在 2010/2011 赛季结束后接过热刺的教鞭。

（左图）在带领“银河战舰”创造多项纪录后，穆里尼奥和皇马从不可一世的巴塞罗那手中夺过了西甲冠军。葡萄牙人的弟子将其抛向空中，肆意庆祝。

（右图）与C罗拥抱。

穆里尼奥曾经慷慨地帮助我安排了对C罗的专访。不久后，一趟重返英格兰的旅程似乎预示着他还是会满足蓝军球迷的祈愿（下图）。

回家：2013年夏天，穆里尼奥听从了自己内心的意愿，他第二次成为切尔西的主帅。

（上图）二度执教蓝军的首场英超联赛，穆里尼奥就在场边展现了他的激情。

（下图）穆里尼奥用这样不同以往的方式，庆祝着重回斯坦福桥后拿下的首个奖杯。

穆里尼奥与他们的矛盾是英超历史上最火爆的对峙之一——他与温格和贝尼特斯的口角似乎随时都有可能激化为肢体冲突。

穆里尼奥也有柔软的一面，在与我的儿子约书亚见面时，他就体现了无微不至的关照。除了与约书亚合影留念、赠送切尔西的外套，若泽还让约书亚坐上新闻发布会的主位置，体验了一把主帅的感觉。

（上图）穆里尼奥向我展示他与阿尔·帕西诺的合影，就是再著名的大牌，也难免有追星的时候。

（下图）珍藏记忆：穆里尼奥不再选择把奖牌扔给球迷了，他要把奖牌带回家送给自己的儿子，小若泽。

（左图）穆里尼奥庆祝他与切尔西捧得的第三座英超奖杯。

（下图）仅仅几个月的时间，足球世界的一切都会天翻地覆……

（右图）2016年5月，穆里尼奥与曼联签约的新闻惊诧了整个足坛。

（左图）成为曼联的一员：2016年社区盾杯前，穆里尼奥与曼联传奇博比·查尔顿爵士握手致意，在他的旁边，伊布拉希莫维奇身穿着曼联的9号球衣。多年过去，这对国际米兰时期的师徒在曼彻斯特重聚。

重装上阵：在他执教曼联的第一场正式比赛中，穆里尼奥就带领红魔 2 比 1 击败莱斯特城，成功夺取社区盾冠军。新帅上任，奖杯开路，葡萄牙人以此正式开启了曼联生涯。

# JOSÉ MOURINHO

## Up Close and Personal

JOSE MOURINHO: UP CLOSE AND PERSONAL
by Robert Beasley

This edition arranged with Michael O'Mara Books Limited through Big Apple Agency, Inc., Labuan, Malaysia.

# 真相 Up Close and Personal JOSÉ MOURINHO

# 若泽·穆里尼奥传

[英] 罗伯特·比斯利 — 著
搜达足球 陈丁睿 — 译

金城出版社
GOLD WALL PRESS

## 图书在版编目（CIP）数据

真相：若泽·穆里尼奥传 /（英）罗伯特·比斯利著；搜达足球，陈丁睿译.
—北京：金城出版社，2017.11

书名原文: JOSE MOURINHO: UP CLOSE AND PERSONAL

ISBN 978-7-5155-1554-0

Ⅰ.①真… Ⅱ.①罗… ②搜… ③陈… Ⅲ.①若泽·穆里尼奥—传记 Ⅳ.①K835.525.47

中国版本图书馆CIP数据核字（2017）第235975号

## 真相：若泽·穆里尼奥传

著　　者　（英）罗伯特·比斯利
译　　者　搜达足球　陈丁睿
责任编辑　李轶武
文字编辑　李明辉
开　　本　16
印　　张　19
字　　数　230千字
版　　次　2018年1月第1版　2018年1月第1次印刷
印　　刷　三河市百盛印装有限公司
书　　号　ISBN 978-7-5155-1554-0
定　　价　59.90元

出版发行　**金城出版社**　北京市朝阳区利泽东二路3号
邮编：100102
发 行 部　（010）84254364
编 辑 部　（010）64391966
总 编 室　（010）64228516
网　　址　http://www.jccb.com.cn
电子邮箱　jinchengchuban@163.com
法律顾问　陈鹰律师事务所（010）64970501

I’m the European champion, so I think I’m not the one of mortal.

I’m **the special one** .

——José Mourinho

# 目录

# 前言
## 2004年，老特拉福德球场

2004年3月9日，若泽·穆里尼奥第一次打破了我的传统认知。在那个周二，我相信有成百上千万的球迷与我一样感同身受。似乎一夜之间，每一个英格兰球迷都在谈论穆里尼奥——那个身穿深色外套，在老特拉福德球场奔跑、雀跃、纵情欢呼的家伙。

穆里尼奥有充足的理由这样忘情庆祝，对于他和波尔图而言，葡萄牙后腰科斯蒂尼亚的补时进球价值千金，凭借这次破门，波尔图淘汰弗格森领衔的曼联，爆冷挺进欧冠8强。

正是有了这粒进球，波尔图才真正迈上了夺冠之路。后来，在2004年5月26日的德国盖尔森基兴，波尔图3比0击败德尚执教的摩纳哥，穆里尼奥捧得了执教生涯第一座欧冠奖杯。不到一个月后，葡萄牙人接过切尔西的教鞭，他随即放出豪言，自己就是“特别的一个”，正是从那时起，他开始在我心中占据非常重要的位置。

我算是一名切尔西老球迷了，自1967年足总杯决赛切尔西与托特纳姆热刺一役后，我便成为了蓝军的拥趸。虽然那时只有7岁，但我已逐渐为足球痴狂。

之前一个夏天，英格兰刚在本土摘得了世界杯桂冠，说来可能没人相信，那场足总杯决赛竟然是 1966 年世界杯后第一场能被电视台直播的比赛。

这样的说法可能令人难以理解，毕竟，我们已经身处一个充斥超高清和 3D 的多元时代，以至于很多时候，大家都能随时随地在屏幕上享受足球。回到 20 世纪 60 年代，这些视觉体验都是无法想象的存在，只有等到足总杯决赛时，大家才能在电视上看到现场直播。这也就是足总杯决赛的特殊之处，不只是两支决赛球队的拥趸，整个国家都沉浸于盛大的决赛氛围中。

在 1967 年 5 月，我还没有选定自己明确支持的球队，唯一让我有些偏好的就是家乡俱乐部——纳尼顿，闲暇之余，爸爸经常带我去看他们的比赛。只是，这些日常情愫终究比不上足总杯决赛的魅力。5 月 20 日一早，心情激动的我就跟小伙伴一起到社区俱乐部的操场上踢球，为了预演足总杯决赛，我们分成了切尔西和热刺两支球队，先得到十分的一队就算获胜。经过一场激战，我所在的切尔西轻松地拿下了胜利，具体比分不是 10 比 5，就是 10 比 6。

从操场得胜而归后，我回到家信心满满地告诉妈妈、爸爸和姐姐艾莉森，足总杯决赛的胜者一定是切尔西，但他们并不相信。遗憾的是，那个下午的温布利大球场，我的期盼最终没能成为现实，切尔西传奇射手博比·坦布林于第 85 分钟的破门未能挽回劣势，凭借罗伯森和萨乌尔的进球，北伦敦球队成功在足总杯封王。那时候，我本以为自己是一名“奖杯追随者”，会因为冠军而支持热刺然后忘掉切尔西，但现实并非如此，即便蓝军遗恨决赛，我对这支球队的热爱却开始生根发芽。

一切都出乎意料，大约 20 年后，我竟然成了一名切尔西的跟队记者，从会议室、更衣室到新闻发布厅，我竟然能跟那些球员和工作人员谈笑风生——这简直宛如梦境。在穆里尼奥驾临斯坦福桥球场的那一天，我不得不再度确认了一遍，这一切都是真实存在的。

我很想看看穆里尼奥到底是个什么人，也希望把自己尽快介绍给他，并与其建立起那种我曾经与肯·贝茨、马修·哈丁、格伦·霍德尔、路德·古利特和詹卢卡·维亚利保持的亲密关系。2004 年 6 月 2 日，星期天，我大步流星地走进斯坦福桥球场，听到了穆里尼奥传递给全世界的上任宣言：我是特别的一个。从那一刻起，这也成了他在足坛的著名“绰号”。他无与伦比，魅力十足，绝对是票房的保证。

说实话，那天的发布会简直是一片混乱，出于一些原因，切尔西将见面会放在了他们靠近通道和更衣室的新闻发布厅，这个空间异常狭小，唯一的优点就是方便两队主帅随意进出。穆里尼奥的到来可是国际大新闻，就在发布会开始前，整个发布厅已经被欧洲各地的电视工作人员、广播记者、报纸记者以及各种设备填满，一些记者不堪拥挤，只能到门外等待。就是在这样的情况下，原本一场发布会被切割成了好几场。

在拥挤不堪的发布厅内，切尔西官员向所有人宣布，出于舒适和安全考虑，他们决定将媒体分为国际媒体、英国广播和电视、英国日报和英国周日报纸四组，以此先后进行提问环节。毫无疑问，每组人马都想从穆里尼奥身上挖出点特别的、独家的东西，大家绞尽脑汁，互不相让。

对于记者而言，这样的发布会确实有些特别，而俱乐部把如此重大的发布会放在这么小的地方，也实属罕见。

那时候，我还在为一家周日出报的媒体工作，通常来说，我们都不是被优先照顾的媒体，原因很简单，我们的截稿时间并不是当天，而是当周周末。你可以想象，周日报纸的采访需求几乎不可能被俱乐部立即满足，而当我们千辛万苦地熬到采访球员或教练的机会时，他们也已被之前的媒体提问得疲惫不堪，耐心丧失殆尽。见到我们这种周日报纸时，他们满脑子只有一个想法——赶紧走人。一般情况下，我期待的 20 分钟采访，往往只被糊弄几分钟了事。

这还不是问题的全部，由于要在其他媒体之后才参加新闻发布会，我们必须要留意电视、广播和日报都问了哪些问题，这倒不是为了偷听抑或搜集情报，只是为了提出全新的问题，并且找到没人注意到的角度。让我们面对残酷的现实吧，没有人希望在周日的报纸或网站上，找到他们已经在电视、广播抑或日报中看过的信息和评论。如此一来，新的问题又出现了，既然你被挡在发布厅之外待命，你又如何知道同行们提出的问题呢？

说来有些无奈，我们在发布厅得到的关于穆里尼奥的消息，极有可能在周末出报时被证实为旧新闻抑或老故事，对此，我真是非常不爽。

最终，就在穆里尼奥面对周日媒体的发布会即将开始前，我对着切尔西的媒体总管西蒙·格林贝格发飙了——他就身处台上，静静地坐在穆里尼奥旁边。我的抨击简短、尖锐，犹如定向爆破，对于发布会的混乱不堪，我丝毫没有留情。在我看来，无论这是什么场合，台上坐着哪些人，我都必须站出来说话，这个发布会的过程简直让人无法忍受。不过与此同时，我也细心挑选了一个合适的时机，我希望用这样的方式，让新任主帅知道我的存在。很明显，他注意到我了，我的有意为之收到了成效。穆里尼奥很理解我的处境，但他还是打断了我的抱怨。

或许，穆里尼奥会把我想得很差劲——“哇，这个蛮横多嘴的家伙到底是谁啊”，不过就算更糟也无所谓，至少他知道我了。这就是一个好的开始。

于我而言，第一步近距离接触已经完成，接下来的挑战就是酝酿发酵，希望我们的关系能渐渐升温。是的，一切已经拉开序幕，我要按部就班地推动，然后一点一点添砖加瓦。

# 1

# 博尔顿之战

全场比赛还有最后5分钟，兰帕德的独中两元杀死了悬念，我按下电脑屏幕上的“发送”键，提前把比赛稿件发给了后方的责任编辑。如果最后时刻还有什么戏剧性事件发生，我会打电话给办公室，拜托编辑再为文章添加一些必要的信息。不过在当时，我的内心默认“一切搞定”了——不止于我，这样的想法同样适用于切尔西和穆里尼奥。那一天，正是2005年4月30日星期六，切尔西的第一个英超夺冠日。

我从锐步球场的媒体工作席起身，快速下楼，来到了一层的接待区。我的动作很快，生怕错过了他们创造历史的那一刻。一位博尔顿的工作人员随即问道：“你是支持切尔西吗？”我笑了笑，“当然”，然后继续往球场通道走去。我并没有遇到什么阻拦，争分夺秒地通过更衣室和各种通道，顺利进入了球场区域。经过这一阵暴风疾走后，我与穆里尼奥的距离已经是咫尺之遥，而切尔西的媒体总管西蒙·格林贝格就站在我的身旁——我们都在等待那命运般的哨响。最终，随着主裁判史蒂夫·邓恩吹响终场哨，切尔西不仅收获了客战博尔顿的胜利，还历史上第一次斩获了此前从未染指的英超冠军。

当锐步球场的切尔西将士和球迷都在欢庆冠军时，我目不转睛地获取着各种画面和场景。那一刻，我不止是一位足球记者，更是一位铁杆的蓝军球迷，即便，我真的从未想过切尔西能在英超封王。

终场哨响后，我一直盯着笑容满面的穆里尼奥，在我看来，他是切尔西夺冠背后的最大功臣。当葡萄牙人还在场内与教练组和球员开心庆祝时，我快步走向了球场中圈。“祝贺你教练，你干得很棒，感谢你为切尔西带来的一切”，我跟穆里尼奥握了握手，然后向他提出了一系列简短的问题：“大约什么时候，你认为冠军没跑了”“这个冠军对你而言意味着什么”“在整个争冠过程中，有没有哪个重要时刻让你觉得冠军在望”。

穆里尼奥的回答没什么亮点，但看到他如此享受这个激情氛围，一切都无所谓了。毕竟，能与他一同分享切尔西的夺冠时刻，我感到非常满足。

最后一个问题，我问了他接下来要做些什么，他微笑着回应道：“我要去给老婆打个电话。”没过一会儿，穆里尼奥果然走回了替补席，他找好位置坐定，拨通了夫人马蒂尔德的电话，葡萄牙人告诉妻子：他再次拿到了冠军奖杯。

在我眼中，身处那个场景的穆里尼奥不是一位教练，而是一个成熟的男人，在取得成绩后，他会想着尽快与妻子和家人分享这个魔幻的时刻。穆里尼奥曾说，马蒂尔德在观看比赛时总是非常紧张，以至于到后来，她几乎不再去现场看球。每逢穆里尼奥的球队出赛，马蒂尔德还是更愿意守在家里，然后等着丈夫打来电话，通报比赛的消息。过去几年，这样的通话场景已经重演了很多次，时不时地，穆里尼奥就会骄傲地向我阐述，马蒂尔德和孩子们对他来说有多么重要。

与马蒂尔德通完电话后，穆里尼奥没有在场内停留太久，他掉头走进球员通道，将欢乐的时刻留给了教练组和那些球员。若泽曾经这样解释道：“这就是属于球员的荣耀时间，他们的表现无与伦比，而我也应该适时消失。这是他们的时间，他们配得上这样的礼遇。”穆里尼奥离开后，我环顾着整座锐步球场，认真地捕捉着每一个值得铭记的细节。

在切尔西球迷聚集的客队看台前，进球功臣兰帕德与特里、阿布拉莫维奇并肩欢庆着，他们一边蹦跳雀跃，一边高声歌唱。似乎球场的每一个角落，都有切尔西的队员在欢庆冠军，我逮到了曾在博尔顿效力的古德约翰森。事实证明，这是一次成功的突发采访，古德约翰森告诉我，就在这场夺冠战前，穆里尼奥竟然让冰岛前锋做了队内的赛前讲话，这无疑是个完美的新闻线索。放走古德约翰森后，我看到了自己的老朋友、深得穆里尼奥信任的助理教练史蒂夫·克拉克——我曾经看着他踢球长大，对于这位前切尔西球星，我以先屈膝、后鞠躬的搞笑方式，向他表达了敬意。

在场地内晃悠无数圈后，我来到了切尔西的更衣室，不出所料，所有球员、教练，连同老板阿布拉莫维奇、主席巴克和格林贝格在内，纷纷在欢欣鼓舞地庆祝。更衣室之内，一些球员还在狂放地喷洒香槟，另一些人则唱起了切尔西著名的球迷歌曲——《十个人去割草》。不过，这样的庆祝场景却唯独不见穆里尼奥的身影。

或许，葡萄牙人认为他的工作已经完成，他需要考虑的事情，已经变成了下一场比赛、下一个挑战以及下一座奖杯。

三天后，切尔西的确还有一场比赛，那是2005年欧冠半决赛第二回合，在安菲尔德与利物浦的决战。表面看起来，切尔西没什么时间好好庆祝，重回备战状态的期限也非常短，但无论半决赛赛果如何，蓝军在当赛季创造的成绩已经成为经典。

后来，切尔西从安菲尔德铩羽而归，未能成为“三冠王”。但相较于欧冠的失利，人们更多地记住了穆里尼奥在英超创造的辉煌——初来乍到便夺取冠军，还在整个赛季留下诸多难以逾越的纪录，2004/2005赛季的英超注定值得铭记。50年以来，切尔西第一次夺取了英格兰顶级联赛的冠军，无论是俱乐部抑或英国足球，伦敦人都重新书写了历史。

巧合的是，2005年还是切尔西的“世纪之年”，穆里尼奥以英超和联赛杯冠军的奖杯，为蓝军的百年华诞送上厚礼。

自来到西伦敦那天起，穆里尼奥似乎就没有浪费任何时间，赛季首轮联赛，他就用一场对阵弗格森的胜利证明了自己对英格兰足球的融入。是役，古德约翰森攻入全场唯一进球，切尔西1比0击败了尚处重建期的曼联。那时候，英超的最热门夺冠球队还是阿森纳，开季第二个周末，阿森纳用一场5比3的逆转超越了诺丁汉森林（42场），刷新英格兰顶级联赛的最长不败纪录。那年的阿森纳是全联盟的靶子，在温格的调教下，“兵工厂”状态正佳，联赛前9轮赛事，阿森纳一鼓作气拿下8场，早早确立了领头羊的地位。事后看来，整个赛季的转折点出现于2004年11月6日，抓住阿森纳客场0比2负于曼联、连续不败场次定格为49场的机会，切尔西1比0击败埃弗顿，借势登上积分榜的第一。自那之后，蓝军便再没有让出头名的位置。等到圣诞节到来，切尔西的积分优势已经来到5分，又过两个月，凭借一波联赛8连胜，穆里尼奥的球队把领先优势扩大为11分。从那时候起，2004/2005赛季的争冠悬念提前结束，大家只是在等待着，切尔西锁定桂冠的时刻，以及那宏伟壮阔的加冕仪式。

这不止是一个简单的冠军头衔，回溯整个过程，切尔西也为英超联赛留下了诸多令人吃惊的、足以载入史册的纪录。在最终积分榜上，切尔西领先“49场不败”的卫冕冠军阿森纳8分，压过第3名曼联18分，超出第4名埃弗顿34分之多。此外，38战29胜拿下95分，切尔西在胜场和分数方面都创造了英超历史纪录，其余场次，蓝军的成绩为8平1负，全赛季的唯一一场失利是客场0比1爆冷负于曼城。依仗15个客场胜利、25次零封对手和只丢15球的惊艳数据，切尔西同样刷新了英超的历史纪录。就这样，一年级生穆里尼奥被评选为当赛季的英超最佳教练，打进13球贡献18次助攻的兰帕德，被评为赛季最佳球员——多年以来的失败者切尔西，竟然在一季之间就完全统治了英格兰足坛。

对于意气风发的穆里尼奥而言，英格兰处子季的主线可不只是英超奖杯：在此前很长一段时间，他的球队一直在向“四冠王”发起冲击。

# 2

# 奖杯猎人

2005年2月20日，星期日，切尔西开启了不成功便成仁的魔鬼一周，在短短8天内，他们要面对3场重要比赛。很可惜，蓝军的开局并不顺利，在足总杯第5轮与纽卡斯尔联的较量中，穆里尼奥的球队被淘汰出局。

由于马上要远赴巴塞罗那开启欧冠淘汰赛，紧接着还要与利物浦在联赛杯决赛对碰，穆里尼奥不得不在对阵纽卡时做出了大胆的改变——他将许多主力都放在了替补席，实施了轮换政策。在圣詹姆斯公园球场，尽遣替补的切尔西于上半场陷入苦战，克鲁伊维特的进球为“喜鹊”先拔头筹。中场休息时，葡萄牙人展示了远近闻名的胆量和决断力，一口气用完了全部3个换人名额，这是一次勇敢的调整，他用这样的赌博彰显着自己必胜的决心。然而，这样孤注一掷的“双刃剑”，也让切尔西付出惨痛代价。

对阵纽卡斯尔联的下半场，切尔西霉运不断，在布里奇和达夫先后因伤下场、库迪奇尼被红牌罚下后，蓝军在场上只剩下8名球员。面对如此怪异的局面，蓝军只得接受这场罕见的失利。赛后，深受鼓舞的穆里尼奥却表达了不同看法，他甚至为球员送上了赞美之词：“有时候你输掉比赛，但却会感觉比胜利时还要骄傲，我认为大家的发挥很不错，面对状态出色的对手并且一球落后时，我们的战斗方式值得称道。”

切尔西主帅的这番言语和态度，恰恰反映了他所坚持的东西：即便场上局势不利，你也要想方设法抢回主动权，假如你无法力挽狂澜，那也至少要毫无保留地展示自己的激情和求胜欲——没错，他的体内从不缺少这样的热血。对于英格兰教练而言，这样的想法有些格格不入，他们总是忌讳不必要的冒险，抑或大胆尝试新想法。相较而言，穆里尼奥是一位完全不同的教练。

输给纽卡斯尔联3天后，切尔西又在诺坎普球场1比2负于巴塞罗那，这是2004/2005赛季蓝军遭遇的唯一一次连败。与客战“喜鹊”时一样，对阵巴萨的比赛同样充斥着意外和争议。做客诺坎普一役，凭借贝莱蒂第6分钟的乌龙球，切尔西一直保持着领先，但在第55分钟德罗巴被主裁判弗里斯克逐出球场后，场上的局势急转直下。

我认为，德罗巴得到的第2张黄牌绝对是争议判罚，巴塞罗那则因此获益，获得了人数上的优势。马克西·洛佩斯和埃托奥的破门为主队扭转比赛，切尔西以1比2饮恨首回合。

比赛之后，切尔西以穆里尼奥的爆料向欧足联提起上诉：蓝军声称，在中场休息时，巴萨主帅里杰卡尔德与弗里斯克曾在裁判休息室进行过对话。随后，双方对此都给予了坚决否认。一个很直接的推论是，假如谈话真实存在，弗里斯克很有可能被那次交流影响了判断，以至于后来误判了德罗巴的第2张黄牌。这是一出令人生厌的反转剧，伴随着两边的唇枪舌剑，无数争议在后来一个月内愈演愈烈。对于弗里斯克、穆里尼奥以及切尔西而言，这起上诉引发的重大影响不言而喻。

接连吃到两场败仗后，切尔西一下从“四冠王”的美梦坠落到崩溃的边缘。

2月27日，切尔西与利物浦相会在联赛杯决赛，开场仅有1分钟，里瑟的凌空破门让蓝军的“三冠梦想”也趋于破碎，彼时彼刻，伦敦人的神经、决心和性格都经受着巨大的考验。

落后的切尔西给予了积极的回应，他们努力寻求扳平的机会，但始终未能转化为进球。在距离终场还有11分钟时，利物浦队长杰拉德竟然伸出了援助之手（其实是头），他的乌龙球帮助切尔西追平比分。又一次，穆里尼奥彰显了自己的激情，即便他的方式会让很多人感到厌恶——面对情绪激昂的利物浦球迷，穆里尼奥做出了闭嘴的手势，他的出格动作随即引来了裁判的注意，全场屏气凝神的窒息氛围还在弥漫，他却被裁判罚上了看台。

幸运的是，穆里尼奥的离开并没有阻碍切尔西迈向胜利，在比赛进入加时后，穆里尼奥坐上了激素飙升的观众席。他似乎并不需要担心什么，德罗巴和凯日曼的接连建功，让切尔西无限接近联赛杯桂冠，努涅斯的亡羊补牢已经无济于事。

来到斯坦福桥球场6个月后，穆里尼奥将第一座冠军奖杯交到了老板阿布拉莫维奇手中。

这是一支还没习惯成为冠军争夺者的球队，但他们逐渐迎来了高光时刻。穆里尼奥已经在葡萄牙证明过自己，但他希望再次复制以前的成功。在“狂人”的带领下，切尔西似乎从不缺乏能量、戏剧性和风险，这样的定义和标签，在巴塞罗那做客斯坦福桥球场时再度应验。

2005年3月8日，切尔西在主场迎来罗纳尔迪尼奥领衔的巴塞罗那，德罗巴由于红牌停赛，但这场比赛的故事依然不少。

开场仅有19分钟，切尔西便由古德约翰森、兰帕德和达夫连入3球，他们看起来不可阻挡。总比分4比2的优势，几乎让切尔西摸到了晋级的门票。巴塞罗那并没有束手就擒，特别是世界最佳球员罗纳尔迪尼奥，凭借一个点球和一次无与伦比的禁区前沿捅射，他在半场完结前7分钟将形势完全逆转——巴萨以客场进球多重新占优。无须多言，小罗的第二个进球是个完美的魔法时刻，在多名蓝军球员的合围下，他面对卡瓦略轻巧射门，一动不动的切赫就这样被巴西人瞬间击败。

破釜沉舟的切尔西需要自我救赎，第77分钟，一个熟悉的套路催生了进球：接到达夫开出的角球，队长特里高高跃起、头球建功，切尔西在逆境中反超巴萨，挺进8强。比赛终场哨吹响后，穆里尼奥穿着那件标志性的大衣跑进球场，他纵情地挥舞着手臂，蹦跳着奔向正在庆祝的队员。三冠王的目标，还在继续。

# 3

# 幽灵进球

淘汰巴塞罗那后，切尔西在2005年欧冠1/4决赛迎来德甲巨人拜仁慕尼黑，这一次，穆里尼奥因故缺席，他甚至都不能站在球场之内的指挥区。与巴萨交战留下的余毒还在侵蚀葡萄牙人。那时候，重压之下的弗里斯克感到恐惧和胆怯，由于收到切尔西球迷发来的死亡威胁，他决定退出职业裁判界。紧接着，就在前者正式隐退后，欧足联裁判委员会主席沃尔克·罗特暴怒了，他没有责难切尔西俱乐部抑或蓝军球迷，而是把所有怒火都对准了穆里尼奥。

愤怒的罗特如此说道："穆里尼奥挑起民众的情绪，促使他们向弗里斯克发出了死亡威胁。我们无法接受这样的行为，弗里斯克身为欧洲足坛最优秀的裁判之一，竟然以这样的原因结束自己的执法生涯。像穆里尼奥这样的人，绝对是足球的公敌。"

在罗特看来，正是因为穆里尼奥说服切尔西就里杰卡尔德与弗里斯克"会面"一事提起上诉，才直接鼓动了部分极端球迷对弗里斯克施予恐吓。这样的联系似乎有些牵强，但在未来很长一段时间，穆里尼奥被贴上的“公敌”标签都一直存在于公众视线。

欧足联没有放过穆里尼奥，由于“蓄意干扰比赛”和“言论不当”，葡萄牙人和切尔西分别接到了8900英镑和33300英镑的罚单。更严重的是，穆里尼奥必须在两回合对阵拜仁的淘汰赛中，履行自己的两场欧战禁赛。从第一回合看，“狂人”的缺席并没有影响状态正佳的切尔西，依仗令人兴奋的比赛方式，切尔西在斯坦福桥轰下了4粒进球。尽管拜仁队长米夏埃尔·巴拉克于第90分钟罚入点球，让2比4落败的客队保留了残存的晋级希望，但最终的结果似乎表明，就算临场失去了鼓舞人心的疯狂教头，蓝军也依然可以获得胜利。

有人说，切尔西之所以能在主场保持战斗力，是因为穆里尼奥一直都待在场内——由于迫切地想与球队并肩战斗，穆里尼奥选择无视欧足联的罚单，无论如何都要出现在斯坦福桥球场。有传言称，早在切尔西与拜仁一役开球前，他就偷偷潜入主队更衣室，而在全场比赛临近结束前，他又悄无声息地躲进洗衣篮，秘密地离开了球场。据说，穆里尼奥有可能在更衣室观看了整场比赛，而为了时刻向得力助手鲁伊·法里亚传达信息，他还让前者在冬帽内装上了可以通话的听筒装置。鲜为人知的是，欧足联官员在中场休息时提防了法里亚与穆里尼奥通话的可能性，为此，他还特意盘问了法里亚本人。

关于穆里尼奥的“阴谋论”还不止如此：在切尔西与拜仁的下半场比赛，“狂人”的另一位助手希尔维奥·洛罗的行为也引起舆论怀疑，当时，他频繁往返于球员通道和替补席之间，据说还带回了一张写有教练指令的小纸条。不同于这些传言和故事，在官方的声明中，穆里尼奥是待在马修·哈丁看台后边的切尔西休闲中心，观看了整场比赛。经过90分钟的鏖战，他得到了自己想要的结果，切尔西一只脚已经迈进了欧冠半决赛。

一周后，这场强强对话的二番战移师德国慕尼黑，在那里穆里尼奥发现，即便关于秘密潜入的传闻依然不绝于耳，但想要在奥林匹克球场躲避关注实在是难上加难。有传言说，葡萄牙人伪装后坐上看台，观看比赛的同时还继续向法里亚发出指令。果不其然，当拜仁与切尔西的比赛即将开打时，电视转播画面在看台上找到了禁赛的穆里尼奥，即便没有停留太久，但葡萄牙人已经让欧足联和拜仁官员紧张不安。熟悉他的人都知道，这自始至终就是“狂人”玩弄的一场心理游戏。

关于穆里尼奥在慕尼黑向球员发号施令这件事，还有一个广为人知的流言：切尔西方面动用了一个声音传送器，以确保葡萄牙人可以隔空为蓝军奉上赛前讲话和中场动员（俱乐部称，穆里尼奥整场比赛都是待在球队下榻的酒店）。这样的说法大多不着边际，但许多造谣者仍然相信，由于为阿布服务的前特种部队贴身保镖个个身怀绝技，切尔西也就完全有可能因此而受益。至于这场至关重要的欧冠淘汰赛，以上种种都是使人分心的插曲，不过于我而言，这些事情也让我产生了很多想法。

我跟穆里尼奥的关系一直很好，特别是刚开始相处的那段时间。那是一种超越以往我与任何认识或共事过的教练的情感联系，我真的非常享受其中。穆里尼奥就像是新鲜的空气，总是那么精力充沛，在旁人眼中，他习惯用尖锐的性格和赤裸的言论迅速制造影响。对于记者而言，“狂人”就是他们的美梦，我也习惯于在媒体席或新闻发布会上听着这个争议人物滔滔不绝地说个不停。但在日复一日的相处中，穆里尼奥并不那么咄咄逼人，他拥有迷人的魅力，容易接触，很友好，还非常幽默。简而言之，“狂人”总有诀窍让你体会到他的特别。如果能留出时间给你，他就会真诚地与你交流，无论是你的家人抑或生活，他都会很感兴趣。在聊天暂停时，他甚至总要说说笑话，或者当个小丑活跃气氛。有时候，他的“扑克脸”完美无缺，以至于人们只能事后臆测，“他到底是真严肃啊，还是开玩笑呢”。

对于这样的画面你应该不陌生了，在一场新闻发布会上，穆里尼奥带着一脸顽童似的表情坐在台上，你能看出来，他正在抑制自己的笑容。葡萄牙人闪烁的眼睛终究出卖了他，没错，他已经无法假装严肃，继续搞怪了。

初到切尔西时，穆里尼奥参加的发布会总是非常热闹，对于记者而言，如果无法从中搞到大新闻，简直就是失职。这一切都让人心潮澎湃。那时候的我还没有混入穆里尼奥的核心圈子，但就我对他的了解看，葡萄牙人与所谓的“足球公敌”没有丝毫关系——他只是掌握一些马基雅维利主义的手段，而且为了夺取胜利从不吝惜任何代价。即便穆里尼奥有些高不可攀，但从相处的经验看，他也绝不是足球的敌人。对我来说，尤其是身为一名球迷，我最看重穆里尼奥的特质还是关于足球——他是一个赢家，一个彻彻底底的赢家。

慕尼黑之夜再度证明了这一点。第30分钟，兰帕德的进球将总比分扩大为5比2，切尔西主帅似乎能放松一些了——无论他身在何处。虽然皮萨罗在第65分钟扳回一球，但在距离比赛结束还有10分钟时，德罗巴的破门几乎帮助切尔西杀死比赛。6比3，拜仁无力回天。补时阶段，主队格雷罗和绍尔的进球已经无法阻挡切尔西挺进欧冠四强。

过五关斩六将后，与穆里尼奥迥然不同、又有相似之处的拉法·贝尼特斯，成为葡萄牙人与欧冠决赛的唯一障碍。若能在半决赛淘汰利物浦，葡萄牙人就将第二次，也是连续第二年杀入气势恢弘的欧冠决赛。在联赛杯决赛中，切尔西击败了与其球风相似的利物浦，但就像命中注定一样，两队在欧冠半决赛的相遇将是更引人注目的存在。众所周知，在第二回合发生的那些事催生了宿敌的诞生，而穆里尼奥与贝尼特斯时至今日的敌对，也是从那时拉开序幕的。

首回合相聚斯坦福桥，激烈有余精彩不足，两队0比0握手言和。所有人的目光都集中于2005年5月3日星期二的安菲尔德。开场仅有4分钟，利物浦就凭借一粒争议进球先拔头筹，事后证明，这次判罚之于赛果是决定性的。那时的足球赛场还没有引进门线技术，尽管切尔西球员表示抗议，但斯洛伐克边裁罗曼・斯里斯科还是判罚路易斯・加西亚的近距离补射进球有效。但从慢镜头回放看，这个判罚还是存在争议，裁判们绝对无法证明皮球已经整体越过门线，但他们却拒绝承认。

没人能向穆里尼奥证明路易斯·加西亚的射门一定有效，赛后，我坐在新闻发布厅听他这样说道："你们应该把边裁带到这儿，然后问问他为什么判罚进球有效。要知道，你必须百分之百确定皮球越过门线，才应该确定进球。我的队员说那个球并没有进。这是一粒来自月球的进球，从安菲尔德空间站飞来的。说真的，我也闹不清楚了，因为你无法从电视画面中得到答案。你们可以看到，一个裁判的错误决定了我们的未来。我会犯错误，球员也一样，裁判同样会做出错误的判罚。可以确定的是，最好的球队被淘汰了，足球有时候就是这么残酷。你必须接受这样的现实。他们进球了，你可以这么说，或者，你也能说是助理裁判进球了。我们对结果非常失望，但我还是为切尔西的球员感到自豪。"

多年以来，路易斯·加西亚的幽灵进球一直困扰着穆里尼奥。"因为一个并没有越过门线的进球而输掉欧冠半决赛，说真的，这件事长久地被我铭记。我无法忘掉它，这真心让我受伤。"2013年，当我跟他聊起这段往事时，他的心结依然存在，甚至更深。我又继续问道，这不是很符合其"不惜一切代价取胜"的准确定义吗，穆里尼奥却这样反驳道："如果我是以这样一个幽灵进球取胜，我会想着是否能将它改变。举个例子，如果切尔西在欧冠半决赛凭借不存在的进球击败利物浦晋级，我会说：'不不，比分还是0比0，我们来踢加时赛。'我不知道为什么外界把一些莫须有的标签嫁接到我身上，我并不赞同所谓的不惜一切代价。我真的不明白。"

误会，误解，可能还有很多诽谤。但"特别的一个"，他的确当之无愧。来到英格兰首个赛季，穆里尼奥先后为切尔西带来英超和联赛杯冠军，而在欧冠联赛中，蓝军连续第二年打入半决赛——对于当时的切尔西而言，这绝对值得大书特书。

即便穆里尼奥在切尔西剩余生涯颗粒无收，他也足够凭借处子季的战绩锁定一个蓝军名人堂的席位。那时我们并没有认识到，这两个冠军只是拉开序幕而已。

# 4

# 阿什利·科尔

穆里尼奥和切尔西的初期合作顺风顺水，直到英格兰后卫阿什利·科尔的出现。在此之前，无论是职业领域抑或私人层面，我与穆帅的关系都走上了快行道，但由于“科尔事件”，我们又在戏剧化的情节中进退两难。2005年1月25日，星期二，这是我永远不会忘记的日子。那天早上我收到消息，一个可能会引发严重后果的线报。就我的职业而言，这有可能是潜在的好新闻，但对于我与心爱球队切尔西和主教练穆里尼奥之间的关系，以及阿什利·科尔及其著名经纪人乔纳森·巴内特来说，这个插曲的坏处显而易见。

我的住处位于里克曼斯沃思，这里归属于英格兰东部的赫特福德郡。通常情况下，当我借助常规联系方式得到优秀的、成功的新闻线索后，便会在家里撰写各种稿件。即便事情过去很长时间，我也不会对外公布这些“内线”和“消息源”，他们的交际面很广，特别是这几个在切尔西俱乐部的“深喉”。那天，一个“内线”对于掌握的情报非常兴奋，他非常确定，这条关于阿什利·科尔的消息将会催生一篇重要的独家报道。他的想法没错，当我听到他娓娓道来时，我的脸上也露出了微笑。

那位线人告诉我，为了谋划阿什利·科尔从阿森纳转投切尔西的交易，蓝军秘密组织了一次与科尔的会面，双方见面的地点就是本周五下午的伦敦市中心。届时，切尔西首席执行官彼得·肯扬、阿什利·科尔及其经纪人巴内特将露面，肯扬已经计划与英格兰国脚达成一份私下协议。据“消息源”透露，科尔和巴内特对于转会很感兴趣，他们希望交易能正式启动。

可以说，这是一条完美的新闻线索，我得到了日期、时间，甚至是与会主角，不过，由于想坐实整件事的最后一块拼图，我又继续问道：“这次会面的地点到底是哪儿呢？”他的回答让我略感失望：“不知道。”“什么？”我急促地追问着，“你知道了这么多细节，能不能打探一下具体地点？”

很遗憾，我终究未能得到一个肯定的答案，“线人”向我解释了这次的特殊情况，他从起初就没有得到关于地点的准确信息。对此，我立即表示理解，要知道，如果“线人”翻回去重新打探消息，就很可能引起某个环节的疑心，甚至因此破坏整个故事的发表。这样的小挫折不会让我善罢甘休，我仍然相信，只要启动一些侦探工作，我们就能盖棺定论。当时还只是星期二，由于周末才正式截稿，我还拥有充足的时间制订一个详细的计划。

我拨通报社办公室的电话，找到了上司，也就是《世界新闻报》的体育部主编迈克·邓恩。我将整条新闻的来龙去脉全盘推出，对于周日报纸能刊载这样的大独家，他也感到非常激动。不过，那个未知的会面地点，仍然是这则报道的绊脚石。我不可能给肯扬、阿什利·科尔抑或巴内特打电话，询问他们秘密见面的地点究竟是哪儿。事实上，这次私下会面并不算什么好事，至少在职业足球领域，这绝对是违反现有转会规则的行为：如果没有阿森纳俱乐部的允许，有合约在身的阿什利·科尔绝不能与切尔西人员谈判或者私下见面。一旦会面并没有得到阿森纳的同意，这就是相关章程中的“非法接洽”，只要切尔西、科尔和巴内特被抓到证据，他们肯定要受到英超联盟和英足总的纪律指控。简而言之，这次见面一定是严加保密，我终究无法给市中心的每家酒店打去电话：“不好意思打扰了，我是《世界新闻报》的记者，请问一下，你们将在周五下午接待有切尔西人员和阿什利·科尔参加的秘密会面吗？”

在经过一些考量后，我意识到有一个方法能帮我找到最终答案。毕竟，我已经掌握了参会人员和具体时间，只要星期五跟踪一下其中一人或三个人，他们就能带我找到那个寻觅已久的地点。就这么决定了。

事情并没有想象得那么顺利，当我把方案上报后，我没有得到报社的正式许可，当听到直接拒绝时，我感到非常吃惊。我争辩道：“我们只是跟着他们，又不是非法跟踪，这有什么问题？”话虽如此，但由于一些未知的、难以言说的理由，我心里也有一些犹豫——这样无法被人接受甚至让人生厌的行为，究竟是否符合规范呢？不过，对于公司的严词拒绝，我还是感到很惊讶，上帝啊，这里是《世界新闻报》，又不是《教会时报》！

显而易见的是，如果遵循所谓的道德高尚，我们极有可能无缘报道这则重量级的独家新闻。我一度非常担心，如果我们无法用其他方法确定见面的地点，《世界新闻报》就要失去这个故事了。当时，我们没有什么备案抑或其他信息源，如果真有的话，这次会面的真实性也就可以证实了。没证据，没独家，虽然还不至于绝望，但我的情绪非常低落。针对这件事，我究竟还能做些什么？

我建议报社跟阿什利·科尔约个独家采访，然后在周末刊发。接下来的几天，如果他决定从阿森纳加盟切尔西，那我们起码在这个人物身上抓住时效搞了个大新闻。如此一来，也不会引起什么怀疑。那段时间，阿什利·科尔对于阿森纳的续约提议一直采取拖延战术，双方的谈判举步维艰（事后阿什利·科尔曾在自传中透露，阿森纳为其开出的续约周薪为5.5万英镑，并未达到他预想的6万英镑。这番表态也为他换取了新绰号“钱什利”）。我向领导建议，我们的专访提纲要紧紧围绕他在阿森纳的不满和动荡，谁知道阿什利·科尔会不会在采访中自己爆料呢？

这一次，我的提议被顺利采纳，专访及时地提上日程。由于采访对象堪称重量级，我决定亲自操办一下。阿什利·科尔是个很容易接近的人，他不需要任何鼓励，即便在阿森纳感受到困境，他依然能尽情享乐，甚至自娱自乐。我们心知肚明，阿什利·科尔接受采访只是想逼迫阿森纳让他离开，所以，一切都进行得很顺利。必须承认的是，我们终究没能第一时间将那个爆料独家公之于众，但至少，《世界新闻报》竭尽全力实现了“第二好”的选择。这同时意味着，我们拥有了一篇颇具话题性，并且足以引导舆论的特写，相较那些工作于舰队街的竞争对手，我们已经抢占先机。

1月28日，所谓的“星期五下午”如约而至，果不其然，我们最终一无所获，未能探察到传说中“科尔与切尔西私下会面”的具体地点。

翌日，由于要去南海岸报道南安普敦与朴次茅斯的足总杯午间比赛，我不得不起了个大早，只为在开场前抵达现场。只有在写完比赛报告后，我才能跟体育组的同事好好聊聊科尔的事。不过很快，我就得到了消息，整个办公室已经开启了超负荷工作模式，具体原因并非周六下午的比赛，而是最新线报的出现——有来到办公室的证人说，他在周五下午看见肯扬、阿什利·科尔和穆里尼奥在一家伦敦的酒店见面。这位举报人并非什么“深喉”，他只是一位生意人，周五下午时，他碰巧在海德公园附近的皇家公园酒店约人谈事。由于自己是一位球迷，他很快意识到看见肯扬、穆里尼奥、科尔、巴内特和皮尼·扎哈维相聚于一家酒店绝对事关重大——作为特维斯的前经纪人，扎哈维被称为“球场操盘手”。

作为一名商人，他很快察觉到这是一个出售新闻线索赚钱的大好机会。于是，他在周五下午致电了一家报纸，希望可以出售线报，但对方没有给予任何回应。当天晚上，这位商人把电话打到了《世界新闻报》，与体育组副总编蒂姆·阿兰进行了对话。

作为体育组的高级领导，阿兰认为，这就是我们寻找的足以将这则报道板上钉钉的筹码，他很快做出了判断，而且非常坚定。无论其他报纸对线报如何怀疑，阿兰很清楚这就是《世界新闻报》等待的“重大突破”，我们终于可以将一切付诸实践。首先，阿兰对告密者进行了电话采访，得到了更多关于阿什利·科尔一事的细节，然后，他派出一名记者直接前往皇家公园酒店，希望可以获取其他独立的确认源，以此进一步证实“告密者”的说法。

周六一早，鼓舞人心的消息从皇家公园酒店传来，据那名紧急赶往酒店的记者称，他从一位不愿透露姓名的酒店工作人员口中得知，穆里尼奥和阿什利·科尔确实曾到此一见。不过我们的律师认为，这样的证词还不足以让《世界新闻报》全身而退，他们告诉阿兰，体育组需要让“告密者”来到办公室，后者需要在确认宣誓的情况下，在这里留下一份“口供”。说来有些可笑，由于这个突生的插曲，我们又碰到了一个意外的障碍：办公室竟然没有宣誓的必备物品——《圣经》！为了找到这个重要物件，报社里很快开始了地毯式搜索，书架、抽屉以及办公室的各个角落，一个都不能少。在《世界新闻报》旁边的《泰晤士报》大楼，我们终于得到了一本《圣经》。随着一切准备就绪，我们把“告密者”请到了办公室，在要求严格的律师面前，他向《圣经》郑重起誓，随后，这位商人将此前一天于皇家公园酒店目睹的一切娓娓道来，堪称是完整无删减的独家版本。

得到了如此重要的消息，我们将阿什利·科尔的专访从版面中撤出，然后在周日的报纸上刊发了这则关于非法接洽的重磅独家新闻。一石激起千层浪，不仅是一天，几乎持续了整整一周。巴内特厚颜无耻地否认会面的存在，切尔西俱乐部也简要回应这个故事并不真实。然而，他们的垂死挣扎都是徒劳无功。

2月6日，东窗事发后的第一个周日，英超联盟开始介入此事进行调查。进入3月，那些证据使“无辜”的抗议几乎绝迹，但这起事件的后续还是延续了很长很长时间。作为阿森纳的主教练，温格率先确认了切尔西的欺诈行为。此前，我安排阿森纳副主席大卫·邓恩来到《世界新闻报》办公室，除了与我们的领导和律师见面，还特意浏览了那些一手证据。

这次会面后不久，温格就发表了自己的看法：“对于这起事件，我感到很沮丧也很遗憾，你当然希望位于同一座城市的邻居——拥有如此势力的邻居，能杜绝这样的行为。我敢肯定，即便当事方没有承认，但这次关于阿什利·科尔的私下会面确实发生了。”对于切尔西的违规举动，温格直言不讳地称之为“傲慢”和“幼稚”，他甚至借势讽刺道：“为什么他们不在M25环城高速上见面呢，这样每个人都能知道了。”

3月23日，星期三，经过两个月的等待，切尔西、穆里尼奥和阿什利·科尔终于被英超联盟正式起诉。与此同时，英超方面也掌握了巴内特和扎哈维参与其中的证据，二人涉嫌违反转会规则的材料，已直接由英足总接管，作为英国足球的最高管理机构，他们会根据相关经纪人的章程对巴内特和扎哈维实施处罚。4月19日，英超联盟官方宣布，待到5月17日和18日，独立委员会将对起诉结果做出裁决——从东窗事发到盖棺定论，这起“非法接洽”事件竟然绵延了4个月之久。对于这样的时间跨度，温格率先表达了不满：“现在已经到5月了，那次会面还是2月的事（实际上是1月），而且，这样的等待还将继续下去。如此看来，世界大战或许都要比宣布裁定的时间更短。”

温格说得没错，直到2005年6月2日星期四，这起事件的判决才尘埃落定。如此时间跨度，简直让人难以置信。当然，这一切都值得等待，切尔西、穆里尼奥和转会当事人阿什利·科尔，都被裁定为“违规”。他们三方都必须缴纳巨额的罚款：切尔西的罚金为30万英镑，联赛积分扣除3分，缓刑处理；穆里尼奥上缴20万英镑，阿什利·科尔也付出了10万英镑的代价。随后，穆里尼奥和英格兰国脚分别对此提起上诉，在经过重新审议后，他们的罚金都下降到75000英镑。事已至此，整起事件也宣布画上句号，即便起初所有当事方均给予否认抑或透露半真半假的陈词，但随着时间推移，我的报道还是准确无误，并得到了事实的印证。

对于被判违规的阿什利·科尔而言，还有一项附加惩罚颇具争议，却更加严重：由于此次非法接洽，科尔被禁止在接下来的19个月内从阿森纳加盟切尔西。毫无疑问，这则报道让当事方付出了巨大的代价，而我也必须为一切负责。接洽事件告一段落后，我开始陷入进退两难的境地，这则报道势必会影响我与切尔西、穆里尼奥、科尔和巴内特之间的关系。当时，鉴于巴内特（加雷斯·贝尔经纪人）在黑幕交易中的角色，他不仅向英足总交出了10万英镑罚款，还要在18个月内被吊销执照——其中有9个月是缓期执行。

不难猜到，在这次沸沸扬扬的事件后，阿什利·科尔和巴内特再没有跟我合作过。切尔西俱乐部虽然很不高兴，事后态度也稍显冷淡，但总归还是与我保持着联系。

穆里尼奥呢？他真的无可挑剔，甚至从来没埋怨过我。事后葡萄牙人曾向我解释，他很后悔自己那时单独行动，他参加那次会面只是想看一看阿什利·科尔的诚意，以此来分辨英格兰左后卫是真想为切尔西效力，抑或只想着赚大钱，还是会有更糟的情况——仅仅是借助切尔西向阿森纳施压，最终留在北伦敦。穆里尼奥告诉我，他对于我挖出新闻的能力印象深刻，“狂人”开始意识到，我是一位非常出色的操作者，也有潜力与他和切尔西结成更好的同盟关系。就这样，我与穆里尼奥的初段友谊并没有彻底破碎，借助这起事件，我们甚至拥有了更紧密的纽带和工作关系。多么令人欣喜的结果！说实话，与科尔和巴内特失去联系不算什么，要是真被穆里尼奥拒之门外，那绝对是接近灾难级别的打击。没错，当一开始准备撰写这篇文章时，我就做好了迎接风险的准备，而相较于“引火烧身”带来的后果，我更不希望这样的故事被白白浪费。自始至终，我都一直坚定着这样的想法，即便穆里尼奥真的把我列入黑名单，我也不会后悔自己的初衷。

我非常感激穆里尼奥的成熟和通情达理，一直以来，“狂人”都向我证明了他的正直、真诚和平等精神。这样的感谢与敬意，也在我获得多个新闻奖项后显得更加真切：2005年，体育记者协会向我颁发了“年度最佳体育报道”奖；紧接着，由于这篇新闻在报社被评为“年度最佳独家报道”，我又获得了“克里斯·布莱斯奖”，这是《世界新闻报》为表彰员工设立的内部奖项；最后一个认可来自报纸行业，在21世纪头十年的最佳新闻报道评选中，我撰写的“阿什利·科尔事件”被评为第27名。若泽，我真的很感谢你。

# 5

# 狂人依旧

2005年6月，切尔西引进了一名左后卫，但此人并非阿什利·科尔，而是24岁的西班牙国脚德尔·奥尔诺。你可以说这是我的错。由于当时切尔西先后花费2400万英镑买来埃辛（里昂）、2100万英镑收下肖恩·赖特–菲利普斯（曼城），这位前毕尔巴鄂竞技左后卫完全被掩盖了。

与上述二人相比，德尔·奥尔诺的800万英镑转会费中规中矩，但更残酷的现实是，他为俱乐部带来的贡献连“中规中矩”都算不上。仅仅效力一年，西班牙人就与蓝军分道扬镳，而他留给斯坦福桥印象最深的时刻，还是一张不光彩的红牌：2006年2月22日星期三，切尔西在欧冠1/8决赛与巴塞罗那再度相遇，首回合主场比赛，由于第37分钟严重侵犯梅西，德尔·奥尔诺被挪威主裁判特尔耶·豪格直接出示红牌。

随着德尔·奥尔诺鲁莽犯规被罚下场，两队的平缓开局随之被打破，虽然第59分钟兰帕德罚出的任意球被蒂亚戈·莫塔挡入自家球门，但少一人的蓝军终究无法控制局面。最终，约翰·特里的乌龙球和埃托奥的破门让巴萨从西伦敦带走胜利，这样的比分已足够保证红蓝军团挺进8强。两周后，诺坎普球场，兰帕德帮助切尔西1比1战平巴塞罗那，但西班牙球队的晋级已无法更改。2005/2006赛季结束后，德尔·奥尔诺便从切尔西的阵容中消失了，为了将其转卖给瓦伦西亚，蓝军不得已打折出售——只换回了480万英镑。

一个月后，切尔西花费500万英镑迎来了德尔·奥尔诺的替代者，没错，这一次的主角就是阿什利·科尔。为了得到英格兰左后卫，切尔西送出了不安分的威廉·加拉。此前，对于穆里尼奥把自己安排在左后卫的布置，法国人一直心怀不满，他最喜欢的位置其实是中后卫。正因如此，加拉早有离开之意，转投阿森纳也是顺理成章。我们永远无法知道，如果穆里尼奥和切尔西从一开始就通过合法渠道接洽阿什利·科尔，后来的一切又会怎样发展——至少，英格兰人不会比德尔·奥尔诺更糟吧。无论如何，穆里尼奥终于得到了心仪的左后卫人选。说来有些讽刺，即便表现不佳，德尔·奥尔诺却也是带着英超桂冠离开，但姗姗来迟的阿什利·科尔为了染指这项荣誉，竟然足足等待了4年之久。

当德尔·奥尔诺和切尔西从欧冠铩羽而归时，国内赛场却是完全不同的故事：在英超联赛，穆里尼奥的球队依旧延续强势，他们展现了无法撼动的统治力，成功卫冕英超。2006年开年时，切尔西的领先优势已经达到惊人的11分，待到4月29日主场3比0击败曼联，蓝军正式加冕联赛桂冠。这是切尔西背靠背第二个英超冠军，“特别的一个”正为斯坦福桥制造更多的独家记忆。

切尔西在英超的强势与碾压，从赛季初直至夺冠日，贯穿始终。而在完胜曼联后，他们终于等到了喷射香槟、点起雪茄、召开派对的时刻。比赛结束后，斯坦福桥的欢庆确实开始了，蓝军球员捧着奖杯，在烟火和彩带的衬托下绕场一周，接受球迷们的欢呼。这一切都让夺冠日变得难以忘怀。在如此欢乐的氛围中，穆里尼奥也是锦上添花，他竟然将冠军奖牌直接扔上了马修·哈丁看台——一位幸运的球迷就这样搞到了那天独一无二而且难以企及的纪念礼物。对于我的儿子约书亚而言，这样的氛围和观赛处子秀无与伦比，即使事后我还要向他和女儿萨斯基亚解释，并不是每场比赛都像今天这样热闹。

没有悬念，穆里尼奥再度被评为赛季最佳主帅，兰帕德也连续第二年被选为赛季最佳球员，这名英格兰中场在35场联赛轰下了16球。当赛季，切尔西拿下91分，在刷下开局9连胜后，他们也以29胜追平了自己创造的英超单季胜场纪录。从赛季走势分析，切尔西在开局的横扫是确立领先优势的关键。赛季首轮，克雷斯波的补时绝杀为蓝军幸运带来3分，此后，穆里尼奥的球队先后击败阿森纳、西布罗姆维奇、托特纳姆热刺、桑德兰、查尔顿、阿斯顿维拉、利物浦和博尔顿，总计打入23球，只丢3球，他们用9连胜奠定了整个赛季的基调。

那个赛季，切尔西的征程并非没有挫折，在3比0击败曼联锁定联赛冠军前一周，蓝军刚在老特拉福德球场与连续第二个赛季的国内双冠无缘：虽然德罗巴破门得分，但“狂人”的球队还是1比2负于利物浦，止步于足总杯半决赛。此外，传统弱旅查尔顿也让蓝军吃到苦头，在联赛杯第3轮的点球大战中，客队5次主罚弹无虚发，惩罚了犯下错误的蓝军。凭借这场爆冷胜利，查尔顿成为穆里尼奥时代第一支能从斯坦福桥得胜而归的英格兰球队。

即便如此，经历调整重回正轨的切尔西还是英超最强：穆里尼奥的能力毋庸置疑，在他的运筹帷幄下，切尔西以8分优势加冕联赛冠军。就连不可一世的弗格森爵士，也不得不向葡萄牙人和切尔西俯首称臣：“在我看来，切尔西配得上他们获得的所有赞美，这支球队的主场状态无可匹敌。他们理应获得冠军。”

穆里尼奥的魔力不止于场内，从情感角度看，他在场外也是记者最喜欢的主教练。毕竟，有他出席的新闻发布会从不缺少俏皮话、玩笑以及争议。他不断制造新闻，保证了所有头条的产出。诚然，这些场外八卦都需要重要的成绩支撑，穆里尼奥不止是口若悬河，他还可以不断向成功迈进，拿下一座又一座的奖杯。对于像我这样的体育记者而言，这无疑是一个双赢的局面，作为切尔西的跟队记者，我也与他培养了愈发合拍的工作关系。

其实，这与我的后续弥补不无关系。2005年夏天，切尔西前往美国东海岸进行季前备战，正是借助那次公差，我才确保自己能从阿什利·科尔一事中全身而退，没有受到任何后遗症的影响。一年后，切尔西再度以英超冠军的身份出访美国，而在这趟飞行拉练中，我与穆里尼奥、切尔西锻造了更融洽的关系，我们大家都期望着，能有更多美好的时光纷至沓来。

# 6

# 詹妮弗·安妮斯顿

你很少会看到穆里尼奥语无伦次的样子，通常情况下，他能滔滔不绝地跟你聊上一天关于足球的话题，即便是涉及并不热衷的领域，他也依然能娓娓道来。聊天时，葡萄牙人经常像个段子手，各种笑料、包袱和趣事层出不穷。换言之，日常生活中的穆里尼奥很少有沉闷、失语的时刻。然而在一个特殊的日子，“狂人”却毫无征兆地短暂错乱，即便顷刻之间，他又马上恢复了平常的样子。

那一天，我们正身处阳光普照的“天使之城”洛杉矶，这个精通五国语言的葡萄牙人，就像是个拿到一百万句台词的、痴迷表演的艺人一样，口若悬河，说个没完。彼时彼刻，切尔西正待在闻名于世的比弗利山庄，这里距离那些好莱坞名人和权贵的活动场所已经足够接近——对此，你从比弗利山庄的酒店大堂就能看出一二，这里实在是太吵了。

确切地说，切尔西的美国拉练俨然拉开序幕，街道的拐角处就是蓝军夏季训练营的根据地——加州大学洛杉矶分校体育中心。那一天，在大部队集合完毕后，切尔西将士还留在酒店大堂内，等待着大巴将他们送向第一堂训练课。来到美国参加集训的球员大约有26人，其余的还有教练、队医、理疗师、装备师和家属。大家的精神状态都很高涨，聊天的声音也很大。

我与穆里尼奥坐在一起，他向我讲述着自己在巴西灾难般的夏日假期，“那里的大雨啊，就像是世界末日要来了一样”，他无奈地抱怨着，“我没开玩笑，那里天天都是这样”！突然之间，讲到兴头上的穆里尼奥戛然而止，不仅如此，整个切尔西集训团都瞬间息声，酒店大堂内毫无征兆地安静下来。这样的转变颇具戏剧性——上一秒还是人声鼎沸、噪音不断，下一秒就变成了传说中的“掉针式”安静。究竟是什么能带给他们这样的视觉冲击呢，一位唱将级的歌手，抑或让人心潮澎湃的团体？说实话，眼前的这一幕应该会让切尔西将士连眨两下眼睛，这样做的原因很简单，就是可以瞬间说服自己——这位突然出现于酒店大堂的明星，可不是他们的白日梦。惊诧的眼睛还在瞪着，无辜的嘴巴也张得老大，大堂里的每位男士似乎都呆若木鸡。没错，这就是詹妮弗·安妮斯顿自带的女神光环。

身处这样的情境，穆里尼奥倒没什么特别，就像每个人看到詹妮弗从大门走到接待区时都会有的反应一样，“狂人”也是目不转睛地盯着《老友记》中的“瑞秋·格林”，他的目光跟随着脚步，从酒店大堂一直延伸到著名的马球休息室。这应该是蓝军将士生命中永远不会忘记的一天，也许只要一有机会，他们就会反复讲述这则趣闻轶事。詹妮弗·安妮斯顿光彩夺目，她没有用设计师的衣服精心搭配，也没有梳理完美的妆容和发型，仅仅是似有似无的妆容和普通的马尾辫，就已经犹如女神下凡。那一天，詹妮弗上身是V字领背心，下身是一条褪色的七分牛仔裤，脚上穿的则是一双普通人字拖。这样的搭配虽然简单，却也足够惊艳。身为一名万众瞩目的明星，詹妮弗很快就意识到自己给酒店大堂带来的变化，她扫视了一下鱼龙混杂的人群——几乎所有人都像僵尸一样一动不动。紧接着，在自信且安定地离开前，她还留下了一个令人着迷的灿烂微笑。

詹妮弗走向长廊，很快消失于大众的视线之中。不出所料，穆里尼奥成了第一个恢复正常的男士：“去他妈的，布拉德·皮特，他就是个脑残！”葡萄牙人的一番抱怨，逗笑了大堂里的所有人。就在一年前，布拉德·皮特刚与詹妮弗·安妮斯顿分居、离婚，与安吉丽娜·朱莉坠入爱河。

对于“娱乐八卦梗”，葡萄牙人也是说来就来：“珍妮弗，1分，安吉丽娜·朱莉，0分”，提到后者的名字时，他还噘了噘嘴，模仿起朱莉标志性的大嘴和厚唇。没错，大家都被“狂人”逗得大笑不止。虽然即兴打趣了一番，但葡萄牙人或许也在跟全队思考相同的问题：是的，怎么可能会有人放弃詹妮弗·安妮斯顿呢？

这确实是一起偶然事件，在这个星球的其他任何地方，穆里尼奥和切尔西都绝对是外界关注的焦点。然而，美国和洛杉矶却并非如此。身处星光闪耀的“天使之城”、电影之都，切尔西的“大腕们”都是无名小卒，即便像队长特里和兰帕德这样的英格兰顶级球星，也可以旁若无人地在大街上随意溜达，不用担心任何围观和麻烦。足球，这个被美国人称为“英式足球”的项目，依然不是这里的主流运动，而在英格兰和欧洲赛场不可一世的切尔西，也没有在美国呼风唤雨的能力。那时，穆里尼奥才接手切尔西两年，即便蓝军已经加冕英超冠军，但对于洛杉矶人和美国人而言，这个冠军头衔没有任何意义。

身处陌生的环境，一些蓝军球员很喜欢这样的匿名生活，而另一些人则渴望着返回故土，重获名声。无论是哪一派的支持者，只要好莱坞的顶级大腕出现在眼前，他们就会秒变追星族。在洛杉矶进行集训时，切尔西隔三差五地就会被邀请参加一些派对和晚宴，比如史努比·狗狗、马修·麦康纳和杰森·斯坦森，就都曾与蓝军见面。有意思的是，当足球明星与好莱坞巨星近距离接触时，也会随之产生一些有趣的反差。

多年以后，穆里尼奥成为皇马主帅时，他还跟我回忆起那次与詹妮弗·安妮斯顿的偶遇，提起这件事，我俩都是哈哈大笑。此外，葡萄牙人还告诉了我另一件不值得纪念的往事，那一次，他同样是与一位好莱坞顶级明星同处一室。

穆里尼奥是一位狂热的电影迷，他最喜欢的演员是阿尔·帕西诺和安东尼·霍普金斯。如果必须二选一，阿尔·帕西诺一定是他的首选。于“狂人”而言，与阿尔·帕西诺的见面本该是一段难忘的回忆：两个伟大的男人，两个受尊敬的名人，两个让人着迷的大众情人。若泽当然很开心，他向我展示着手机中保留的与阿尔·帕西诺的合影。然而也是那一天，穆里尼奥却罕见地心生妒忌，葡萄牙人说，那次聚会中的大多数人，特别是女人，都一窝蜂地涌向阿尔·帕西诺，而他自己却备受冷落。在穆里尼奥成名后的人生中，这样的事情可是很少发生，他曾经开玩笑似的抱怨道：阿尔·帕西诺那么老，还不高，现在已然是满脸褶子了。在我看来，“狂人”的自尊心可能受到了打击，他似乎无法理解，为什么这些人都着迷于一个“年老色衰”的老演员，而不是一位俊朗酷炫的主教练。

当我与穆里尼奥聊天时，以上种种都皆为笑谈，但我也有感觉，这已经接近了所谓“玩笑”的边缘。简而言之，他不喜欢自己被无视的感觉。穆里尼奥的执教生涯一直是建立于强大的自信之上——“我就是特别的一个”，他确实比大多数同行都更加出色。所以，那些被忽视、无视，甚至未能得到欣赏的时刻，可绝不是他想经历的体验。或许，这就是“狂人”处理“被冷落”的方法吧，即便是半开玩笑的方式，他也要稍稍“诋毁”一下自己崇拜的偶像。当然，这样的交流谈话，也让我得到了进一步透析葡萄牙人心志的机会：他相信自己拥有的地位和名誉，如果真碰到如此难堪、被无视的情况，他也会火冒三丈。事实上，穆里尼奥的心态一直如此，强大的信念和自信帮助他成为杰出的主教练，也应该是历史上最好的教练之一。不过，“狂人”毕竟无法每时每刻都展示积极向上、具有吸引力的一面，而在一些特殊情况下，他也会散发出与自信对立的负能量：有时候是私下，比如曾经在马德里的办公室；有时候就是公众场合，比如新闻发布会，他会毫无顾忌地完全爆发——是的，想想那些与温格、贝尼特斯打过的“嘴仗”吧。

在大多数时间，穆里尼奥都是一个迷人、随和、踏实以及被快乐包围的人。“狂人”渴望着摒除繁乱和聚焦，去做一些简单和普通的事情。当时在洛杉矶，就是个很好的机会。

那一天，切尔西要在“天使之城”举办官方晚宴，为了匹配洛杉矶的设定，俱乐部计划打造一场群星荟萃、炫目奢华的聚会。然而，穆里尼奥却并不想去，他希望球员能好好享受这片刻的休闲时光，而不是要在教练的监视下，心有顾忌地走动、喝酒和泡妞。除此之外，葡萄牙人也想换个环境、透透气，他希望能从这些看腻的面孔中解脱出来。得知此事后，我很快找到穆里尼奥，邀请他参加我与同行保罗·史密斯已经定好的饭局——一家位于马里布的著名海鲜餐厅。由于位于南加州海岸线，这里的就餐环境让人心旷神怡，久而久之，这家餐厅的名字便开始享誉世界：月影餐厅。众所周知，这里的最佳用餐地点就是临近窗户的位置，在享受美食的同时，你还能感受从太平洋吹来的海风。如果向沙滩上望去，那些努力探寻风景的人，也不经意间与其融为一体。必须提到的是，另一个让月影餐厅名声大噪的插曲，就是闹得沸沸扬扬的梅尔·吉布森“反犹事件”：2006年7月末，奥斯卡金像奖得主梅尔·吉布森在醉酒后超速行驶于加利福尼亚的太平洋海岸高速，在被警官依法截停后，梅尔·吉布森酒后失态，口无遮拦地发表了“反犹言论”。不久后，这位美国著名导演兼演员被全球舆论推上风口浪尖，不得不暂时“隐退”，而他在当晚光顾的月影餐厅，则借助名人效应成为了各国游客争相探访的宝地。

接到我们的邀请，穆里尼奥欣然应允，他很愿意跟我们共进晚餐。为此，我临时给月影餐厅打去电话，将两人预定改为了三人预定。遗憾的是，计划终究赶不上变化，穆里尼奥还是没能跟我们一同目睹无敌海景。由于切尔西俱乐部要求主教练必须出席官方晚宴，而且还要会见VIP嘉宾，他不得不放弃了著名的月影餐厅。对此，“狂人”感到非常遗憾。那天晚上，月影餐厅里没有梅尔·吉布森、阿尔·帕西诺抑或詹妮弗·安妮斯顿，但我却看到了黛米·摩尔和莎拉·杰西卡·帕克。别当真，这仅仅是开个玩笑，我与史密斯只是找到了两个与她们神似的普通女孩——但说实话，她们实在太像了，我真心无法接受她们不是黛米·摩尔和莎拉·杰西卡·帕克的事实。

在月影餐厅里，我们跟两个女孩共享了一壶绿茶，大家聊得非常开心。后来，“黛米”还开着她的银色梅赛德斯，把我和史密斯从马里布送回了圣莫尼卡。从头至尾，我们的关系都非常正常，只是单纯的聊天、逗乐和打趣，如果穆里尼奥能来，他也一定会享受这样的氛围。难忘的食物、完美的海景、默契的伙伴，当葡萄牙人第二天问起这一切时，我们像孩子一样挑逗着他：没办法，他实在错过了太多。

# 7

# 准备战斗

好莱坞的名人和诱惑绝非这趟洛杉矶拉练的全部，切尔西进行了刻苦的训练，并希望将状态尽快调动起来。夏季飞行拉练中最迷人的部分，莫过于观察整支球队鲜为人知的动态：比如，哪些球员相约一起出门闲逛，新加盟的球员如何融入球队，抑或谁的心情不错、谁又状态不佳，这些都是着实有趣而且寓意深长的事情。

穆里尼奥麾下的第三年，全新的切尔西正在积蓄能量，2006/2007赛季，这里有太多的细节值得好好观察。众所周知，那个夏天的切尔西吸引了全球足坛的目光：除了两位世界级球星先后加盟，还产生了一笔引起广泛谈论的未遂收购——葡萄牙人希望将埃托奥带到斯坦福桥。当时，切尔西以3000万英镑签下AC米兰的乌克兰“核弹头”安德烈·舍甫琴科。紧接着，蓝军又以自由转会的方式迎来了拜仁慕尼黑队长米夏埃尔·巴拉克。借助两桩重磅转会，伦敦人向英超发出了高调的季前宣言，这支已经拿下两连冠的新贵球队，突然之间变得更强了。

不过，蓝军真有必要这样做吗？在舍甫琴科和巴拉克确定加盟后，各种小道消息层出不穷，有传言称，这两桩交易完全是阿布拉莫维奇的意愿，俄罗斯人并没有征询穆里尼奥的建议。

阿布拉莫维奇狂粉舍甫琴科从来不是什么秘密，2004年、2005年和2006年，前者就先后3次求购乌克兰人，痴心程度可见一斑。至于德国队长巴拉克，他的到来会顶替谁的主力位置呢？莫非是已经奠定队内地位的兰帕德、马克莱莱、罗本、乔·科尔，抑或去年分别花费2400英镑、2100英镑重金砸下的迈克尔·埃辛、肖恩·赖特-菲利普斯？

从硬性条件上看，舍甫琴科和巴拉克并不符合穆里尼奥的选人标准：一直以来，葡萄牙人只会收下已经熟悉的老弟子，比如保罗·费雷拉、卡瓦略、蒂亚戈，抑或买来那种年轻、饥渴、渴望成功的年轻人，诸如迈克尔·埃辛、肖恩·赖特-菲利普斯、马卢达和约翰·奥比·米克尔。说实话，舍甫琴科和巴拉克都是老将了，他们已经品尝过绿茵场上的各种成功，正开始走向职业生涯的暮年。很多人都认为，在穆里尼奥高标准、严要求的执教理念中，那些功成名就的大牌很难在训练和比赛时听从指挥。

为了让两位大腕面对较为宽松的舆论环境，穆里尼奥竭尽所能清除着各种传言。“今天是梦想照进现实的一天，”在舍甫琴科与切尔西完成签约后，“狂人”这样说道，“自从我来到切尔西后，安德烈就一直是我们在转会市场的重要目标。曾几何时，这是不可能完成的任务，但一切已变为现实。安德烈怀揣野心，在场上执行力和战术理解力方面都出类拔萃。没错，他是一位伟大的射手。”

与恭候“核弹头”一样，在欢迎巴拉克到来时，葡萄牙人同样不吝啬赞美之词。“米夏埃尔信任我们，也非常相信切尔西，”葡萄牙人笃定地说道，“他志在欧冠联赛，更相信这支球队可以取得成功。我们都知道，未来3年到4年将是其职业生涯的关键时期，他用这桩转会表达了对我们的决心和期望。你可以想象，米夏埃尔在之前接到了多少邀约，我很高兴他最终选择了切尔西。在我看来，这样的顶级球员能出现在英超赛场，整个英格兰足坛都应该感到高兴。”

可以预见的是，关于舍甫琴科的话题远远没有结束，各种闲聊杂谈频繁出现，而在谈到那些传言时，穆里尼奥的表达也变得愈发直白：“纵观我的执教生涯，在训练课、阵容选择和购买球员这些基本事务中，从来没有出现过被老板干涉的现象。是的，一次也没有。”

那段时间，“狂人”的日常就是不断辟谣和澄清，不过在一次公开发言中，他却陷入了自我矛盾的困局。穆里尼奥当时毫不避讳地表示，他的“第一选择”其实并不是安德烈·舍甫琴科。“你们想知道真实情况吗？我希望管理层不要为此找我麻烦，”在简单铺垫了包袱后，葡萄牙人继续补充道，“萨缪尔·埃托奥才是切尔西的第一目标，我们十分想要得到他。为此，老板竭尽所能想让萨缪尔来到西伦敦，他也是我希望得到的球员。你要问为什么？原因很简单，埃托奥是唯一一个能让我主动改变体系的球员，为了让他与德罗巴搭档锋线，我愿意推出双前锋配置。对于我们之前打造的三前锋体系，他也完全可以胜任两翼的位置。我们非常想买进埃托奥，从肯扬到老板阿布，大家都奉上了所有努力。很可惜，巴塞罗那并没有接受报价，他们的回应言简意赅：‘不卖，不卖，忘了他吧，他是非卖品。’就这样，老板压上的一切都付之东流，这成了不可能完成的转会。在那之后，我们开始寻觅其他目标，并成功签下了安德烈。对于他的加盟，我也感到十分开心。”

在发布会现场，我们都在等着他下一个转折，果不其然，他又继续滔滔不绝了：“面对这些重量级球员，即便你不断提高报价，从3000万、4000万、5000万一直到6000万英镑，最终结果也仍然无济于事。在我看来，这并不意味着你自己或俱乐部犯下了错误。这仅仅是事与愿违罢了。”

从场外延伸到场内，一切还是要用状态说话。从表面上看，舍甫琴科的到来并没有起到鼓舞人心的作用，初来乍到，乌克兰人就徘徊于整支球队的边缘，总是摆着一副几无表情甚至有些悲惨的“冷脸”。这样的“扑克脸”，很容易让人想到2005年欧冠决赛的一幕——14个月前，当“核弹头”罚失最后一个点球时，他的面目表情大致如此。在我的目光中，转会费3000万英镑的舍甫琴科并没有散发出同等价位的自信、亲密感以及幸福效应。相较而言，自由转会而来的巴拉克其实更加显眼，他的“超星”态度、气场以及身价，完全显露无遗：这样的气质并非那种冷漠的傲慢，它体现的是高傲背后的自信和表现欲。依仗于这些积极因素，巴拉克很快就在队内树立了威武、显赫和大佬的形象。

别忘了，巴拉克还是个话唠，习惯以微笑示人，无论言行、穿衣还是处事方式，他总能散发出轻松、聪明和酷炫的魅力。当羞怯的舍瓦还在苦苦适应新环境时，我已经差不多判定，巴拉克能比乌克兰人更好地融入切尔西。

有种说法称，巴拉克的到来将影响切尔西固有的“家庭氛围”，还会随即引发队内的各种争议。对于这种猜测，穆里尼奥曾表示默认。鲜为人知的是，葡萄牙人一度拒绝了巴拉克身穿13号的请求*，但突然有一天，“狂人”又改变了心意，最终决定满足德国人的愿望。13号是巴拉克最喜欢的号码，从勒沃库森到拜仁慕尼黑，他都是这个数字的拥有者。彼时在洛杉矶，当巴拉克得知自己的心愿被“狂人”满足时，他还感到有些惊讶：“起初我十分想得到13号，但很遗憾，有人告诉我那个号码还在别人手里。我本来已经接受了19号，但两天前若泽又通知我，‘一切都搞定了，你可以拿走13号了’。”

从表面上看，这似乎是穆里尼奥与巴拉克的交流，但实际上，这是葡萄牙人教训威廉·加拉的手段。那段时间，一心想要离开的加拉正面对切尔西俱乐部开出的纪律处罚，由于拒绝与球队飞往洛杉矶进



* 13 号拥有者加拉尚未正式转会。——译者注

行拉练，他正处于进退两难的局面。6年以来，法国人一直是切尔西13号的拥有者，即便已经提出转会申请、准备离开，但对于一名老臣而言，看到自己的球衣号码被剥夺也仍然是一件恼火的事情。当然，从另一个角度说，这样的现实也会让法国人更坚定自己离队的想法。最终，经过多方的沟通博弈，切尔西用500万英镑附带加拉，从同城死敌阿森纳手中换来了阿什利·科尔——是的，又一位赢家、超级球星来到斯坦福桥，而加拉则与蓝军分道扬镳。

赛季前的球队总是一波未平一波又起，身在美国洛杉矶，罗本的言行又引发了新一轮的猜测。在此前的训练中，荷兰人意外扭伤了脚踝，不得不缺席训练，以至于后来的大多数时间，看起来闷闷不乐的“小飞侠”都是一瘸一拐地在大本营踱步。与此同时，罗本与皇家马德里的绯闻也开始愈演愈烈，很多人都说，荷兰边锋与切尔西的缘分即将消耗殆尽。为了一探事情真相，我抓住了机会亲自向他证实：“你是很愿意继续留队，还是一切都尚无定论呢？”面对我的提问，罗本并没有说他想要离开，但必须承认的是，他的回答也多是毫无营养的片汤话。

从我与这些队员的相处经验看，身为一个天天看见他们的旁观者，我可以感受到罗本离开的意愿，但或许连他自己也不确定，这桩交易究竟会不会发生。与加拉的惹是生非不同，“小飞侠”可没有与俱乐部正面对抗抑或强迫放人，那年夏天，他还是留在了穆里尼奥的阵中。2006/2007赛季，罗本的状态并不出色，总计出战16场联赛，只有2球入账。当赛季结束后，荷兰人与切尔西的牵手到此为止，在换来2400万英镑的转会费后，蓝军把他送到了皇家马德里。

2006年夏天的切尔西训练营给我留下了非常清晰和明显的信号——这支球队绝非一帆风顺，百战不殆。以惯性思维看，手握连续两个英超冠军头衔，再加上舍甫琴科、巴拉克和阿什利·科尔的到来，全新启航的切尔西必然将创建三连冠的蓝色王朝。不过，穆里尼奥带来的成功也让球队陷入了较为复杂的局面：他们可以吸引更大牌的球员加盟，却无法进一步提升团队的战斗力，与此同时，对于位置的激烈竞争更是一把双刃剑，那些长期被晾在替补席上的队员，很有可能因此丢掉自信，陷入迷茫。此外，由于个人和团队的异军突起，切尔西还要面对来自其他豪门的挖角行动——罗本的离开就是最好的证明。

如今看来，当时的这支球队，正处于心志和球员双双巨变的时刻。曾经的关键球员古德约翰森和达米恩·达夫，似乎就像看到不祥之兆一样相继离开球队，冰岛前锋加盟了梦寐以求的巴塞罗那，而爱尔兰边锋则转投纽卡斯尔联。一时间，斯坦福桥的大门循环往复地开关，一支崭新的切尔西正在逐渐演变。有趣的是，就连穆里尼奥自己也做出了改变，在夏季集训大幕落下后，他罕见地剪了一个平头。葡萄牙人信誓旦旦地说道：这表明“我已经为新赛季的激战做好准备了”。看起来，这似乎算不上什么预言，但我很怀疑，穆里尼奥确实对困难早有准备。

# 8

# 四冠梦碎

酋长球场，随着主裁判一声长哨，穆里尼奥正式失去了握有两年的英超皇冠。过去4年，葡萄牙人先后在波尔图和切尔西拿下联赛两连冠，但就在这一天，他必须接受降为亚军的事实。2007年5月6日星期日，距离联赛收官还有一周，在客场1比1战平阿森纳后，切尔西“三连冠”的美梦被彻底打碎，由鲁尼和C罗领衔的曼联，提前两轮品尝了英超冠军的滋味。对于“狂人”和蓝军来说，这无疑是一次痛苦的累加，仅仅6天之前，他们刚在欧冠半决赛以最残酷的方式倒在了安菲尔德球场——点球大战，1比4落败。这是一次无缘两冠的双重打击。

面对这样的结果，穆里尼奥确实很难消化，在刚进入5月时，蓝军还一度保留着力争四冠的希望：凭借2比1击败阿森纳，蓝军于加的夫千年球场拿下联赛杯冠军；而在老特拉福德球场击退布莱克本后，他们也挺进了足总杯决赛，将与老对手曼联争夺冠军；与此同时，切尔西距离队史首次欧冠决赛也只有一步之遥，而他们在联赛追赶曼联的脚步，同样没有停止。很遗憾，这样的齐头并进未能延续到赛季收官，阿布用卢布为切尔西铺设的“四冠之路”，终究没有成为现实，短短一周之内，穆里尼奥的球队就痛失两座重要桂冠，他们一下陷入了可能多线皆空的危险之中。

即便在酋长球场告别英超冠军，穆里尼奥却依然保持着高傲，在阿兰·威利吹响终场哨后，他先是与助教史蒂夫·克拉克短暂拥抱，然后又与另一位助手西尔维诺·路洛握手致意。他跟随队员一起，向着切尔西球迷所在的看台走去，面对本队的拥趸，穆里尼奥做出了一个“昂起头”的动作，随后，他指了指自己的队员，号召所有切尔西球迷向这些竭尽全力的球员致意。葡萄牙人的做法不难理解，这是一个帮助球员重振气势的信号，毕竟在11天后，切尔西还要与曼联在新温布利大球场进行足总杯决赛。

果然，蓝军没有让那些球迷失望，在后来与曼联的直接对话中，他们凭借德罗巴于加时赛的进球成功封王——这也是自新温布利大球场开门迎客后，诞生的第一个足总杯冠军。正是借助这座奖杯，穆里尼奥完成了个人在英格兰顶级足坛的冠军大满贯：2个英超冠军、2个联赛杯冠军、1个社区盾冠军、1个足总杯冠军。仅仅花费3年，“狂人”就达成了这一重要的里程碑。事实上，这座足总杯的意义还不止如此：7年前，蓝军曾是最后一支在老温布利大球场加冕足总杯桂冠的球队，那时，他们在双子塔之下1比0战胜阿斯顿维拉，进球功臣为罗伯托·迪马特奥；如今，经过5年筹建的新温布利大球场揭开面纱，或许是命运中的冥冥注定，借助于再度重逢的足总杯奖杯，切尔西由“老温布利”的收官者变为了“新温布利”的开路者。

作为足总杯决赛的进球者，德罗巴的状态可并非从天而降，过去9个月，他都奉上了令人信服的表现。在科特迪瓦人的记忆中，那绝对是值得铭记的快乐一季，凭借自己在英超联赛36场20球的高效发挥，他也第一次荣膺了英超联赛的最佳射手。那个赛季，状态出众的科特迪瓦人在所有赛事一共刷下了33球，其中包括2粒至关重要的决赛进球——联赛杯决赛击败阿森纳，足总杯决赛挑落曼联。当然，德罗巴为切尔西带来的决定力还不止如此，对阵索菲亚利夫斯基和沃特福德奉上帽子戏法，欧冠小组赛客战巴萨最后时刻扳平比分，还有对阵利物浦、埃弗顿和纽卡斯尔联时的制胜破门，简而言之，这应该是他职业生涯进球感最好的一个赛季，以至于连“3000万英镑先生”舍甫琴科，都被他盖过了风头。相较于德罗巴的火力全开，乌克兰人的进球数只有14个，由于状态不佳，“核弹头”的沉闷也引来了流言蜚语：这桩失败的交易，就像是一瓶昂贵的毒药。一个赛季下来，舍甫琴科为切尔西出战51场比赛，有人说，正是他的出现才促使德罗巴完成了自我升级，从这个角度看，阿布砸出的3000万英镑也不算白花。

“没错，迪迪埃配得上联赛金靴的荣誉，”对于弟子奉上的高效表现，穆里尼奥也是赞赏有加，“你们都知道，德罗巴的20个英超进球全是运动战破门，没有任何一个点球。这确实难能可贵。我由衷地为他感到高兴。”说完了老臣德罗巴，穆里尼奥自然要评价一下“新人”舍甫琴科，在回顾“乌克兰人”的赛季贡献时，前者的用词就平淡了许多。自然而然，这也引起了外界对舍甫琴科前景的讨论，他会离开，还是留下来？在回答如此敏感的问题时，“狂人”以一种老套的方式打着太极：“这就要问他了，我希望安德烈对自己的表现并不满意，这样他就能抱有野心地期待新赛季的到来。纵观整个赛季，舍瓦的状态并未达到外界期望的水平，包括我自己。不过，他毕竟需要适应全新的文化和环境。”那时候，阿布拉莫维奇还是舍瓦坚定的支持者，乌克兰人在斯坦福桥拥有最强大的盟友。

在很多人看来，穆里尼奥给予了舍瓦充足的时间去调整状态，但假如从另一个对立角度看，乌克兰人也有更多的机会迷失自我。有一阵，穆里尼奥似乎故意把状态不佳的“核弹头”放上首发，这也能证明一些猜测。2006年圣诞节，这样的局面散发出变质的迹象，在发表出一番大胆言论后，穆里尼奥就像是开启了惊险刺激的“俄罗斯轮盘赌”：“如果阿布不再信任我了，他有充足的钱可以把我炒掉，并给予我各种赔偿。这样一来，我只能乖乖回家，他也能为球队找来新的主帅。我认为舍甫琴科的状态并不好，他绝不是不可调整的铁打主力。”

正是从那时起，阿布与穆里尼奥的矛盾开始发酵了。2007年新年伊始，切尔西已经落后领头羊曼联达到7分，穆里尼奥很清楚，他需要做点什么。为了提升球队的战斗力，葡萄牙人希望俱乐部可以引进一名前锋，以此缓解德罗巴身上的压力。除此之外，由于队长特里接受背部手术直到2月才能回归，“狂人”也在等待一名“救火”中后卫的到来。然而最终，阿布没有给切尔西带来任何一名新援。

根据穆里尼奥团队的说法，“狂人”列出的引援候选压根没有被高层考虑。主教练的话语权被如此无视，这样的情况确实蹊跷。至于两边产生摩擦的部分原因，似乎就是在为“谁才是切尔西的救世主”而争风吃醋。对于这番讨论，一位切尔西内部资深人士告诉我，穆里尼奥认为他的执教和调动能力当仁不让，而与之相反，阿布拉莫维奇则更强调自己在转会市场上的慷慨和权力。俄罗斯人认为，依仗这样的全力支持，世界足坛的大多数教练都能获得成功。纵观世界足坛，只有少数人认为穆里尼奥并不是“特别的一个”，而其中一定包括阿布拉莫维奇。或许，俄罗斯人就是要用拒绝引援的方式证明，没有他的钞票，穆里尼奥根本无法成功。

无论那些埋下伏笔的原因到底是什么，切尔西都必须在后半赛季面对复杂的队内情况。当蓝军还在向“四冠王”发起冲击时，俄罗斯人与葡萄牙人的关系却愈发疏远。之于切尔西而言，这无疑是最糟糕、最不幸的结果。公平地说，切尔西在当赛季的发挥还算不错，即便开始产生内耗，他们也非常接近“四冠王”的梦想。随着时间推移，这些不和谐之声不可避免地平添事端，关于穆里尼奥的未来出现了诸多猜测。

那段时间，我接到了线人的爆料，国际米兰已经联系穆里尼奥，后者很有可能前往亚平宁半岛。由于我很信任这个消息源，所以感觉这一切都有可能成真。若想证明这条消息的真实性，我能利用的唯一方法就是亲自找到葡萄牙人，以男人对男人的方式问个清楚。事已至此，我马上开车去了他家。穆里尼奥的家隐秘地位于伦敦高级住宅区，紧靠着著名的伊顿广场。我敲了敲门，迎来了穆里尼奥，看到我突然前来拜访，他似乎有些惊讶。对于这样的不请自来，我已经做好了充足的心理准备，为了弄清这则重要的消息，我愿意承受由此带来的任何风险。看起来，穆里尼奥并没有对此感到恼火，我也顺理成章地把问题抛给了他，在这次坦率的对话中，“狂人”反复地告诉我，他哪里也不会去，他要继续留在切尔西。我凝神细视“狂人”的眼睛，决定相信他的澄清。最终，我写出了这则澄清报道，葡萄牙人也确实没有离开。

动荡不堪的2006/2007赛季终于结束了，是时候让所有人都放松一下，喘口气了。大家都能借此机会后退一步，稍作调整，对于各种现状做出重新的评估。你很难为解雇一位冠军主帅找到理由，毕竟，他在过去3年为球队带来了6个冠军头衔。与此同时，你也很难把切尔西的2006/2007赛季定义为“失败”，要知道，蓝军不仅打入欧冠半决赛、接连拿下联赛杯和足总杯，就在赛季最后一周，他们也仍然保有卫冕联赛桂冠的可能。过去9个月，切尔西队内接连不断地出现矛盾、分裂和动荡，但即便如此，他们依然创下了令人惊诧的成绩，理应得到外界的赞誉和褒奖。

当赛季大幕落下，整个足坛都在观望阿布与穆里尼奥的关系究竟会如何发展。至少在那时，俄罗斯寡头还不敢炒掉切尔西俱乐部历史上最受欢迎，也是最成功的主帅。

# 9

# 比赛日

2007年夏天，阿布拉莫维奇并没有解雇穆里尼奥，但俄罗斯人也没闲着，以色列教练阿夫拉姆·格兰特被他拉进了俱乐部董事会，出任切尔西的足球总监。对于穆里尼奥而言，这样的针对性任命就是一记公开的耳光，他的话语权将被进一步缩减。不过在那时，他也只能接受现实，委曲求全。那个夏天，切尔西在转会市场的投入平淡无奇：在不出意外地将罗本送到皇家马德里后，切尔西花费1350万英镑买入里昂边锋马卢达；当边后卫格伦·约翰逊离开后，巴塞罗那后卫贝莱蒂前来顶替。除此之外，切尔西还宣布了三桩没有付出资金的自由转会：从雷丁签下史蒂文·西德维尔，从博尔顿收下以色列后卫塔尔·本哈依姆，以及从拜仁慕尼黑招来秘鲁前锋克劳迪奥·皮萨罗。作为当时英超足坛最具统治力的俱乐部，切尔西这样小额的投入让人摸不着头脑，如果跟过去几个夏天对比，就更是不值一提。对于这样的状况，穆里尼奥做何反应呢？



为了一探虚实，我迈上了从伦敦飞往洛杉矶的航班。没错，继

2006年夏天后，切尔西再度把季前备战放到了名人云集的加州城市——洛杉矶。就在这次美国拉练中，由于洛杉矶迎来了又一位享受众星捧月的巨星，他的名字，叫作大卫·罗伯特·约瑟夫·贝克汉姆，切尔西全队因此感受到了更多的闲言碎语和场外八卦。

身为前曼联和英格兰国家队队长，贝克汉姆离开皇马加盟洛杉矶银河的决定惊诧了所有人，毕竟，“银河战舰”可是世界上最成功的俱乐部，而另一个“银河”的影响力只限于美国职业大联盟。7月13日，贝克汉姆以好莱坞式的包装现身“天使之城”，开启自己的美国生涯。巧合的是，英格兰中场在洛杉矶银河的第一场正式比赛，就是7月22日与切尔西的友谊赛对决。这注定是一次万众瞩目的相遇。

这趟洛杉矶之行，穆里尼奥无疑是我的第一关注点，即便全球有5000多名球迷和700多家媒体前来参与贝克汉姆的盛大亮相，我也还是要去切尔西下榻的比弗利山庄酒店一探究竟。看起来，我要在如此氛围下接近穆里尼奥简直是痴心妄想，但实际上，逮到贝克汉姆可能是更小概率的事件。很幸运，我躲过了围剿贝克汉姆的媒体大战，换来了一次与穆里尼奥的私下谈话，离开酒店时，我的笔记本上记录得满满当当，这些谈话足够我用到季前拉练结束了。当然，葡萄牙人对于贝克汉姆的评价势必夺人眼球，正好可以用在周末的比赛报道。

穆里尼奥的气色很不错，浑身充满能量，他已经开始瞄准和期待新赛季的到来。虽然舆论闹得满城风雨，但葡萄牙人还在坚称，所有一切都运转良好：无论是这个世界、这支切尔西，还是他与阿布拉莫维奇之间的关系。有趣的是，“狂人”的注意力可不在与洛杉矶银河的热身赛上，在那之前，他还有一场更关心的比赛——切尔西教练组对阵媒体联队。

为了促成这场比赛，穆里尼奥让我担当媒体队的组织者，正式发出了挑战。不出所料，自愿前来参赛的记者同行络绎不绝，而这场较量的地点，正是切尔西的季前根据地，加利福尼亚大学洛杉矶分校的训练场。

这一天，洛杉矶的天气非常不错。赛前准备环节，切尔西为我们提供了即将启用的荧光绿色球衣，得到装备后，大家就开始全副武装。由于有两个“小气鬼”不是切尔西球迷，他们就开始鼓捣胶布，希望把球衣和短裤上的蓝军队徽盖住。身在切尔西的大本营，这样的行为当然不会被接受——那捆胶带直接被收走了。最终，他们只能咒骂着，不情愿地放弃了遮挡队徽的想法。值得一提的是，阿迪达斯还为我们提供了一些崭新的球鞋，但这样的慷慨反而引起了媒体联队的混乱，某些记者为了拿到最合适的球鞋一拥而上，不由分说地进行抢夺。相较于多数人都想得到的那双鞋底采用“刀锋”设计的时髦新款，我还是更喜欢阿迪的复古款式，一双由全黑、柔软皮革和经典老派鞋钉组成的战靴。事后看来，这些鞋钉真是派上了用场，这场战斗可不是想象中那种友谊第一、比赛第二的“热身赛”。

起初，一切都非常正常，双方在开球前说着笑话、互相打趣，而随着场边大批的“观众”开始造势，比赛氛围也逐渐升温。切尔西教练组的助威方阵堪称豪华，所有蓝军球员都在边线外注视着他们。就连俱乐部高层也站在场边围观，阿布拉莫维奇的现身更是引起一阵轰动。那一天，俄罗斯人并不是只身前往，他还带上了自己的新女友达莎·朱可娃。眼见阿布携带新欢突然出现，场内的摄影师们可是异常兴奋，然而，由于我们签署了关于这场比赛的“保密协议”，无权发布任何文章和图片，那些镜头盖也只能乖乖地“按兵不动”。就这样，在种种铺垫准备就绪后，双方开始了比赛。

作为一名葡萄牙老门将的儿子，穆里尼奥站到了球门前，至于刚刚上任、18岁就开启执教生涯的以色列人格兰特，则出任他们的中场。开球后没一会儿，蓝军教练队就展现了必胜的决心，面对一帮来自舰队街的业余球员，他们没有理由接受失败，更何况，切尔西的队员和高管就站在场边观战。作为穆里尼奥的助手，鲁伊·法里亚和史蒂夫·克拉克尤其亢奋，事后回忆起来，法里亚没被红牌罚下着实让我惊讶，他的动作真的非常狠，似乎一直想跟我们干上一架。整场比赛，他至少应该得到3张黄牌，而不是仅仅1张。与法里亚一样，克拉克的对抗欲望也非常强烈，在一次发生于禁区边缘的激烈对抗中，他甚至想从我身上骗到点球：当时，我本来依靠速度拿下了皮球，但他在跑动中突然踢到我的腿，进而一头栽进了禁区内——那样的场景，就好像是我故意绊倒了他。对于如此不堪的假摔，那名美国裁判没有任何理会。

最后必须提到的还是阿布拉莫维奇的安全主管，马克·斯基普，在一次近身拼抢中，他一脚踢到了马特·迪金森的重要部位。看到自己的队友被暗算，我二话不说冲了过去，一把将斯基普推倒在地。坦白讲，这个家伙可不是我们一般人敢惹的：他曾是一名军人，也是被授勋的警官，甚至还入选过特种部队。如此看来，我还真是庆幸斯基普放过我一马，由于刹那之间看错了人，他在起身后直接将怒火对准了无辜的尼尔·阿什顿。至于球场的另一边，当我以无辜者的身份开始为双方劝架时，阿布拉莫维奇笑了笑走开了，球员们则开始起哄，看热闹不嫌事大。

1比0，切尔西教练组率先取得领先，具体进球队员我记不清了，但对于后来穆里尼奥因为铲球不幸负伤这件事，我倒是记得非常清楚。为了完成那次铲断，葡萄牙人一鼓作气冲出禁区，奉上了一记飞铲解围。为此，“狂人”不幸拉伤了腿筋，走路时只能一瘸一拐。由于无法坚持比赛，穆里尼奥的门将位置被其助手西尔维诺·路洛代替。鲜为人知的是，路洛的门线技术可绝非等闲之辈，职业生涯23年，他一直是葡萄牙国内的顶尖门将，借助于此，他还先后23次代表国家队出战正式比赛。对于我们的前锋伊恩·麦克加里而言，从“玩票”的穆里尼奥变为专业的路洛，他的压力可想而知。不过，当麦克加里后来站到点球点前对决路洛时，我们还是无须担心，他冷静地一蹴而就，帮助媒体联队扳平比分。麦克加里进球后，我们在切尔西教练面前好好地庆祝和炫耀了一番。这绝对是值得纪念的一天，真是多亏了因伤下场的穆里尼奥，正是因为他的提议和幕后组织，我们才得到了与切尔西教练组一较高下的机会。

在这场火爆的“友谊赛”结束后，切尔西正式开启了赛季前的热身赛：2007年7月14日，2比1击败墨西哥美洲；7月17日，1比0战胜水原三星。此前，这支韩国球队刚以同样的比分客场打败洛杉矶银河。虽然迎来了大卫·贝克汉姆，但在0比3负于墨西哥老虎的比赛中，前英格兰队长并未出场比赛，他只是脚裹冰袋，与私人主管特里·拜恩和阿隆·林肯坐在贵宾包厢。

我很熟悉拜恩和林肯，他们都曾是切尔西后勤团队的成员，而在与贝克汉姆和约翰·特里培养出亲密的关系后，他们都飞黄腾达，迎来了更好的职业生涯。那一天，拜恩和林肯突然告诉我，当天晚上比弗利山庄酒店的酒吧有一个晚会，听到风声的我连忙赶回酒店，换上了一身配得上洛杉矶式派对的衣服。一切打理完毕后，我随即只身前往酒吧。

走进这间酒吧，拜恩和林肯坐在门口的拐角处，我与他们坐在一起，随便聊聊天，喝了喝酒。不一会儿，衣着朴素、卷起裤腿的约翰·特里赤裸着双脚大步走进来，他穿着一件切尔西的POLO衫，很容易就被我们发现了。对于自己的奇特打扮，特里不假思索地解释道：“你们看，我他妈刚搞伤了自己的脚趾。”没错，队长确实受伤了，为了帮其缓解疼痛，也为了让他打开话匣子，我特意点了一系列“具有医疗效果”的饮品。那一晚，我们聊得非常投机，唯一遗憾的是，我的钱包变得轻薄了许多……

回想那天晚上的宴会，我最期待看到的就是穆里尼奥与阿布拉莫维奇之间究竟会发生什么。率先到场的是身穿开领T恤和牛仔裤的阿布，他没有刻意打扮，仍然带着标志性的胡子以及略显古怪的微笑。阿布走到全场正中央的桌子坐下，在我看来，围绕在其身边的洛杉矶美女压根不知道他的真实身份，以及他拥有多么庞大的财富。不久后，穆里尼奥如约到场，他径直走向了自己的老板。我紧张地注视着那个方向，阿布拉莫维奇则迅速起身，露出微笑，与葡萄牙人拥抱致意。随后，他们共同落座，聊天、大笑，毫无生疏的感觉。阿布拉莫维奇的神态轻松且平静，而穆里尼奥也彰显着自己的柔和（这就是他在洛杉矶的“主打词”）和心满意足。那一晚，一切都归于平静，抑或说，只是看起来如此。

# 10

## 我会回来的！

很遗憾，阿布与穆里尼奥在好莱坞营造的和谐共处，并没有维持太久。当他们身处的环境从加州的棕榈树变为伦敦的街道时，那样的友好被现实无情地击碎。洛杉矶的美女不见了，险恶的人心开始显现。这场战斗只能有一个赢家。

2007/2008赛季伊始，我再一次站到了穆里尼奥的家门口，所有的谈话细节都显示，他已经注定遭遇失败——不久后，他也确实未能在赛季中逃过一劫。这一次，穆里尼奥无法否认，他的态度、肢体语言、特别是面目表情，都在印证我的想法和猜测。虽然没有任何直接表态，但我很清晰地感觉到，他与切尔西的缘分趋于尽头。即使我无法相信这一切真将发生。

2007年9月20日，这出“肥皂剧”终于落下帷幕，我接到线人打来的电话，“穆里尼奥已经被炒了”。我给“狂人”拨去电话，无人接听。紧接着，我又给所有可能的知情人士打去电话，不过，由于那一晚多数的切尔西将士都在富勒姆大道参加《切尔西纪录片：蓝色革命》的首映礼，他们都关掉了手机，以至于没有几个人接通我的来电。情急之下，我打通了乔·科尔父亲乔治的电话，听到“狂人”下课的传言后，他倒是显得很高兴，不过，他承认自己没听到任何的内幕消息。由于认为儿子没有被穆里尼奥重用，乔治与切尔西主帅的关系一直不太和谐，很显然，他不在乎狂人是否能继续执教球队（或许乔治现在才意识到，正是在穆里尼奥手下，乔·科尔才打出了最成功、最高产的几个赛季）。

挂掉乔治的电话，我又按下了切尔西主席布鲁斯·巴克的手机，万万没想到，他竟然接通了来电。由于没有时间啰嗦，我就开门见山地向他求证，穆里尼奥是不是真的被解雇了。巴克说：“很抱歉，我现在很忙，没空跟你通话。”在他挂掉电话前，我不由分说地回应道：“没错，我知道啊，你们在忙着解雇若泽啊！”就这样，在各种求证和打探失败后，我从切尔西官方网站看到了正式声明：“切尔西俱乐部和穆里尼奥已经达成一致，双方同意于今天（英国时间周四）解除合同。”

这是一条爆炸性的新闻，但一切又是合情合理。尽管2007/2008赛季刚进行不到两个月，但切尔西队内的分裂迹象已经重新出现，多方的不和死灰复燃。所有局内人都知道，无论为了个体抑或俱乐部，他们都必须尽快制止内耗的泛滥。正因如此，穆里尼奥被高层剔除出局，三年合作走到尽头，而在得到全额赔偿的同时，他也必须履行一年内不能在英格兰执教的限制性条款。很显然，阿布可不希望穆里尼奥回到英超继续骚扰他，他的想法又有谁敢违抗呢？穆里尼奥在斯坦福桥留下了光辉的战绩，185战124胜，仅有40平和21负。三年以来，“狂人”从未在英超主场体验过失败的滋味，他拿下了2个英超冠军、2个联赛杯冠军、1个足总杯冠军和1个社区盾冠军，正是依仗他的存在，曾经落满灰尘的切尔西荣誉室才变得富有生机。虽然未能重温欧冠之梦，但两次半决赛的经历与荣耀之巅也只差一步之遥。

对于所有心系切尔西的人而言，这都是一段痛苦的回忆，但事已至此，你也只能接受和忍耐。作为阿布与穆里尼奥之间的桥梁，切尔西CEO肯扬这样总结道："过去12个月，我竭尽所有努力想让一切尽善尽美。这不仅因为我是若泽的朋友，更因为我必须这么做。每一位局内人都做出了最大努力，但有时候事情还是不受你的控制。相较于解决和处理问题，你在梳理问题时必须花费更多的时间，以至于我们面对的情况愈发复杂，各方关系一团乱麻。"

"作为一家优秀的俱乐部，现在的局面实在太过繁乱，我无法告诉你一个单方面的原因，所有因素都是互相交织的。若泽是个了不起的人，也是很好的朋友，他为俱乐部留下了难以置信的成绩。不过，取得成功的人有时候也会制造问题。身在一个构架内，长期共事的核心人物应该保持良好的关系，进而保持足够的稳定，但从目前情况看，这样的期望并没有成真，而且在未来也不会有好转的迹象。总之，我们已经与穆里尼奥达成协议，并决定重组团队。整件事情就是这样，你们已经得到材料，我也不会再重复说明了。"

这就是穆里尼奥与切尔西的无奈结局，至于最后一件事，就是葡萄牙人写给切尔西球迷的公开信。他当然有话要说。9月21日，就在蓝军宣布格兰特接手球队时，穆里尼奥抓住这个完美时机，发出了自己的临别赠言。相较于穆里尼奥，以色列人是完全不同的存在，自始至终，那场上任发布会都是生硬、消沉、无聊透顶。既没有深刻印象，也没有受到鼓舞，在感觉身体被掏空后，我起身前往富勒姆大道地铁站。但就在路上，我突然接到线报——穆里尼奥刚刚到达切尔西码头，不假思索地，我就决定从富勒姆路、国王路一路飞奔到洛茨路，只希望能在泰晤士河畔找到他。

从常理上看，接过蓝军教鞭的格兰特本应是那一天的主角，然而，穆里尼奥却神奇地、戏剧性地再度出现，重新抢夺了公众的注意。在我跑到泰晤士河畔时，"狂人"正在接受一个简短的电视采访，在他周围，成群球迷和好奇的路人都是翘首以盼。



眼见此情此景，没有多少时间去多想，我直接开启狂飙模式，迅速地将穆里尼奥从人群中拉了出来——我要对他进行一次面对面的专访。有趣的是，那天晚上的新闻还播出了我拉着穆里尼奥，一同向切尔西码头酒店走去的画面。时至今日，这家酒店已经不复存在，取而代之的是著名的温德姆酒店。虽然过程有些曲折，但我还是如愿以偿，引导着葡萄牙人穿过重重人群，来到了酒店的房间。

首先承认一点，我与穆里尼奥携手走向酒店的“基情”画面确实有些奇怪，但为了把他从人群中拉出来据为己有，我已经不关心这些八卦了。我必须挽着他，绝不能让他跑了！很幸运，我的选择和决断一一奏效，得偿所愿，我得到了可能是最后一次对他进行大专访的机会。在我看来，穆里尼奥很希望可以体面地告别——像他这样骄傲的男人，在遭遇一次惨痛经历后依然能努力地控制情绪，这样的场景着实让人吃惊。

在采访过程中，穆里尼奥几乎是强忍着泪水，描述着他真实的感受：“这应该是我人生中最受伤和痛苦的经历，你应该相信，这同样是我执教生涯最糟糕的时刻。相较于过去的任何经历，这次与切尔西分开都让我更加受伤。大家都知道，这是我在单一俱乐部执教的最长时间，在这个大家庭中，我们一同经历了无数美好的时刻，我也非常深爱切尔西的一切。事已至此，我只能控制情绪，不让自己太过激动。你问我哭了吗？这是不是眼泪？嗯，是的，但我已经憋住了，忍住了。这并不是一件简单的事，我必须离开那些朝夕相处共事的搭档，他们都是很好的人，我感到非常难过。这一切都很艰难，但我绝没有生气，只是很沮丧。我并不愤怒，一点也不。三年前，当我能在世界足坛任意挑选新东家时，我选择了切尔西，这绝对是一个正确的选择。”

面对我的面对面采访，穆里尼奥说出了这段独白，看起来，他已经接受了与阿布拉莫维奇关系破裂、无法挽回的事实，不过，他并不认为自己应该担负任何责任。“我应该感到自责吗？”“狂人”接着说道，“当然不会，我就是穆里尼奥，所有优点和缺点同时存在。我就是我，我不会做出任何改变。我要自责？不不不，我不想改变任何自己做过的事。”

与此同时，穆里尼奥还坚持表示，他绝不是被俱乐部解雇，也不是自己退出，这只是双方经过协商后达成的共识：“切尔西没有开除我，我也没有主动放弃。真正的事实是，我们都同意我应该暂时离开。你很了解我，我可不是那种能被人收买的人，我想说什么不想说什么，都由自己决定。如果我被炒了，我绝对会如实说明，如果主动辞职，我也不会藏着掖着。所以，既然我说了双方关系破裂，那绝对是真实发生了。既然切尔西不公开原因，我也不会说出来。结果就是如此。可以肯定的是，我们的关系并非因为一个细节抑或某个特定时刻而决定，它已经持续了一段时间，最终才造成了现在的分道扬镳。”

当时有大量未经证实的传言称，正是由于阿夫拉姆·格兰特从中作梗，穆里尼奥才不得不离开斯坦福桥。对于这样的流言，葡萄牙人耸耸肩，如此说道：“我不太在乎所谓的背后捅刀，我也不关心这些传言到底是否属实。进一步说，我不想花费自己的时间和精力为此操心，现在一切都结束了，我的切尔西生涯已经彻底完结。从今以后，蓝军的任何事情都完全与我无关，无论是引援、卖人抑或主教练的人选，都是如此。对于曾是切尔西的一部分，我感到非常自豪，这也包括我开始和结束的方式。但现在，我不再属于那里，也不会再去关心他们。我希望以怎样的方式被记住？这么说吧，时间就是最好的答案，上赛季夺取足总杯冠军应该是我在切尔西最好的时刻，那一天的新温布利大球场简直无与伦比。从孩提时代起，我就一直关注着在温布利举办的足总杯决赛，现在想来，如果真的没在那里夺冠，我一定会非常懊恼。那一天的特别之处也就在于此。”

很可惜，就在穆里尼奥拿下足总杯4个月后，他就必须带着金牌和离职证明，与斯坦福桥挥手告别。在葡萄牙人看来，即便在赛季初就令人惊讶地离开帅位，但他享有的声誉却不会因此减少：“这样的结局不会摧毁我的，”“狂人”笃定地说道，“一切都不是问题，我甚至现在就收到了两份邀请。虽然不能说出来自哪里，但我可以告诉你，我对他们的接洽并不感兴趣。压力、疲劳、休息抑或用三个月环游世界都不是拒绝这两份邀请的理由，我只是觉得，现在的足坛大环境并不太理想。一般来说，没有多少俱乐部会在9月或10月开除教练，我也正好能休息一阵，然后在工作邀请到来时做好所有的准备。”

专访即将结束时，穆里尼奥还预测了自己的未来，“狂人”说，他总有一天会回到英格兰，甚至不排除重回斯坦福桥的可能。由于与切尔西签署了赔偿和附加条款，至少在未来一年内，葡萄牙人不会再成为英超的一员。从另一个角度看，即便处于执教生涯的最低潮，他也依然这么想，甚至觉得自己在切尔西还有未竟的事业。若干年后，当这样的预言最终应验时，我真心感到非常高兴。

我与穆里尼奥的私人对谈画上了句号，我们拥抱致意，向对方致以最后的道别。临别之际，我递上了自己的名片，希望他能与我保持联系。说实话，即便“狂人”向我做出承诺，我还是对此深感怀疑。但事实证明我错了，若泽证明了他是一位特殊的朋友，他没有让我失望。

# 11
# 英格兰

穆里尼奥说到做到，在拿着切尔西支付的薪水回到葡萄牙“疗伤”后，他没过几天，就用自己的新号码给我发了短信。我感到非常开心，但一场好戏才刚刚开始。

葡萄牙人离职一个多月后，2007年11月22日，我收到了一条来自他的重磅短信。现在想来，那其实是一个略显尴尬的时刻——当听到手机发出哔哔两声时，我正在赫特福德郡的思博温酒店参加史蒂夫·麦克拉伦的离职发布会（由于三狮军团悲惨地与欧洲杯决赛圈无缘，麦克拉伦前一天刚被英足总解职）。在那样的场景下，手机的声音显得分外刺耳。尽管如此，我还是掏出手机打开了短信，屏幕上显示着穆里尼奥发来的一个简单问题：“英格兰国家队会对我感兴趣吗？”

多么巧合的时机，多么让人振奋的问题。我很清楚，我的答案是肯定的，英格兰球迷也同样如此。虽然英足总的态度不好把握，但不入虎穴焉得虎子啊，我决定亲自探探口风。收到穆里尼奥的短信后，我很快对麦克拉伦的失败总结和告别陈词失去了兴趣，甚至巴不得他早点闭嘴，赶紧走人。

不过，当麦克拉伦真的起身离开时，我还是走上前去，礼貌地跟他握手致意，并祝愿他未来一切都好。除此之外，我还特意向麦克拉伦解释了过往对他的批评只是出于职业和工作，属于对事不对人。麦克拉伦的时段正式结束，我要去为穆里尼奥的新工作奔波了。

阿德里安·贝维顿，英足总公关部的负责人，没错，他就是第一个被我找到的要员。在约好一个秘密地点见面后，我将穆里尼奥的短信点了出来。对于这样的可能性，贝维顿也感到非常兴奋。随后，我把“狂人”的电话和电子邮箱都告诉了贝维顿，同时向他承诺道：我现在不会把这则消息写出去，但一旦事态取得进展，我必须成为身处局内的知情者。贝维顿很痛快地点头同意，接下来，他要做的就是马上找到英足总首席执行官布赖恩·巴尔维克，好好商讨一下具体事宜。我把自己掌握的情况反馈给了穆里尼奥，此后几天，我们都在等待接洽的最新进展。

等来等去，英足总还是那个老样子，他们一点都不着急，处理事务没有任何速度可言。这真是让人难以置信。随着时间推移，穆里尼奥开始失去耐心，从随后发来的短信可以看出，他的失望和郁闷显而易见：“还没有任何消息。”

很显然，英足总一直没有与葡萄牙人取得联系，眼见事态没有推进，我不得不再度出面，希望打探一些内情。当时，我已经从伦敦飞往南非，去参加2010年世界杯预选赛的分组抽签仪式，老熟人巴尔维克和贝维顿，就与我相隔几排，坐在我的后方。从他们口中打探消息并不容易，为了开门见山，我直接亮出“狂人”发来的短信，质问他们究竟在瞎搞什么：等了这么多天，英足总到底对穆里尼奥有没有兴趣？面对我的突然驾到，巴尔维克和贝维顿坚称英足总一直在考虑穆里尼奥，他们也向葡萄牙人致以歉意。这两人告诉我，就是因为忙着为麦克拉伦收尾，以及准备世预赛的抽签，他们才将接洽“狂人”的事宜一再延后，英足总一定会尽快与穆里尼奥正式联系。幸好，巴尔维克和贝维顿并没有说谎，几天后，他们与穆里尼奥进行了通话，双方的谈判也非常顺利。顺理成章地，双方愈发接近签约，就连穆里尼奥本人，也秘密潜入伦敦与英足总展开了进一步商谈。

2007年12月7日当晚，随着各种障碍基本扫清，穆里尼奥甚至一度确认，他已经做好了成为英格兰主帅的准备。“狂人”在短信上写道：“只要英足总确定要我，我就会前往英格兰正式签约。现在，我只需要等待英足总最终的决定，看看他们认为怎样的人选才是最合适的选择。我并不想给他们任何压力，让他们一定要把工作给我。英足总认为，这份工作就是要把所有人都团结在一起，领导、球迷、球员和媒体，哪一方都不能少。主教练责任重大，必须与他们共同进退。我能完成的事已经结束了，我只需要耐心、静静地等待，看看英足总究竟会怎样决定。”

话虽如此，但在私下，他已经觉得新工作板上钉钉，“狂人”甚至预言，圣诞节之后他就会正式接管“三狮军团”，而很多球员和球迷的呼声，也是让他觉得应该重回英格兰的重要原因之一。“我最近应该会去度假，”葡萄牙人这样补充道，“如果一切顺利的话，我应该能在1月1日正式亮相。我非常热爱英格兰足球，那里的球迷让我感到惊叹，他们对于我的支持总是无与伦比。目前，我已经从心理层面做好一切准备，英格兰球迷也是让我下定决心的一大原因。坦白说，我现在真的无法对英足总说不。这是一份分量极重的工作，同时兼具巨大的挑战。不过尽管如此，当英足总和英格兰球员真正向我发出召唤时，我又根本无法拒绝。执教英格兰队是一份莫大的荣耀，对于身上肩负的各种责任，我也感到热血沸腾。”

作为穆里尼奥的经纪人，豪尔赫·门德斯在与巴尔维克的伦敦密会中几乎复制了上述独白，除此之外，门德斯还公开了“狂人”为“三狮军团”制定的前景规划：重塑球队声誉，提高世界排名。据说，穆里尼奥已经计划将自己信任的葡萄牙团队悉数带回英格兰，其中包括教练巴尔特马尔·布里托、助理教练兼体能专家鲁伊·法里亚，以及守门员专家西尔维诺·路洛。虽然这个提议没有被巴尔维克赞成，但穆里尼奥一直在坚持，并不松口。与此同时，为了丰富自己的教练组，“狂人”还希望招入一位在英格兰备受爱戴、受到举国尊敬的前职业球员，以此充当自己的助手。在葡萄牙人的设想中，这位本土助手不仅性格要好，还得在英格兰拥有辉煌的国家队生涯。

在当时，前英格兰队长托尼·亚当斯和阿兰·希勒，都成为这一要职的热门候选。就在舆论聚焦穆里尼奥与“三狮军团”的绯闻时，英足总突然宣布了两项人事变动——麦克拉伦的教练组成员史蒂夫·鲁德和顾问比尔·贝斯维克，不再为英足总效力，从表面上看，英国足球的最高管理机构已经开始为即将宣布的重要任命做出铺垫。

自始至终，我都依仗于穆里尼奥接收各种信息，直到有一天他告诉我：你可以动笔了。重磅独家终于来了！不过回想一下，那时候穆里尼奥竞聘英格兰主帅已经不是什么秘密，我的文章只能起到确定真相的作用。坐在笔记本电脑前，我构思着关于穆里尼奥的报道：我会写一写他秘密来到伦敦，然后与英足总进行商谈——但这早就被确认过了。当然，我不会忘了穆里尼奥本人对竞聘的陈述和解释，这就是被大众称为“独家”的报道。如果一切顺利，在那个周日的《世界新闻报》中，我的报道将从最后一版开启，延伸两页直到体育版的内页：穆里尼奥与英足总洽谈的整个过程，都应该会被我完整呈现。周六一大早，我跟穆里尼奥又做了一次事实确认，以此确保所有写入报道的内容都可以刊登。处理妥当后，我再三检查，按照惯例把稿件传给了《世界新闻报》的编辑。我当时非常激动，这应该是我职业生涯最重要的一篇报道，我迫不及待地希望周日早上快点到来。

对我来说，在等待报纸出摊的时候去斯坦福桥杀时间是不错的选择，切尔西主场迎战桑德兰，我决定去现场看看。但万万没想到，我的计划终究没赶上变化。那天下午，当我把自己的梅赛德斯（切尔西蓝）开上M40公路时，那只手机连续哔哔响了两声，新短信来了。我先是扫了一眼屏幕，上面显示着“穆里尼奥”，于是，我把车停到了牛津服务区，想看看究竟发生了什么。打开短信后，我的心脏好像沉了一下：“英格兰队的事，先别那么写了……”我的天，这到底是怎么回事？穆里尼奥在短信里告诉我，有一家豪门俱乐部（其实就是国际米兰）已经提出了优厚的报价，他基本确定与他们正式签约。葡萄牙人说，俱乐部的工作节奏起到了重要作用，相较于国家队的聚少离多，他希望每天都跟球员们待在一起。

不过他也反复重申，他非常热爱英格兰的一切，包括足球、球员和球迷。对于我即将发表的报道，穆里尼奥提出了自己的建议，简而言之，“狂人”希望我写出他曾经非常接近英格兰队的帅位，但相较于带领“三狮军团”重振旗鼓，他还是更倾向于俱乐部的核心要义和日常节奏。最后，葡萄牙人不想让我直接引用他说过的话，这些言语都要以“密友”的说法引出。

事后，在那篇修改版的报道中，我在文章末尾借“狂人心腹”之口写出了这样一段话：“对于希望成为葡萄牙黄金之子的穆里尼奥而言，接手其他国家队是一件极其困难的事。他害怕失去家乡父老和祖国的敬意，这样的代价不可估量。除此之外，就在周五晚上，一家欧洲豪门向穆里尼奥开出了下赛季的执教合同，情况同样错综复杂。我认为他会等到6月正式签约，然后入主这支球队。对穆里尼奥来说，这样的选择着实不错，但他仍然感到很遗憾，毕竟，他深爱着英格兰足球，希望带领‘三狮军团’迎接新的挑战。天不遂人愿，我相信他不会成为英格兰的主帅了。”

面对这样的变化，无论是职业还是个人层面，我都非常失望：身为普通的英格兰球迷，“三狮军团”终究错过了一位能改变本国足球命运的特殊人物；而作为一名记者，我也未能得到与在任英格兰主帅谈笑风生的机会，由于“狂人”临阵变卦，一切化为乌有。即便穆里尼奥婉拒邀请，这也仍然是一则重磅独家。周日一早，当别家周日报纸还在说穆里尼奥觊觎英格兰帅位时，《世界新闻报》发布了葡萄牙人改变心意的独家报道，不出所料，这篇文章制造了很大的舆论影响。

回到出报前一天——周六下午，我在看到穆里尼奥的短信后马上重新修改文章，原定的看球计划（切尔西2比0击败桑德兰）也彻底泡汤。晚上9点30分，第一批周日版的《世界新闻报》出现于伦敦街头，我随即给阿德里安·贝维顿发去了短信，告诉他穆里尼奥不再对英格兰代表队感兴趣了——葡萄牙人将成为一家欧洲豪门的主帅。可以确定的是，当时的贝维顿确实非常吃惊，但早知今日，何必当初，如果英足总起初就加快动作，他们绝对能在国际米兰开价前与穆里尼奥完成签约。英格兰的损失，变成了意大利人的重大收获。

正是英足总的疏忽大意，才让穆里尼奥从他们的指间溜走。后来，当穆里尼奥在国际米兰拿下2个意甲冠军、2个杯赛冠军和1座沉甸甸的欧冠奖杯时，英足总也经受了各种指责和咒骂。在拿到个人第二个欧冠冠军的过程中，穆里尼奥先后带领蓝黑军团战胜英超冠军、西甲冠军和德甲冠军——没人能说“狂人”配不上这个冠军。别忘了，他还带领国际米兰加冕历史性的“三冠王”，我们常说的“特别”，大抵如此。

# 12

# 托特纳姆热刺

2007年夏天，英格兰代表队不是唯一错过穆里尼奥的球队。鲜为人知的是，托特纳姆热刺也曾多次做出努力，试图引诱葡萄牙人加盟。对于这份邀请，穆里尼奥甚至表示过兴趣，但随着国际米兰介入其中，他与白鹿巷球场的联系便到此为止。时机永远是至关重要的条件，如果未来某一天这些旧事突然变为现实，我并不会感到惊讶。对于穆里尼奥而言，帮助落魄强队重塑雄风一直是极具吸引力的邀约——热刺就是典型代表，他非常热爱英格兰，从生活到足球皆是如此。他在伦敦拥有自己的家，对于首都城市的一切都非常偏爱。一旦“狂人”真的接手位于北伦敦的热刺，他也得到了在同一座城市让阿布难堪的机会。然而，即便各种条件如此充分，这样的预想一直没有成真。

2007年9月19日，穆里尼奥与切尔西达成离职协议，前者在一片震惊中离开斯坦福桥。“狂人”告诉我，就在自己恢复自由身后不久，热刺老板丹尼尔·莱维第一次找到他，开始商讨加盟的可能。彼时，热刺确实在寻找替代时任主帅马丁·约尔的人选，荷兰人的离开已成定局。当年8月，为了接洽时任塞维利亚主帅拉莫斯，热刺副主席保罗·凯姆斯利和俱乐部秘书约翰·亚历山大飞往西班牙，但这趟不算秘密的旅行很快被媒体注意，当商谈现场的图片被记者曝光后，热刺签约拉莫斯的想法已经人尽皆知。

2007年8月17日，星期五，位于塞维利亚的阿方索十三世酒店正静待凯姆斯利、亚历山大和拉莫斯的到来。这次会面的策划方是伦敦房地产大亨托尼·吉梅内斯——他不仅是莱维和凯姆斯利的熟人，更是我的亲密朋友。由于整个家族与塞维利亚渊源颇深，人脉广泛的吉梅内斯会说流利的西班牙语，而且，他还很了解塞维利亚主教练胡安德·拉莫斯。不幸的是，当众多摄影记者齐聚酒店时，这次所谓的秘密会议也只得尴尬地被公众知晓。在弄巧成拙的情况下，热刺不得已赶紧收手，公开发表了依然支持马丁·约尔的声明。

这样的声明骗不了所有人，一个月后，虽然与拉莫斯的谈判暂时搁置，但莱维与穆里尼奥的接触还是表明约尔依然处于下课的危险中。从热刺的角度看，他们希望穆里尼奥能尽早入主球队，越快越好，不过由于葡萄牙人此前与切尔西签订了长达一年的回避条款，莱维的愿望只是镜花水月，根本无法成行。正因如此，热刺还是将注意力调回了拉莫斯身上，2007年10月，在马丁·约尔被莱维正式解雇后，西班牙人与热刺落笔签订了合同。

身为塞维利亚的功勋主帅，拉莫斯在北伦敦却以灰头土脸的方式告终，仅仅只有一年，他就被莱维扫地出门。鲜为人知的是，莱维对穆里尼奥的追逐一直没有结束，2011年春天，当时任主帅哈里·雷德克纳普风雨飘摇时，热刺老板再次想到了葡萄牙人。彼时，雷德克纳普必须面对2010年被警方提出的逃税指控，虽然他本人坚决否认，但此案造成的影响还是左右着热刺的未来。这桩将由皇家法院判定的案件，很有可能让“老雷”被迫交出帅印，然后深陷繁杂、超长的庭审程序中。相较于此，更糟糕的结果无疑是雷德克纳普被判有罪，而托特纳姆热刺的名誉也将受到重大影响。对于北伦敦的球队而言，这样的困局确实进退两难*。

2011年4月，托特纳姆热刺在欧冠1/4决赛与皇家马德里相遇，这显然是热刺再度接触穆里尼奥的理想机会——莱维希望能在赛季结束后迎来新帅。穆里尼奥在皇马的首个赛季过得并不开心，帅位也不太稳固，热刺老板期待着借助这种势头，说服"狂人"重回热爱的英格兰。4月5日，皇马首回合主场对阵热刺，凭借阿德巴约、迪马利亚和C罗的进球，"银河战舰"四球狂胜热刺，周遭的麻烦没有阻挡"狂人"取得胜利。

这样的比分一出，热刺高层打消了其他念头，更将注意力聚焦于穆里尼奥身上。首回合结束后，我接到了一个电话，对方希望我能在皇家马德里到访伦敦时，安排一次热刺与穆里尼奥的私下会面。打来电话的人正是托尼·吉梅内斯，正如此前所说，他既是我的朋友，也是热刺主席莱维的熟人。吉梅内斯是个很好的人，他在事业上取得成功，而且待人处事慷慨大方。放眼整个足球世界，吉梅内斯的人脉和资源都是无以计数，在这其中，英格兰和西班牙更是尤其特别的存在。想当初，我与吉梅内斯相识还是由热刺副主席凯姆斯利介绍的，可能由于都是切尔西死忠球迷，并且拥有共同认识的人，我跟吉梅内斯很快就成了朋友。在后者眼中，我是一位小心谨慎、可以保守秘密的密友，而且，他也知道我与穆里尼奥一直保持着紧密联系。有一段时间，吉梅内斯曾经出任纽卡斯尔联的副主席，在山姆·阿勒代斯离开后，他曾经帮助"喜鹊"的富翁老板迈克·阿什利寻找新任主帅（有趣的是，当时阿什利选定的头号人选正是时任朴次茅斯主帅雷德克纳普，虽然后者一度口头答应，但"老雷"最终中途变卦，后来成

---

* 老雷在 2012 年被判无罪，但在 2011 年春天时，对审判结果毫无把握的热刺只能考虑备选计划。——译者注

为了热刺主帅）。

这一次我与吉梅内斯的联手，有可能制造一桩我们职业生涯最大的买卖。我并不确定穆里尼奥是否会同意见面，但跟他说一声、探探口风，对我也没什么伤害。况且，我还可以展示自己的广泛人脉，并用实际行动告诉“狂人”：对于他的一切，我仍然十分挂念。4月10日，我给穆里尼奥发去了短信，询问后者是否有兴趣跟热刺进行商谈。我在短信中如此写道：“他们非常、非常想跟你谈谈重回英格兰的事情”，这次出席见面的只有莱维的私人代表托尼·吉梅内斯，在重新回到伦敦的这一周，他希望能跟你用15分钟好好聊一聊。

不过，穆里尼奥并没有被我的短信打动：“我现在不能这么做，比赛前一天，我必须跟球员待在一起，全身心地准备比赛。如果以后在休息日回到伦敦，也许我们可以见面聊聊。”最终，老雷德克纳普继续执教热刺，穆里尼奥也仍然待在皇马，预想中的任何会面都没有发生。

说来有些微妙，这样的平稳并没有维持很长时间，2012年2月，当卡佩罗正式卸任、“老雷”成为“三狮军团”最热门候选时，吉梅内斯又找到了我。没错，可能要失去主帅的热刺再度想起了穆里尼奥。与2011年的情况不同，那时的穆里尼奥前途未卜，舆论普遍认为，他将在赛季结束后离开麻烦不断的马德里。为了促成见面，我竭尽所能地劝说葡萄牙人，这一次，他会答应跟热刺一方见面吗？在得到初步答复后，我告诉吉梅内斯，穆里尼奥正考虑在联赛杯决赛时前往新温布利大球场，那几天也许有合适的见面时间。身为能预定温布利包厢的贵宾，托尼当然非常高兴，那无疑是一个完美的见面地点。身在西班牙的吉梅内斯说，为了能跟“狂人”面对面洽谈，莱维甚至准备从美国菲尼克斯直接飞回伦敦。如果一切顺利，我们就能在一周后见到皇马的主帅了。

2月10日一早，我联系到穆里尼奥，汇报了热刺再一次表达的兴趣。对此，葡萄牙人并不感到惊讶：“我知道，知道，我全都知道。

莱维非常喜欢我，2007年那次是因为切尔西的回避条款，所以我没法加盟，现在我已经自由了。”诚然，当时关于穆里尼奥的下家猜测层出不穷，许多豪门已经开始动用各种手段，引起“狂人”的注意。传说中，曼联、曼城、巴黎圣日耳曼和老东家切尔西都赫然在列，葡萄牙人对此也是了如指掌。

在我看来，穆里尼奥已经开始计算重回英超联赛的可能性，他告诉我：“我想等等看，直到一切尘埃落定，比如谁是冠军，以及老雷是去是留。我要看看他们都要去哪儿。”紧接着，“狂人”又补了一句：“我猜维拉斯-博阿斯现在有麻烦了。”经由这句话的提醒，我发现穆里尼奥仍然十分关注切尔西，以及曾经的助手维拉斯-博阿斯。彼时，切尔西少帅的成绩不算出色，一个多月后，维拉斯-博阿斯被阿布拉莫维奇正式解雇。

这一次，穆里尼奥确实在2月末的休息日故地重游，他真在伦敦见了吉梅内斯和莱维？抑或，他秘密地跟切尔西官员进行会面？很抱歉，我无可奉告。唯一可以确定的是，当时他没有与任何球队达成执教协议。借助前往英国的机会，穆里尼奥新买了一套公寓，这其实也是他重回伦敦的理由之一。没过多久，穆里尼奥向我解释了保密行程的根本原因：“如果皇马老板知道我去伦敦买了房子，他一定会找我的麻烦。再过几周，这套房产的所有手续就弄好了，我在伦敦的新家就大功告成，至于最后一步，就是要寻觅一个未来的新东家。”所有这些对话都发生于2012年2月29日，这一年既是闰年，也是跳跃之年*，穆里尼奥已经准备跳出马德里的“银河战舰”了。

作为穆里尼奥的候选球队，热刺与切尔西的追求都是显而易见，但除此之外，葡萄牙人还说出了另外一支球队——米尔沃尔。我当时并不确定他是否在开玩笑，毕竟，这样不着边际的说法很难让人认真



* 闰年与跳跃之年同为 Leap year，双关语。——译者注

对待。有趣的是，“狂人”多年以来反复重述一个野心蓝图，他希望好好打造一支草根球队，然后把他们带上巅峰。或许，这个未曾实现的计划就是米尔沃尔吧。

2012年3月，穆里尼奥曾经如此打趣道：“两个月后，我希望《太阳报》的封底这样写着：‘特别的一个’回来了！他的新东家是……米尔沃尔。’”我没有做出任何表态，只是趁热打铁地继续问道：“投资人，主席，还是教练！！？”“狂人”继续忽悠道：“这些统统都要啊，而且还要再加上一个，足球流氓的老大！”

好吧，我知道他在开玩笑，切尔西和热刺才是真正的候选球队。历史总是惊人的相似，这一次，所谓的“时机”仍然没有站在热刺这边。莱维的追求还为时尚早，只有等到赛季结束后，穆里尼奥才有可能认真考虑是否离开马德里的问题。至少在当时，“狂人”在马德里的成绩还算不错，他率领皇马以打破纪录的方式问鼎联赛冠军，一切都处于正确的道路上。但很少有人知道，他在那时也从长远角度出发，分析了自己周围的情况，并开始准备重新回到英超联赛。穆里尼奥曾经告诉我，如果他在2012年夏天离开马德里，他将要考虑六家俱乐部呈上的报价：曼联、曼城、利物浦、阿森纳、托特纳姆热刺和切尔西。

如你所知，这一切设想都没有成为现实，穆里尼奥在马德里度过了接下来的2012/2013赛季。依仗于2012年取得的成功，他又从伯纳乌得到了一份为期4年的新合同。这样看来，那些英超球队只能继续等待了。

# 13

# 最好的奖赏

2011/2012赛季，皇家马德里以100分夺取西甲联赛冠军，“银河战舰”打败了被公认为历史最佳球队的“红蓝军团”——瓜迪奥拉的巴塞罗那。即便如此，穆里尼奥也不认为这是他的巅峰时刻。依仗这个创造积分纪录的西甲冠军，葡萄牙人的光辉履历又添新作，但对于这位“成功专家”而言，能被他称为荣耀的捧杯场景比比皆是，而在这其中，只有一个时刻是独一无二的存在。

让我们回想一下，当穆里尼奥于2015年年末离开切尔西时，他在13年间收获了22个奖杯。他赢得了所在联盟或赛事的一切荣誉，甚至多数不止一次。举个例子，在世界足坛历史上，只有5位主教练曾经带领两支不同球队加冕过欧冠冠军，葡萄牙人就是其中之一：2004年，他帮助波尔图爆冷夺冠；2010年，他在执教国际米兰的第二个赛季卷土重来。至于其他四位名帅，分别为安切洛蒂、海因克斯、希茨菲尔德以及恩斯特·哈佩尔。除此之外，若泽还在四个不同国家染指过8次顶级联赛冠军：2次在家乡葡萄牙，3次在英格兰，2次在意大利，1次发生于西班牙。穆里尼奥还率领波尔图和国际米兰打出过“三冠王”的伟业，这在欧洲足坛并不多见的里程碑，穆里尼奥一人就刷下了两次：2003年，波尔图在“狂人”执教的处子季就拿下葡超、葡萄牙杯和欧洲联盟杯，而整整7年后，葡萄牙人与国际米兰更进一步，先后拿下了意甲、意大利杯和欧冠。

带有欧冠的“三冠王”肯定是更特殊的存在，正因如此，当2014年我让“狂人”选出一个执教生涯最佳时刻时，他还是选择了“2010年与国际米兰一同染指欧冠奖杯”。葡萄牙人说：“那是一群特殊的球员，那是一个永不再来的夜晚。在我来到米兰城前，蓝黑军团的球员谈不上失意，他们毕竟在意大利拿到了可以企及的所有荣誉。然而，即便老板莫拉蒂在过去20年都不遗余力地一掷千金，这支球队却从未在欧冠走到最后。一些老将已经36岁、37岁或38岁了，他们似乎永远与球队相伴，将一切都奉献给了国际米兰。为了捧得欧冠奖杯，老将们倾尽全力，直到最后，你可以看到，这座奖杯之于他们有多么深远的意义，对此，我完全能感同身受。毕竟，是我将他们送到了那个荣耀时刻，那是我第二次体会触碰‘大耳朵杯’的感觉，能看到别人为此心潮澎湃，我真的非常高兴。这一切都太美好了。”

巧合的是，于2010年夏天见证国际米兰封王欧冠的举办地，正是气势恢宏的皇马主场——伯纳乌球场。而仅仅一周后，葡萄牙人就成了这里的主帅。对于国际米兰而言，这场欧冠决赛的意义不言而喻，凭借米利托的独中两元，“蓝黑军团”2比0击败了范加尔的拜仁慕尼黑，自1965年以来首夺“大耳朵杯”。与此同时，凭借此前拿到的意甲和意大利杯冠军，穆里尼奥的球队也成为意大利足球历史上第一个顶级“三冠王”。如今看来，那场封王之战也是“狂人”在国际米兰执教的最后一场比赛，他用“三冠王”的荣耀向狂喜的意大利球迷挥手告别，而伟大的伯纳乌球场的主人，就是他的下一个东家。

那个夺冠之夜，有摄像机记录了穆里尼奥与老将马特拉齐在球场外抱头流泪的场景，他们肆意宣泄着情感，最终以泪作别。这样让人动容的场景再度证明了，穆里尼奥与那些与其志趣相投的人建立了多么强大的纽带关系，他们与“狂人”一样，由体内的坚韧和野心驱使着不断前进——除了德罗巴、特里、兰帕德、切赫、斯内德、伊布拉希莫维奇、萨内蒂、卡瓦略、埃辛和厄齐尔，还有很多人都是如此。

那一年，马特拉齐36岁，正如穆里尼奥所说，国际米兰那些迈过而立之年的老将，让他感到这个冠军是如此特别，而马特拉齐就是其中一个。

2009/2010赛季，国际米兰拥有一套成熟的阵容，队长哈维尔·萨内蒂37岁，主力球员塞萨尔、卢西奥、萨穆埃尔、埃托奥和米利托也都是年过而立的老将。即便放眼替补席，“蓝黑军团”的阵容也显得过于老迈，替补门将托尔多40岁，科尔多巴、斯坦科维奇和马特拉齐都已进入职业生涯暮年，年轻势力凤毛麟角。在这些老将目前的职业生涯中，赢得欧冠绝对是最重要的奖赏，尽管遭遇极大的困难，他们还是把梦想化为现实。对于多数球员而言，欧冠就意味着顶峰。身为丰功伟绩的缔造者，穆里尼奥的喜悦由心而生，2011年年初，他在国际足联首次年度最佳教练的评选中胜出，力压德尔·博斯克和瓜迪奥拉夺魁。

2011年1月10日，瑞士苏黎世，在这场国际足联的颁奖典礼上，“狂人”又邂逅了一个难忘的时刻——当斯内德在发言时着重向前主帅致以感谢时，穆里尼奥几乎要流下眼泪。身处星光闪耀、政商云集的颁奖现场，斯内德娓娓道来：“我非常高兴能与穆里尼奥一同共事，我想告诉他，于我而言，他就是世界上最好的教练。”在自己收获最佳教练的荣耀后，葡萄牙人也谦逊地与曾经的战友共同分享道：“虽然我拿到了这个奖杯，但它同样属于与我合作的每一位球员和同事，他们就像我的家人一样，激励我、支持我、安抚我，让我能充满自信地继续前进。我在国际米兰度过了一个完美的赛季，我将永远铭记这个时刻。”

虽然拿下第一座FIFA教练金球奖，还历史性加冕了“三冠王”，但穆里尼奥依然欲求不满，他希望用更长久、更私人的东西，纪念这个伟大的时刻。为此，“狂人”购置了一辆心仪已久的阿斯顿·马丁，供自己和家人使用。在他口中，这辆座驾拥有一个更酷的名字，“詹姆斯·邦德专车”。世界上最好的教练搭配全球最好的豪车，这样的组合非同凡响。穆里尼奥这样解释过自己置办新车的初衷：“我拿到了国际足联颁出的第一个教练金球奖，全家人都认为这是我执教生涯非常特殊的一刻。恰好，我以前向他们科普过这辆阿斯顿·马丁，‘这辆车棒极了，美极了’。所以，他们就怂恿我赶紧入手，‘为什么不买？为什么啊’？就这样，我们决定把这辆好车带回家，然后放进去一个刻有年份和奖项的盘子以示纪念——2010年，国际足联金球奖什么的……我后来告诉孩子，‘这辆车永远不会被卖走，未来有一天，你们将拥有这辆老款的阿斯顿·马丁，每当看到那个奖盘时，你们就可以想到我在2010年做了什么’。”

穆里尼奥的两年意大利生涯，最终以盛大的欢庆和壮观的景象收场，如果再加上获得的奖杯和奖项，旁观者已无暇顾及曾经的是是非非。这样的丰功伟绩，很容易让人忽略穆里尼奥在米兰城制造的摩擦和激烈事端，其中不乏各种树敌、口水战和公开对抗。当然，这些插曲与国际米兰无关，他与意大利足协和媒体才是剑拔弩张的对手。那时候，穆里尼奥似乎不甘心只与一人为战，他把持着四面树敌的“咒语”，到处挑事儿。当然，这不是他教练生涯的第一次，更不会是最后一次，他善于用蓄意挑衅为球队培养一种“地堡心态”——就像是“我们正与全世界为敌”。这样的效果非常好，但过程却并不漂亮。

来到亚平宁半岛的处子季，穆里尼奥先后奚落了AC米兰主帅安切洛蒂和罗马教头斯帕莱蒂，在“狂人”口中，二人将在新赛季颗粒无收，彻底与冠军无缘。当时，在用意大利语说出“没有冠军”时，穆里尼奥还一度搞错了“冠军”的发音，但是，这并不会影响此番言论不断发酵，直至抢占头条。事后来看，穆里尼奥的预测准确无误，国际米兰荣膺意甲冠军，拉齐奥加冕意大利杯，AC米兰和罗马确实多线皆空。

2009/2010赛季，国际米兰在联赛的优势并不明显，罗马给“蓝黑军团”制造了足够多的麻烦。穆里尼奥承认，他的球队从未持有百分之百夺冠的把握，而在赛季第33轮被佛罗伦萨2比2逼平后，葡萄牙人一度以为联赛冠军的目标可能就要破灭。对此，他决定用特别的方式表达自己的愤怒，但未曾想到，那次在更衣室的发泄却适得其反。

时过境迁后，现在的穆里尼奥已经能用自嘲的方式回忆那段糗事，但对于当时的他和球员而言，平局的结果真让他们笑不出来。“那一轮，我们客场挑战佛罗伦萨，”穆里尼奥回忆道，“罗马一直在积分榜紧追不舍，我们必须要取胜才能巩固排名。当比赛还剩5分钟时，我们还以0比1落后，但突然之间，埃托奥连进两球，国际米兰竟然以2比1逆转了。我的球员庆祝过头，忘记了比赛还并没有结束。我们应该是在91分钟和92分钟连续破门，但佛罗伦萨最终在第93分钟扳平了比分。就这样，我们未能取胜，丢掉了重要的2分。在回到更衣室的路上，我一直琢磨着要踹点东西，发泄一下怒气，然后，一个大包就出现在我的眼前。但万万没有想到，通道里的地板实在太滑了，就在我要出脚的一瞬间，我直接四脚朝天地摔了个大马趴——这一摔差点要了我的命。不过，由于大家都还想着比赛，我的洋相没有换来什么反应。嗯，真的没有。*”

尴尬的比分，窘迫的滑倒，国际米兰将士在弗兰基球场吃尽苦头。但待到赛季结束时，蓝黑军团还是迎来了美好的结局，他们以2分优势力压罗马夺得联赛冠军，葡萄牙人为国际米兰的荣誉室再添一座奖杯。米利托的三冠王之路也从此拉开序幕。

---

* 此处穆里尼奥的回忆与现实出现偏差：2010 年 4 月 10 日，国际米兰客场 2 比 2 战平佛罗伦萨，主队进球情况为，第 11 分钟凯里森，第 82 分钟克隆德鲁普；客队进球情况为：第 74 分钟米利托，第 81 分钟埃托奥。——译者注

“三天后，我们在意大利杯决赛客场赢了罗马，”穆里尼奥继续补充说，“这一次，所有球员都像我一样满地打滚，大家都非常高兴。这样的故事就是足球运动中美好的部分，我很喜欢那种被球员团团围住的场景，这样的感觉还是相互作用的。简而言之，那真是一段值得铭记的时光。”

对于若泽而言，完美的更衣室氛围大抵如此：团结一致，同仇敌忾；相同初心，共同目标。

# 14 好走，伊布

在接手国际米兰的首个赛季，穆里尼奥就与“蓝黑将士”建立了紧密的联系，不过，这并不会影响他大刀阔斧地调整阵容——为了向三冠王的目标迈进，他对球队做出了重大且一度引起争议的改变。2009年7月，国际米兰飞往加利福尼亚开启季前备战，穆里尼奥启动了将兹拉坦·伊布拉希莫维奇卖到巴塞罗那的重磅交易。7月12日，蓝黑军团在加利福尼亚大学洛杉矶分校体育中心开启训练课，他们即将参加一项含金量十足的热身锦标赛——世界足球挑战赛。那一年，有4支欧美球队前往美国参与其中，除了国际米兰，还有AC米兰、墨西哥美洲以及“狂人”的老东家切尔西。在抵达美国一周后，7月19日，国际米兰在帕罗奥图迎来了与墨西哥美洲的首场比赛，深陷转会漩涡的伊布无疑是焦点人物。虽然转会协议还没有最终落笔，但瑞典人的离开已经没有悬念，所有手续都进入收尾阶段。

其实，当这笔重大的交易即将发生时，穆里尼奥几乎连时差都没倒过来。在国际米兰入驻的洛杉矶四季酒店，我与已经入住的葡萄牙人约好了一次专访，如同过去一样，我们聊得非常开心，他甚至邀请我去参加国际米兰的官方活动。7月17日，在著名的里卡多·蒙特尔班剧院，“蓝黑军团”召开了新赛季的球衣发布会。那确实是个盛大的场合。在新款球衣上，意大利足坛的统治者引入了世纪纪念的元素——整整100年前，他们历史上第一次夺取了意甲联赛的冠军。

这是一场星光灿烂、标准好莱坞式的发布会，由加长型豪华礼车组成的车队将国际米兰球员送达现场，在追光灯、隆隆音乐声和特制蓝色VIP地毯的衬托下（不能用红色，因为那是AC米兰的颜色），蓝黑将士走进了里卡多·蒙特尔班剧院。

身为南加州著名的电台明星，马特·史密斯担任发布会的现场主持人，除了国际米兰的球员和教练，耐克公司副主席伯特·霍伊特和俱乐部主席马西莫·莫拉蒂的妹妹贝蒂，同样亲临现场，并且按照惯例发表了讲话。紧接着，发布会进入了核心环节，国际米兰的多位球员整装待发出现在台上，其中包括伊布拉希莫维奇，他们向摄像机、摄影记者、文字记者和特邀嘉宾们展示了新款球衣。

不过，就在这样大张旗鼓的场面中，穆里尼奥却悄悄地从剧院一侧离开了，他来到安全出口，只为呼吸一下新鲜空气。我跟着他一起出来了，我们悠闲地站在外边，享受着加利福尼亚舒适的夜晚。看得出来，葡萄牙人的心情不错，他的兴奋之情溢于言表：“我们把伊布卖给了巴塞罗那，换回了5000万欧元和萨缪尔·埃托奥。完美的交易，对不对？”从新闻角度看，这真是一个重磅消息，但相较于惊讶，我最先想到的还是站在舞台上的伊布——他是否知道这桩交易呢？毕竟在离开剧院前，我刚看到瑞典人毫无异样地、心情愉悦地穿着蓝黑球衣高调亮相。只是穆里尼奥的盖棺定论，已经清晰标注了新时期的到来。我向“狂人”问道：“这桩转会将于何时发生？”葡萄牙人说，只要两家俱乐部敲定最后的交易细节，伊布就会立即飞离美国，返回欧洲。

在与欣喜的若泽度过快乐的半小时后，我悄悄离开了里卡多·蒙特尔班剧院，准备回去赶出这篇重要的稿件。

这桩交易其实并不像外界预想得那样速战速决：7月20日，伊布参加了国际米兰1比1战平墨西哥美洲的比赛，他在点球大战中出场，第3个罚进点球；7月26日，帕萨迪纳玫瑰碗球场，国际米兰负于“狂人”老东家切尔西，瑞典人也依然出场迎战。当时很少有人意识到，这场0比2失利的败局，就是伊布拉希莫维奇在国际米兰的最后一战。面对德罗巴和兰帕德的进球，穆里尼奥的球队无能为力，比赛中，替补出场30分钟的伊布弄破了自己的手——至于完赛后，他又以转会的方式打碎了国际米兰球迷的心。瑞典人在米兰城的生活暂告一段落，他踏上了飞往西班牙的航班，将与巴塞罗那签约。

那时的伊布并不知道，这桩惊诧足坛的重磅转会，竟是一次错误的个人决定。他的职业生涯甚至一度陷入低谷。瑞典人在效力国际米兰时完成了意甲3连冠，度过了辉煌的3年。但在前往加泰罗尼亚后，他只忍受了一个赛季就提前宣告离开。伊布并不是空手而回，在成为梅西队友后，他先后染指了欧洲超级杯、世俱杯和西甲冠军，但相较而言，国际米兰于同一赛季取得的成就无疑更加辉煌：卫冕意甲冠军，拿下意大利杯，更重要的是，蓝黑军团收获了伊布职业生涯从未触碰过的欧冠奖杯。

对于伊布的离开，穆里尼奥也感到非常遗憾。葡萄牙人十分欣赏这个大个子，在理想情况下，他很想把本队的头号射手留下。但身为一个现实主义者，“狂人”也明白，他根本不可能拒绝与巴萨的交易。虽然伊布成为巴塞罗那的一员，但他与穆里尼奥建立的深厚友谊并未受到影响，即便身隔两地，他们也一直保持着联系。这两个志趣相投的人，对于彼此的为人都非常欣赏。穆里尼奥告诉我：“伊布在我心中是尤其特别的存在，他甚至是我衡量与队员关系的标尺。他为国际米兰贡献了很多，我永远不会忘记他，他是一名非常出色的球员。我不会忘记任何一名帮助球队获胜的球员，我喜欢看兹拉坦踢球，他在队里的作用显而易见。无论在哪里，只要能相见，我一定都会祝福他，并希望他一切都好。当然，如果兹拉坦是我的对手就另当别论了，他是一名顶级的球员，他也是世界上最好的前锋。”

2012年2月，我决定去米兰专访伊布，想邀请他谈一谈自己的畅销自传。临行前，当我把行程告诉穆里尼奥后，葡萄牙人如此说道：“兹拉坦是一名超级球星，帮我告诉他，别忘了我以前说过的话：我要成为席卷西班牙、意大利和英格兰的冠军教练，而他要成为这样的冠军球员。在未来，他一定要去英格兰踢球，而且必须是我的球队！”那时候，穆里尼奥还是皇家马德里的主教练，但算上这一次，他已经多次表示要在下一站回到英格兰执教——他确实在为未来的选择埋下伏笔。

两年之后，2014年4月，回到切尔西的穆里尼奥与巴黎圣日耳曼在欧冠1/4决赛相遇，当时大巴黎的主力中锋，正是状态神勇的伊布拉希莫维奇。不可避免地，葡萄牙人又与我聊起了这个大个子，许多已经久远的回忆，一时涌上心头。就是在这次聊天中，“狂人”袒露了一件2008/2009赛季的趣事——那是他与伊布在米兰共事的最后一季，想当年，为了平息在比赛中暴怒的伊布，“狂人”不得不“装傻充愣”，以此粉饰太平。

“那是国际米兰在2008/2009赛季的最后一场联赛，”穆里尼奥这样回忆道，“我们主场迎战亚特兰大，这基本是一场可以轻松赢下的较量。我们提前夺冠了，对比赛无欲无求，但兹拉坦不一样，他非常想拿下意甲金靴。但在比赛开始后，想进球的不止伊布一人，全队都想在主场体验破门得分的感觉。对此，伊布十分生气，他原以为队友会帮助他锁定金靴，但现实并非如此。伊布的想法并没有错，那时的国际米兰太自私了。从团队的角度看，如果已经提前夺冠，而且当家射手还想赢得金靴，这些队友就应该帮助他达成目标。整支球队似乎都忘了这档子事，他们享受在自己的比赛中，没有人主动帮助兹拉坦。”

上半场第12分钟，接到坎比亚索的后场传球，伊布从中场启动，反越位后得到单刀机会。面对出击的亚特兰大门将，瑞典人冷静地推射得分。国际米兰2比1取得领先。然而在后来近70分钟的时间，伊布却一直未能破门，场上比分也变成了3比3。瑞典人失去了耐心，当队友巴洛特利不肯传球而将皮球射出底线后，他的怒气完全爆发了，不顾比赛还在进行，他就一边抱怨着队友，一边冲向边线要求被替换下场。穆里尼奥说："兹拉坦真的非常、非常生气，他冲着我这样大喊道：'我们提前拿下冠军，我帮你成为冠军，但现在却没有一个人愿意帮我。我不踢了，我现在就要下场！'"那时候，我听见了他的喊声，但我还是决定装作听不懂的样子："什么？你说什么？你要喝饮料啊，矿泉水可以吗？'一语话毕，我把一个水瓶扔向了他，然后接着说道，'给你，喝了水继续回去比赛。'几分钟过后，兹拉坦打进了一个非常漂亮的进球，在一次反击中，他用自己擅长的脚后跟攻破了亚特兰大的球门。我们最终捧起了联赛奖杯，兹拉坦如愿得到了联赛金靴。整个联赛下来，他应该进了25个球，他最终还是心满意足了。"

伊布拉希莫维奇在2009年的快乐，并没有延续到2014年与穆里尼奥的相遇：2013/2014赛季，欧冠1/4决赛，虽然首回合主场大巴黎3比1击败蓝军，但在次回合较量中，切尔西凭借登巴·巴于第87分钟的绝杀2比0击败对手，凭借客场进球多的优势，穆里尼奥的球队挺进欧冠4强。在与伊布的交手中，穆里尼奥再度占据了上风，但后者一直希望，他们未来能有再度联手的机会。事后看来，穆里尼奥曾经的预言，全部在2016年变为现实：伊布真的驾临英超，新东家就是葡萄牙人的曼联。

# 15

# 再遇见

即便相隔千里之外，穆里尼奥于我而言依然非常重要。2009年年初，当国际米兰确定与曼联在欧冠1/8决赛相遇后，依仗我们从未间断的联系，我又从他那里得到了一些独家消息。

那时候，我刚好前往意大利探班，在国际米兰的训练基地与其相遇。新鲜出炉的欧冠淘汰赛抽签并没有侵占他的注意力，“狂人”的心思似乎还全部放在切尔西身上。很显然，2007年9月那次引起轰动的离职，依然是他心中的痛，在我们随意聊天时，大多数事情都依然与切尔西有关——他甚至还会畅想，如果一直留在斯坦福桥，现在又会发生什么。2008年欧冠决赛，切尔西点球大战负于弗格森的曼联，在莫斯科的卢日尼基球场，阿布拉莫维奇再度与梦寐以求的“大耳朵杯”无缘。

穆里尼奥还是那个样子，他并没有回避这些话题，在“狂人”看来，他本应该带领切尔西荣膺欧冠冠军，为俄罗斯老板送上其心目中的“圣杯”。“我在切尔西赢得了一切，唯独没有‘大耳朵杯’，”

穆里尼奥对我说道，“那支球队包揽了其他所有重量级奖杯，我们拿下了50年来第一个联赛冠军，紧接着还卫冕成功。我们收下了新温布利落成后第一个足总杯桂冠，而且打败了弗格森和曼联。我还得到了两个联赛杯冠军，那支切尔西唯一的遗憾就是没有欧冠奖杯。”

“我知道，人们总是想要得到更多，无穷无尽——之于切尔西就是‘大耳朵杯’。我与切尔西签订的合同直到2011年正式到期，如果没有离开，我将在那里待满7年，要知道，我本来有充足的时间为斯坦福桥带回欧冠奖杯。回想那段时光，我永远不会忘记在英格兰获得的荣誉，但与此同时，我也清楚地记得球队在3年内两次打进欧冠半决赛。我们曾经走在正确的方向上，距离终极目标也是如此接近。很可惜，切尔西一夜之间选择改变，关于我的一切土崩瓦解。我不会老去琢磨这些过往，那些未竟的事业也彻底与我无关。我在切尔西度过了伟大的3年，那绝对是一段特殊的时光。我们曾经培养出特殊的感情，我对俱乐部也充满着激情——现在依然如此。如果能为老东家留下很多‘遗产’，并且让球队长时间继续收益，我当然会非常骄傲。我不会为任何事情感到后悔。”

穆里尼奥的阐述留给我很多遐想，他的暗示似乎显而易见——阿布拉莫维奇，那个把他“赶走”的老板，才应该是追悔莫及的人。如果有如果，在莫斯科雨夜指挥切尔西的是穆里尼奥，而不是以色列人格兰特，很多事情都会完全不同。假如“狂人”能将合同履行到2011年，所有事情可能都大相径庭。或许，在2007年9月被正式解职前，穆里尼奥本来已经瞄准了下一轮与曼联的较量，他一定很想重新为自己正名，就像2004年夏天的处子秀一样：当年8月15日，切尔西1比0战胜曼联，葡萄牙人强势拿下英超开门红。

穆里尼奥告诉我，他决定亲临老特拉福德，观看曼联主场对阵切尔西的比赛。没错，他当然有机会与那些“旧时光”重逢，但他此行的最主要原因，还是悄悄刺探弗格森球队的军情——毕竟，国际米兰即将与“红魔”在欧冠淘汰赛交手。“老特拉福德球场，梦剧场，我在那里拥有过很多美好的记忆，”穆里尼奥如是说道，“这是一场切尔西的比赛，我应该会在看台上碰到很多老熟人，我们以前都非常爱戴对方。不过，我的重点终究是观察曼联，作为国际米兰的主教练，我必须按部就班地做好一切赛前准备。”

不可避免地，葡萄牙人聊起了阿布拉莫维奇，他觉得即便是在看台上偶遇，也不会感到任何尴尬，“狂人”甚至主动透露：他们在很久之前就已经和好了。“我与罗曼的关系非常好，一切都很完美，”穆里尼奥接着说，“他依然非常友善，我们也维持着不错的关系。人际关系是极其重要的环节，这也就是为何我会对我们重归于好感到非常、非常开心的原因。离开切尔西是如此艰难，没有切尔西的日子简直度日如年。但如今看来，相较于当时继续死扛两三个月然后永远分道扬镳，现在的一切无疑是更好的结局。无论对我、罗曼抑或所有人，这都是不错的结果。我们现在还会聊天和互发短信，但具体内容却完全与足球无关。不管是否发生于我们自己身上，除了足球以外，任何事情我们都能谈。总之，我不会向他征求任何职业领域的建议，而他也不会让我为切尔西俱乐部出谋划策。”

2009年1月11日，在穆里尼奥的见证下，曼联凭借维迪奇、鲁尼和贝尔巴托夫的进球3比0完胜切尔西。遭遇新年的首场败仗后，阿布或许真需要征询一下各方建议了。一个多月后，郁闷的人由阿布变成穆里尼奥，故地重游的“狂人”在梦剧场的威慑下同样不太好过。

欧冠1/8决赛首回合，国际米兰主场对阵曼联，红魔几乎统治了整场比赛，但他们未能改变互交白卷的结果。3月11日，老特拉福德球场，双方第二回合的比赛浮现了完全不同的故事。与那场“红蓝大战”一样，依仗维迪奇的头球，曼联在开场4分钟就取得比分领先。对于这样的开局，穆里尼奥一定不会高兴，他所做的侦查和准备似乎全部泡汤了。随着比赛推进，国际米兰逐渐给予回应，他们打出了不错的配合，开始给曼联制造压力：伊布的射门击中了横梁，他创造的绝对机会也被队友浪费。最终，国际米兰的残存希望被C罗的头球建功彻底消灭，曼联挺进8强，“蓝黑军团”打道回府。

大约一年后，在国际米兰无与伦比的三冠王赛季，我再度回到亚平宁半岛，计划专访步步为营的穆里尼奥。那时候，国际米兰在欧冠1/8决赛抽到切尔西，相较于去年的重返英格兰，此番回归斯坦福桥无疑是更吸引眼球的事件。抽签结果揭晓后，穆里尼奥没有浪费任何时间，他很快决定要回到西伦敦刺探军情——在与切尔西分道扬镳后，这也是葡萄牙人第一次故地重游。

2009年12月28日，穆里尼奥从米兰飞往伦敦，在切尔西与富勒姆的伦敦德比前，我与他相约在马修·哈丁看台后边的切尔西体育俱乐部。与蓝黑军团的走势相对应，葡萄牙的气色看起来也不错。在聊天中，“狂人”又一次表述了“我会在未来回到英格兰”的想法——4年后他的确说到做到，重新接手了切尔西。我本应预想到这样久别之后的重逢，毕竟，葡萄牙人总是一而再再而三地重述着：他对切尔西的热爱，他在离开时的伤痛，以及他是如何为了让自己疗伤、让切尔西继续发展，才在深思熟虑后遗憾地离开。

穆里尼奥向我解释道：“离开时，我只是不想成为这里的干扰源。而最近一段时间，切尔西似乎每三个月就要换一次教练，我也不想让自己成为外人眼中制造麻烦的家伙。我与这里刻意保持着距离，回到熟悉的地方还是会催生痛苦。我在切尔西度过了美好的时光，斯坦福桥就是我的家。我热爱这里，永远不想离开。当两年前不得不挥手告别时，我真的非常沮丧。”不过，对于这次重返“老家”，穆里尼奥却表达了自己的开心之情，“狂人”说，他很高兴能再次见到那些有过交情而且不会忘记的朋友，“即便国际米兰晋级了，我也不会有任何举动，我与蓝军仍然保有恋爱关系，任何进球或胜利的庆祝都不会出现。我还是深深爱着这支切尔西”。

在穆里尼奥看来，现在的切尔西依然属于他：“除了阿内尔卡和伊万诺维奇，这支球队并没有什么变化。切尔西依然是我的球队，这些球员对我而言真的意味良多。”与此同时，对于自己提前回到斯坦福桥侦察军情的举动，葡萄牙人也有着清醒的认识：“没错，我来这里做一些赛前准备，但置身于熟悉的球场中，我的情绪也难免有些波动。我很清楚，回到斯坦福桥球场将是一种奇怪的感觉，一种美好却奇怪的感觉。我希望那场即将到来的比赛可以让我冷静、集中和放松。无论如何，我都只想在竞赛中感受到职业的氛围，而不是普通人在生活中的情感。到时候，我希望排除所有干扰，完全专注于这场欧冠淘汰赛。”

谢谢你，若泽，这又是一篇重磅的独家，又一次出色的访谈，以及又一记扇给意大利媒体的大巴掌。自从去往亚平宁半岛后，穆里尼奥就与多数意大利记者不断产生磨擦，双方的关系几近破碎。通常情况下，葡萄牙人都是拒绝与他们进行直接对话，在“狂人”执教国际米兰的两个赛季中，他留给我的独家采访要比任何意大利记者都多——即便，我一直与他身处两个不同的国家，而英格兰球迷对意大利足球并没有多少兴趣。更何况，我对国际米兰也不是非常关心，我所做的一切都是为了穆里尼奥。

回到英格兰的穆里尼奥依然是票房的保证，特别是这一次，他还是带领别国球队对战英格兰球队。但在那之前，由于跟随切尔西一同来到米兰城，我还亲身体验了穆里尼奥与意大利记者之间尖锐的分歧。

在国际米兰与切尔西首回合比赛前，2月20日，我在米兰观看了“蓝黑军团”与桑普多利亚的联赛。由于此前5轮联赛只取得2胜3平，一心希望夺冠的国际米兰势必想拿下3分。这是一场极其火爆的比赛，上半场只进行了38分钟，萨穆埃尔和科尔多巴就先后累积两张黄牌被罚下场。除此之外，就在那场比赛中，穆里尼奥对着摄像机做出了“手铐”的动作，三天后，葡萄牙人被意大利足协处以禁赛3场的处罚。

这场国际米兰与桑普多利亚的较量，最终以0比0互交白卷收场。然而，长时间少2人获得一分的结果不能让穆里尼奥感到高兴，在赛后走过混合采访区时，他没有理会任何一位文字记者，一大群准备连珠炮提问的意大利媒体，只能无奈地接受现实。在记者队伍末尾，穆里尼奥抬头看到了我，他招呼我走出队伍，跨过围挡绳，与他进行一对一面谈。就这样，在一群怒气冲天的意大利人面前，我与穆里尼奥开心地聊了一会儿。

穆里尼奥展现了自己的“搞怪”，他用这样的方式告诉意大利人：无论何时何地，他只想与自己待见的人说话，其他人一律免谈。说实话，我喜欢这样的“独家采访”，若泽也完全不在乎那些家伙，但对于国际米兰而言，这可绝对是个大麻烦。“蓝黑军团”的新闻官赶忙跑过来，劝说我们离开那些记者的视线，到没人的地方再接着聊。我们最终照做了，不过穆里尼奥一直是磨磨蹭蹭、慢慢吞吞，尽情享受着对意大利媒体的调戏。

这是一件非常有趣的事，更幸运的是，我再次拿到了之于“狂人”的独家采访——对于4天后主场与切尔西的比赛，“狂人”首次做出了公开展望。无论对于我还是穆里尼奥而言，这都是一个完美的时机：我可以放出积攒的独家新闻，而“狂人”也期待从善用的心理战中收获更多。在启程飞往米兰前，切尔西球员有充足时间消化一下前主帅的独白。

在万众瞩目下，国际米兰与切尔西进行了两场淘汰赛的较量：2010年2月24日：国际米兰主场2比1击败切尔西，主队建功球员为米利托和坎比亚索，为蓝军攻入客场进球的是萨洛蒙·卡卢；3月16日，国际米兰做客斯坦福桥球场，凭借埃托奥的进球，蓝黑军团杀死了比赛，成功挺进8强。比赛末段，德罗巴两黄变一红提前下场，安切洛蒂的球队无力回天。

似乎正是从那时起，国际米兰的荣耀之路正式铺开了，在主客场两回合分别以1比0击败莫斯科中央陆军后，蓝黑军团与瓜迪奥拉的巴塞罗那相逢于半决赛。这样的重量级对决，绝对众望所归。



相较于小组赛磕磕绊绊的国际米兰，巴塞罗那无疑被外界更加看好，然而，穆里尼奥的球队可不会被众星云集的西甲巨人吓倒，穆里尼奥也绝不会向夙敌瓜迪奥拉示弱。4月20日，圣西罗球场，国际米兰一场强势3比1主导了半决赛的走势，虽然佩德罗为客队先拔头筹，但斯内德、麦孔和米利托先后进球，蓝黑军团成功逆转比赛。有趣的是，即便巴萨在首回合遭遇两球劣势，仍然有很多人猜想红蓝军团可以实现翻盘。这样的自信终究是盲目的，就算蒂亚戈·莫塔早早被红牌罚下，多达60分钟多一人的巴萨还是只能打出1比0的比分——第84分钟，皮克的进球为时已晚，巴塞罗那只得抱憾出局。凭借总比分3比2的胜果，国际米兰自1972年以来第一次打入欧冠决赛，他们将与范加尔的拜仁慕尼黑，决战于伟大的伯纳乌球场。

国际米兰人并没有失望，在穆里尼奥时代的最后一战，蓝黑军团2比0击败拜仁慕尼黑，顺利捧杯。拜仁成为又一支被国际米兰击败的超级球队，在决赛中独中两元的迭戈·米利托，堪称首功之臣。对于穆里尼奥而言，这样的荣耀告别趋近完美，他不仅击败了曾经在巴萨的导师范加尔，还个人第二次捧得了欧冠奖杯。只是在欧冠之夜后，葡萄牙人将不再属于国际米兰，他完成了自己的工作，并且留下了几乎不可能被超越的丰功伟绩。

2010年5月28日，穆里尼奥重回伯纳乌球场，他不出意外地接替智利人佩莱格里尼，成为了皇家马德里的新任主帅。葡萄牙人对于梦想和奖杯的追求，依然在继续——这当然也包括引爆新的论战和头条。

# 16 破碎之梦

穆里尼奥未能在斯坦福桥触碰“大耳朵杯”，而在他离开将近5年后，阿布拉莫维奇和切尔西终于迈上了欧冠之巅。2012年5月19日，经过戏剧性的慕尼黑之夜，蓝军在点球大战击败拜仁慕尼黑，历史上第一次染指欧冠冠军。那一天，穆里尼奥待在家里，一边品味着红酒，一边支持着他心爱的球队。

当德罗巴罚入最后的制胜点球时，穆里尼奥激动地庆祝起来，经过一场艰苦的鏖战，切尔西竟然在拜仁慕尼黑的家门口，击败了更被看好的德甲班霸。即便在半决赛被拜仁两回合淘汰，以至于无法争夺个人第三个欧冠奖杯，但穆里尼奥仍然为自己的老东家，特别是老弟子们，由衷地感到开心。

“正因为切尔西的存在，我才能在观看决赛时忘记输掉半决赛的沮丧，”穆里尼奥如是说道，“我与家人共同见证了他们的成功，这一切都太美妙了。德罗巴的最后一击把蓝军送上巅峰，也真的只有他、兰帕德和特里能承担这样的责任。这算不上最好的比赛，也不算顶级的表现，但无论怎样，那个‘圣杯’终于到手了，切尔西创造了历史。在我看来，这就是合情合理的结果，足球终归是公平的。”

“别忘了，蓝军曾在欧冠拥有过多少痛苦的回忆——2004年，拉涅利在半决赛负于超水平发挥的摩纳哥；2005年，我跟切尔西在半决赛被利物浦的幽灵进球淘汰；2007年，我们在半决赛的点球大战再负利物浦；2008年，格兰特在最后决赛的点球大战败给曼联；2009年，希丁克与切尔西又遭遇了半决赛的误判争议，也可能是足坛最大的‘丑闻’之一（2009年欧冠半决赛次回合，对于切尔西4次明显的点球机会，挪威主裁判汤姆·赫宁·奥夫雷博均拒绝判罚，伤停补时阶段，伊涅斯塔攻入扳平进球，蓝军止步半决赛）。综上所述，如果此次切尔西还不能走到最后，那就真是一场灾难了，特别是对于这批老将而言。”

那天晚上，穆里尼奥在欢愉中的唯一遗憾，或许就是未能带领皇马在决赛与切尔西会师。此前我俩都非常相信，这样的命运对决一定能在安联球场上演，尤其是当半决赛抽签结果揭晓时，切尔西、皇马分别与巴萨和拜仁相遇，我们的命运预感甚至愈发浓重。至少在皇马与拜仁这组对决中，“银河战舰”无疑是更被看好的一方。

2011/2012赛季，皇家马德里享受着予取予求的快感，他们以100分的成绩提前两轮夺取联赛冠军，不仅压过瓜迪奥拉的巴塞罗那，更创造了西甲历史上的单赛季积分纪录。对于队史第10座欧冠奖杯，C罗势在必得。

2012年4月17日，慕尼黑，拜仁与皇马展开第一回合较量。上下半场开局阶段，里贝里和厄齐尔分别改写比分，双方1比1战平直至比赛末段。第90分钟，马里奥·戈麦斯的绝杀为主队收获一场胜利，在踏上前往伯纳乌的征途前，德甲巨人拿到了2比1的先手。

翌日晚上，切尔西与巴塞罗那在伦敦亮相，这是一场特别的比赛，在不被看好的情况下，主队凭借德罗巴于上半场补时阶段的推射破门，1比0扳倒瓜迪奥拉的球队。当时，这次制胜进攻是由兰帕德发起的，在成功抢断梅西后，蓝军8号将球分给自己的中场搭档拉米雷斯，后者快速突破，送上了一记精准的传中，而埋伏于禁区内的德罗巴一蹴而就，巴尔德斯无能为力。整场比赛，切尔西几乎一直处于劣势，巴塞罗那以71%的控球率支配着比赛，但对于主队而言，1比0的比分已经足够。没有人怀疑，第二回合移师诺坎普的较量，才是真正对性格和决心的考验。

带着希望、不安和期待的复杂情绪，切尔西球迷在4月24日走进了诺坎普球场。他们很清楚，蓝军将士对梅西保持着上佳的战绩，而此前3次做客诺坎普球场，他们都取得了平局，未尝败绩。或许，切尔西能在巴塞罗那创造又一个惊喜。

然而，至少在上半场的大部分时间，所谓的“奇迹”了无踪迹，布斯克茨和伊涅斯塔的先后进球，让巴塞罗那顺利地取得两球领先。更糟糕的是，由于特里在第37分钟对桑切斯施暴——无球情况下背后膝撞对手，蓝军队长直接被主裁判恰克尔红牌罚下。切尔西必须应对少一人的局面。幸好，就在伊涅斯塔进球仅仅两分钟后，诺坎普球场的庆祝氛围戛然而止，第46分钟，兰帕德扮演重要枢纽，送出过顶传球，机警前插的拉米雷斯奉上精彩的吊射，2比2，10人迎战的切尔西毫无征兆地扳平了总比分。倘若以这个比分结束比赛，蓝军就将以客场进球多的优势挺进决赛，是的，瓜迪奥拉的球星们必须做出回应了。

下半场开始仅有4分钟，胜利的天平又再度向巴萨倾斜，由于德罗巴在禁区内对法布雷加斯犯规，屡屡创造神迹的梅西站在了点球点前，这一次，阿根廷人有机会让红蓝军团再度占优，重新回到通向安联球场的轨道。在这场比赛前，本赛季的梅西已经在欧冠打入14球，在所有赛事轰下63球——也许整个世界都理所当然地认为，此球必进无疑。面对切赫把守的球门，阿根廷人竟然把皮球踢中了横梁，切尔西大难不死。没过多久，梅西再次与门框结缘，未能改写比分，阴差阳错之间，巴萨10号就是无法收获职业生涯对阵切尔西的第一个进球。

切尔西顶住了巴塞罗那的狂轰滥炸，第92分钟，此前状态不佳的托雷斯轻松地完成单刀破门，在帮助蓝军第4次从诺坎普收获平局的同时，也让主队不得不接受命运嘲弄般的结果。3比2，迪马特奥的切尔西爆冷淘汰巴塞罗那，率先得到欧冠决赛的门票。当天晚上10点30分，见证胜利的我陷入了狂喜之中，我决定给穆里尼奥发条短信，跟他开个玩笑："若泽，明天看你的了，好运。但很抱歉，就算你淘汰拜仁，我也只会在决赛支持切尔西！！"

4月25日，皇马主场迎来拜仁慕尼黑，只有击败德国球队，"特别的一个"才能时隔2年重回欧冠决赛。坐镇伯纳乌的皇马取得梦幻开局，凭借一个点球和一次精准推射，C罗独中两元，仅仅用了14分钟，皇马就在总比分上逆转海因克斯的球队。从开局的形势看，皇马几乎不可阻挡，我也一度觉得穆里尼奥杀入决赛已经是时间问题。然而，曾经效力于切尔西和皇马的罗本挺身而出，他冷静地罚入点球，让两队重新回到了同一起跑线。

此后将近100分钟的比赛，皇马与拜仁均未能继续破门，穆里尼奥只能把进军决赛的希望压到残酷的点球大战上。第1轮：阿拉巴罚中，C罗罚失；第2轮，戈麦斯罚中，卡卡罚失；第3轮，克罗斯罚失，阿隆索罚中；第4轮，拉姆罚失，拉莫斯罚失；第5轮，施魏因斯泰格罚中——3比1，拜仁晋级，穆里尼奥出局。

等待了将近一天，我才拿起手机，给葡萄牙人发去了短信："我还是无法相信昨晚的结果……真心为你难过。皇马与切尔西本该上演一场完美的决赛。但别忘了，你马上就能为西甲冠军好好庆祝一番了。我在英格兰为你送上祝福，拥抱你。"一天后，穆里尼奥回复了我的短信，那种典型的傲慢、不屈以及对下一次成功的期待，完全显露无遗，甚至，他还给自己发明了一个新外号："再有一周，我就要变成'唯一的一个'了，你知道吗，我是第一个在西班牙、意大利、英格兰和葡萄牙都收获联赛冠军的教练。哦对，我还能得到一份新的大合同！！！年薪差不多1200万欧元，等我正式续约了就告诉你。”

“唯一的一个”，我很喜欢这个绰号，不久后，我甚至还以此为题撰写了一篇报道：《若泽·穆里尼奥，唯一的存在》。或许，这样的绰号可以提醒我们，即便穆里尼奥错过了争夺第3座欧冠奖杯的机会，但他之于世界足坛仍然如此闪耀。在伯纳乌负于拜仁一周后，皇马客场3比0大胜毕尔巴鄂竞技，提前封王西甲。那个赛季，穆里尼奥的皇马用38轮砍下100个积分和121个进球，均创造西甲历史最多纪录。即便是瓜迪奥拉麾下的巴塞罗那，也只能以91分和114球屈居第二。

# 17

# 摆大巴

如果你自认为足够勇敢，并且想在一瞬间就激怒穆里尼奥，这里有一个最直接的方法：你就告诉葡萄牙人，你认为他是一个消极、防守、总是在本方半场“摆大巴”的教练，为了胜利无所不用其极。说完这些后，你要后退一步，然后等待暴风骤雨的到来。

2013年，在“狂人”重返切尔西后，我曾跟他短暂聊过一次，对于那些“防守”和“摆大巴”的质疑，他选择了正面回击。“有些人被称为进攻型教练，但我才是那个创造进球纪录的人！”穆里尼奥如是说道，“无论在葡萄牙、英格兰、意大利还是西班牙，相较于那些崇尚进攻的教练，我可是实打实拿下了最多进球纪录。我真的不明白，这些对于我的定义都是从哪儿来的。”

在那些批评者的阵营中，至少有一个人可以确定——阿森纳的主帅温格。似乎从与穆里尼奥较量的第一天起，法国人就持续不断地发出质疑之声。2005年年初，温格曾经这样说道：“我很明白，我们生存于一个成王败寇的世界，不过，当一项运动开始鼓励消极、破坏与防守，这项运动就已经处于危险之中。”除了温格以外，还有一人旗帜鲜明地反对穆里尼奥，他就是前巴塞罗那主帅、荷兰足球传奇约翰·克鲁伊夫。2011年4月，皇马主场1比1战平巴萨，克鲁伊夫在赛后抱怨道：“这场比赛可以充分地证明，穆里尼奥就是一个消极的教练，他只在乎比赛的结果，毫不关心足球本身的内容和质量。为了达到自己的目的，他可以极端地派出7名后卫，仅留下3名攻击球员。与此同时，两支球队对青训的重视也高下立判，巴塞罗那这边有8位自家培养的球员，而皇马的阵容中只有一个。显而易见，这两支球队拥有截然不同的足球哲学。”

相较于温格和克鲁伊夫，前丹麦国家队主帅莫尔滕·奥尔森的用词更加严厉：“在我的世界里，穆里尼奥之于足球是极其危险的存在，如果很多教练都复制他的执教理念，那这项运动也将彻底死去。想象一下吧，如果每个人都遵循他的想法踢球，这样的比赛将多么无聊，反正我肯定是毫无兴趣，所以，我会一直坚持与他相反的理念。在我看来，穆里尼奥似乎只会指导防守足球，俱乐部砸出那么多钱买来好球员，而他却只会消极防守。拜托了，好好调教一下吧！”

当然，若要找出其中最著名的言论，非前利物浦主帅布伦丹·罗杰斯莫属。2014年4月，在主场0比2负于切尔西、基本葬送争夺英超冠军的希望后，这位前蓝军预备队主帅、曾与穆里尼奥共事过的北爱尔兰人无奈地说道：“他们在禁区前停了大巴车，不是一辆，而是两辆。从比赛第一分钟开始，切尔西就摆出死守阵势，10名球员全部回收半场。面对这样的局面，我们一直在想方设法取得胜利，但终究未能如愿，要知道，他们实际上摆了6个后卫，4个纯后卫和2个翼卫，再加上后卫身前的3个中场，这样的阵线实在太难突破了。作为防守一方，穆里尼奥的指挥非常容易，他只需把10名球员全部堆在本方禁区附近，但对于我们而言，一切就显得举步维艰。你们都知道，穆里尼奥很乐于踢出这样的防守足球，他或许会挥舞着自己的履历，向我证明这样的战略就是成功的关键，但很抱歉，我的足球哲学并非如此。

自始至终，我都希望执教的球队可以积极地掌控比赛，努力统治对手，更多地表现自己。依靠这种防守足球，穆里尼奥拿到了3分，这很棒，他应该也会高兴。不过，这与利物浦崇尚的风格完全不同，这是一支努力争胜的球队，要用正大光明的方法达成所愿。我们希望能不断地主动发起出击，但现实情况并不简单。”

罗杰斯的这段陈述，很快就传到了穆里尼奥那里，葡萄牙人当然无法接受这样的论断。他承认，自己是一个实用主义者，并且在战术细节方面非常讲究，但他并不认同自己被称为勇敢的、进攻型足球的“敌人”。穆里尼奥坚定地认为，罗杰斯这样的论调绝对与事实相悖，要知道，他可是在闪耀的执教生涯中多次打破过各种数据纪录。在葡萄牙人看来，这样的抨击有失公允，他完全被外界轻视和嘲笑了，没有得到应得的尊重。对于罗杰斯嘲讽的“履历论”，葡萄牙人也选择正面回应，他毫无顾忌地呼吁，希望外界可以再好好回溯一下其无与伦比的荣誉簿——那些在葡萄牙、英格兰、意大利和西班牙——世界上最困难、最具竞争力的地方拿下的大把桂冠。穆里尼奥相信，无论现在还是以后，关于其执教生涯风格、方式和战略的讨论仍将持续下去，一些人的蓄意篡改和失实陈述，也会不断地浮出水面。这是一个已经裂开的伤口，而且还没有愈合的迹象。

那么问题来了，所谓的事实真相到底是什么？好吧，让我们重新回顾一下那些历史：穆里尼奥执教波尔图的首个赛季，球队以86分拿下葡超冠军，同时还斩获了欧洲联盟杯和葡萄牙杯；下个赛季，波尔图不仅提前5轮卫冕联赛冠军，还在德国盖尔森基兴，以3比0击败摩纳哥举起欧冠奖杯。对于“狂人”而言，那绝对是一个特殊的时刻，从那时候起，他正式成为了“特别的一个”。

基于以上于祖国取得的成就，2015年，在葡萄牙足协举办的百年庆典上，穆里尼奥被授予了“世纪最佳教练”的荣誉。后来他曾这样感慨道：“现在来看，在波尔图获得的奖杯无疑是我执教生涯中最重要的，毕竟，那是一支葡萄牙球队为本国足球做出的贡献。波尔图已经成为独一无二的存在，要知道，在那场欧冠决赛中，我们足有9名葡萄牙球员登场亮相。”再看今天的情况，试问哪些欧洲豪门能重用这么多本土球员呢？

再来简要分析一下穆里尼奥的首段切尔西生涯。2004年到2007年，葡萄牙人在伦敦度过三个赛季零两个月，他在此期间取得的成就，足够驱散各种误解和错觉。2004/2005赛季，切尔西拿下50年以来第一个顶级联赛冠军，不仅如此，依仗于多项光鲜的数据纪录，蓝军用一个伟大的赛季重新书写了多项历史：95积分、29场胜利、15个客场胜利、25场零封、15个失球、开局6场不失球、客场只失9球，以上种种，切尔西都创造了英超单赛季最多纪录。除此之外，穆里尼奥的球队在38场打进72球，放眼整个联盟，就只比落后自己12积分的阿森纳要少（87球）。打进72球，仅失15球，蓝军在那个赛季收获了57个净胜球，这着实是一个惊人的数字。

这样的夺冠并不是一个偶然事件。2005/2006赛季，切尔西以91分成功卫冕英超——超过亚军曼联8分，这一次，他们再次拿到了27个胜场和72个进球（英超第一）。此外，在球队失球（22球）和净胜球（50球）方面，蓝军也是继续领跑联盟，其他豪门难以企及。

2006/2007赛季，切尔西未能实现三连冠，尽管输球场次（3场）要比冠军曼联更少（5场），但足足11场平局还是耗尽了他们夺取冠军的可能。最终，切尔西以6分之差位列第二，败给了拿下89分的曼联。至于球队进球数方面，曼联以83球高居第一，切尔西以64球排名第二。

前往亚平宁半岛后，穆里尼奥带领国际米兰连续拿下两个意甲冠军，而且在2009/2010赛季，蓝黑军团还实现了意大利足坛历史上第一次联赛、杯赛和欧冠的顶级三冠王。这无疑是穆里尼奥执教履历上最重要的成就。从数据角度看，那个赛季的国际米兰以2分优势斩获意甲冠军，而在进球和净胜球方面，葡萄牙人的球队也以75球和41球领跑全联盟。

至于此前的2008/2009赛季，国际米兰以10分优势荣膺联赛桂冠，虽然进球数与AC米兰持平并列第一（70球），但蓝黑军团的净胜球（38球）还是比同城死敌多出3个。

告别意大利后，穆里尼奥来到伊比利亚半岛。那时的巴塞罗那堪称历史最佳球队之一，而对于自己逆袭而上、力压瓜迪奥拉夺冠的成就，葡萄牙人感到非常骄傲。2011/2012赛季，穆里尼奥执教皇马的第二年，依仗于创造西甲历史纪录的32场胜利、16个客场胜利、100积分、121个进球和89个净胜球的表现，皇家马德里以一种炫目的方式压过巴萨9分，登上了西甲霸主的王位。即便如此，穆里尼奥的西班牙生涯仍被很多人称为失败，他的皇马也一度被诟病为“防守球队”。当然，“狂人”绝不这么认为，他曾经这样回击道：“这支皇马只会防守？好吧，我们可是拿下了100积分和121个进球，就连最好的巴塞罗那都没能阻止我们夺冠。要知道，我的球队是一支伟大的、为了胜利而建的球队，一直以来，我们都努力地统治比赛、不断地斩获胜利。别忘了，2011/2012赛季的皇马可是刷新了赛季进球纪录，我也是以创造纪录地姿态捧得了冠军奖杯。那么，谁才是皇马历史上最好的教练？毫无疑问，就是我。这就是我的历史地位。”

# 18 间谍任务

这个世界上计划永远赶不上变化，即便你的工作伙伴还是若泽·穆里尼奥。

2012年秋天，皇家马德里在欧冠小组赛抽签中被分到了D组，这个被称为“死亡之组”的小组，囊括了英超冠军曼城、德甲冠军多特蒙德和荷甲冠军阿贾克斯。而“银河战舰”的首场比赛，正是主场对阵挥金如土的曼城。得知这个结果后，我很想探听一下葡萄牙人的反应，于是，当抽签结果刚一公布，我就发去了一封电子邮件：“曼城！！！曼奇尼和巴洛特利啊，这是要搞事情的节奏！！放心吧，我知道该支持谁，祝你好运。”直到翌日（8月31日）午饭时间，穆里尼奥才回复了这封邮件，即便首场与曼城的比赛要到9月18日才正式开打，但他的准备工作开始了。“嘿嘿嘿，我马上要去曼彻斯特了，”“狂人”在邮件里如此写道，“顶级机密啊，这事儿只有你知情，你可以写一篇稿子，就说‘若泽前往曼市，我打赌他已经开始工作了’。”葡萄牙人说得没错，那些侦察工作正按部就班地进行，而他的心理战也已同时打响。当然，从“狂人”把所谓“秘密出访”泄露给我的举动看，他正密谋和计划攻陷曼城的蓝图。

对于各取所需的双方而言，我与穆里尼奥有个不错的合作开端，但作为一名媒体记者，你总是欲求不满，希望变得更好。我告诉葡萄牙人，在皇马与曼城对决前一周，我将从伦敦飞往巴塞罗那采访前阿森纳球星塞斯克·法布雷加斯，想请他谈一谈对巴萨的看法，以及对于欧冠的野心。鉴于从巴塞罗那飞到马德里是一趟短途旅行，我就想努力地延长一下出差时间，以便去马德里跟穆里尼奥聊聊。那时，穆里尼奥会在每周出席一次常规新闻发布会，与各路媒体见面，至于我的初步设想，就是在例会结束后，随便跟他聊个5分钟。“狂人”痛快地答应了，我也抓紧更新了行程。

在巴塞罗那的奥林匹克公园，我与法布雷加斯的对话无可挑剔，非常顺利。依仗于这次彪马安排的采访和以前对他的了解，我绝对能写出一篇质量上乘的稿件。塞斯克是一个直率、健谈、与众不同的人，对于足球本身，他持有非常坚定的执念。从业务角度看，像塞斯克这样的受访者，会让我们的工作变得容易很多。采访结束后，我们坐在加泰罗尼亚的阳光下享受着寿司带来的美味，每当邂逅这样的时刻，你一定会相信的——自己在从事世界上最好的工作：没错，你可以去全世界最著名的城市，然后在别人埋单的情况下，与世界上最著名的体育人士聊聊天，吃点东西，再把他们告诉你的东西写成文章。一切都是轻而易举。

太阳开始落山，西班牙依然徜徉在万里无云的晴空，我悠然自得地回到酒店，撑着胆子，到天台的游泳池逍遥了一会儿。第二天，为了向穆里尼奥确认见面时间，我又给他发去了邮件。值得一提的是，作为得到独家采访的回报，我答应他一起向一家慈善机构捐款，在邮件中，我还提醒他尽快把慈善组织的名称发过来。那一天，虽然没有收到葡萄牙人的回复，但我并不觉得会出现什么差池，毕竟，这一切已经商量好了，对吧?

然而，事实并非如此。当我翌日抵达巴尔德贝巴斯训练中心后，我很快意识到行程出现了问题。当时，我向皇马的办公室官员胡安·卡米洛打了招呼，并告诉他我将与穆里尼奥在发布会结束后小聊一会儿。

但是，对于这次没听说过的预约，他显得很不高兴。正是从那时起，我的不祥预感开始出现。胡安·卡米洛说，为什么你不能像其他记者一样在发布会上提出问题呢？我回答道，因为我们想得到独家新闻，而不是与他人共享，我很希望在比赛前完成这次采访，要知道，如果我们拿到的答案都要在发布会上被其他媒体分享，这样就没有任何意义了。胡安·卡米洛并不予以理睬，这次计划中的采访已经处于搁浅边缘。胡安的表态非常清晰：皇马将在本周末客场挑战塞维利亚，按照规定，主教练不能与媒体谈论任何与比赛无关的东西，无论是西班牙抑或国外媒体，一个都不例外。我没有放弃努力，继续向胡安请求道："就是因为跟穆里尼奥约好了，我才特意飞到马德里，而且，这稿子直到皇马与塞维利亚赛后才会发布，不会对球队造成任何影响。我保证在整个过程谨小慎微，不向任何同行透露自己的来由。"尽管我好说歹说，但胡安并没有产生动摇，他依然拒绝了我的申请。

突然之间，我从法布雷加斯那里收获的志得意满和欢欣鼓舞就消失殆尽，就在巴尔德贝巴斯训练中心，我的工作又变成了世界上最糟糕的职业：你本来已经与受访者约好，千里迢迢地奔赴前线、决定大干一场，但偏偏半路杀出个程咬金，把你的计划全部打乱，甚至威胁要毁掉一切。当然，千万别误会我的意思，胡安是个好人，也是一位出色的工作人员，他只是恪尽职守，全力完成自己的工作。但说实话，我当时真想让他消失。随着时间一分一秒地流逝，预想中的穆里尼奥大专访遥不可及，如果无法把公司期待的独家稿件完成，等我回到伦敦后就要被领导和同事挤兑了。经过一番思想斗争，我并没有选择放弃，我必须继续尝试。新闻发布会即将开始了，我一头扎进屋里，坐在了一个非常显眼的位置——以此确保穆里尼奥一定能发现我。我在心中盘算着，希望葡萄牙人能在发布会结束后冲我点个头，然后一起到后台小聊一会儿，假如事与愿违，我就真心完蛋了。

孤注一掷的风险太大，我急切需要一个B计划。就在这时，穆里尼奥走进了新闻发布厅。不一会儿，他发现并认出了我。当发布会正式开始时，我的旅行、独家新闻和美好的一天，看起来都要被胡安摧毁了，情急之下，我决定在如此特殊的情况下给葡萄牙人发一封邮件。没办法，如果会后不能与他私聊，那也至少让他知道我准备了哪些问题。即便他同意直到周末赛后再回答这些问题，我也可以接受，唯一不能承受的结果，就是尴尬的一无所获。当葡萄牙人坐在台上回答其他媒体的提问时，我开始快马加鞭地完成B计划。事后看来，我做出了正确的选择，当发布会落下帷幕时，“狂人”起身直接离开，胡安甚至还确认了没有媒体尾随其后。

A计划彻底失败，我专注于B计划的实施。9月14日傍晚17点14分，我将8个问题完整敲上了邮件：

若泽，你好，

由于胡安不让我与你单独面谈，我只能把这些问题发过来作为备案。

拜托，拜托你在这里延续自己的语言风格，写出这些问题的答案！如果你再增添一些自己的见解和看法，那就更好了。

1. 你去曼彻斯特观看了曼城的比赛，你有什么收获？哪位曼城球员对皇马是最危险的存在？为什么？

2. C罗和特维斯都曾在曼联效力，你如何比较他们的异同？谁才是更好的那一个？

3. 你与巴洛特利曾在国际米兰共事，你是否担心他会拥有额外的动力并极力证明自己呢？

4. 经营曼城这样的土豪球队比较轻松，这里的资金绝不是问题。你曾在阿布拉莫维奇的切尔西执教，经受过巨大的压力和期待，那么，你认为曼奇尼的工作也会一样困难吗？

5. 如果你能率领皇马夺取冠军，那就是你执教生涯的第3个、皇马历史的第10个欧冠冠军。这对你而言将意味着什么？

6. 曼城能像皇马一样享誉世界吗？

7. 如果曼城为C罗出价2亿欧元，你会如何应对？

8. 我们要捐款的慈善机构到底是哪个！？

感谢！

罗伯特·比斯利

发出邮件后，我缓慢地收拾自己的东西，环顾着四周，希望能听到穆里尼奥的召唤。很遗憾，这并没有发生。人群渐渐散去，我走到了皇马俱乐部的接待处，叫了一辆出租车，坐在椅子上静静等待。若有所思，心有余悸。如果一切顺利，我本来根本不需要这样烦躁和不安。

突然，我的手机响了一声，穆里尼奥的邮件到了。没有丝毫迟疑，我手忙脚乱地解锁手机、打开邮件，上面出现了他对于所有问题的回答。是的，我如释重负，长舒了一口气。我们都知道，邮件问答绝对比不上面对面的采访——我也无法从他的答案中拓展、分析以及追问，但无论如何，这终究要比空手而归抑或共享答案强多了。除了我，没有任何人拿到穆里尼奥的独家专访，而对于这次邮件采访的特殊情况，我当时没有告诉任何人，包括我的老板。

手握这些一手材料，我写出了一篇不错的稿件，但在我看来，穆里尼奥最好的一句回答并没有出现于报纸上。没错，就是那个对于慈善组织的回复。“如果我们要捐款的话，那最好还是马克·哈尔西，他是个裁判，创立了一个癌症慈善基金会。”“狂人”在邮件中这样写道。如他所说，马克·哈尔西是一位英格兰顶尖裁判，从1999年到2013年，他一直活跃于英超赛场。2009年，他罹患喉癌，开始接受治疗，并于2012/2013赛季结束后正式退休。后来，他利用自己的影响力创建了一个癌症慈善组织，募集了数千英镑的社会捐款。由于我跟马克是老相识，我就直接在电话中向他表达了心意：在穆里尼奥的要求下，《世界新闻报》捐出了2000英镑用作基金会的善款。

接到电话的马克·哈尔西非常高兴，他还透露，在经历癌症考验的过程中，穆里尼奥一直与他保持着联系，不断送上祝福。我对于此事并不了解，恐怕绝大多数人也毫不知情。事实上，穆里尼奥在公众视线之外低调行事，做了很多好事，但局外人大多一无所知。

2012年9月18日，曼城做客挑战皇马，整场比赛跌宕起伏，70381位现场球迷在伯纳乌度过了狂暴的一夜。凭借哲科和科拉罗夫的进球，曼城两次超出比分，一度接近胜利。但在第90分钟，曾效力于曼联的C罗挺身而出，将最后比分定格为3比2，“银河战舰”惊险逆转。

回溯这场经典对决，直至全场第87分钟，曼城仍然以2比1领先，他们很有机会成为第一支在欧冠小组赛首轮客场击败皇马的球队。此前，皇马在42个首轮主场拿下40胜2平的惊人战绩，从未败北。然而在第87分钟，比赛形势发生变化，本泽马的破门拯救球队，伯纳乌的消极氛围开始缓和。最终，当C罗完成致命一击后，不仅67000名主场球迷发出震天怒吼，就连穆里尼奥也疯狂地冲进球场内展现潇洒滑跪——唯一遗憾的是，葡萄牙人的灰色西裤俨然报废了。

两个月后，前4轮小组赛未尝一胜的曼城在主场迎来皇家马德里，彼时，“蓝月亮”的处境十分危险，若不能全取3分，他们就有可能提前从欧冠出局。

比赛伊始，必须破釜沉舟的曼城便遭遇重创，第10分钟，本泽马破门得分，曼奇尼的球队已经无路可退。此后，即便阿韦罗亚被红牌罚下、阿圭罗于第74分罚中点球，曼城也终究未能收获一场胜利。

小组赛6轮战罢后，英超冠军3平3负，小组垫底，皇马以11分位列第二，而状态上佳的多特蒙德则以14分霸占榜首。如你所知，在皇马与多特蒙德两场较量中，后者以1胜1平占据上风，“大黄蜂”也借此将“银河战舰”挤到了第二的位置。

就这样，未能得到小组头名的皇马在欧冠1/8决赛与曼联相遇，对于公众而言，这绝对是一组寓意非凡的对决——毕竟，自2009年离开曼联后，这将是C罗第一次回到熟悉的老特拉福德。

# 19

# 特别的儿子

20世纪70年代，优秀的中场球员阿兰·哈德森是切尔西阵中的一位明星，无巧不成书，他出生和成长的地方就是斯坦福桥球场周边一处简易的活动板房。作为土生土长的本地才俊，哈德森成就了一番事业。简单地说，他就像是我们身边的人，作为一名蓝军球迷，你可能再也无法找到一位比哈德森更本土、更切尔西化的球员了——他可是从小就在斯坦福桥的邻街长大的。与之同理，那个纯粹时代的蓝军也是一去不复返。

依仗于丰富多彩的时代背景，60多年前，伦敦成为世界音乐和时尚之都。进入20世纪70年代后，随着时间不断推进，国王路和切尔西进阶为整个伦敦最炫酷、最热闹的地方。也正是在这里，来到斯坦福桥就像回家一样的哈德森，开始在周边无数的酒吧和俱乐部中走红。从任何意义上讲，哈德森都是球队中十分特别的存在，他的能力、声望和影响力，并不逊于当时的队友、被称为“斯坦福桥之王”的蓝军传奇射手彼得·奥斯古德。那时候，他们就像是一对撩拨人心的“犯罪搭档”，无论球场内外，都彰显着迷人的牛仔气质——长发、爱喝酒、高颜值、花花公子，他们还都幸运地拥有了超乎常人的足球天赋。不过，对于时任切尔西主帅戴夫·塞克斯顿而言，这两个天才可谓心头大患，以至于，在先后拿下足总杯（1970）和欧洲优胜者杯（1971）之后，忍无可忍的塞克斯顿决定将二人出售。

很显然，这样的结果招致了切尔西球迷的愤怒和质疑，他们很崇拜“双人组”招摇和炫目的比赛风格和生活方式，无法接受二人在几周内相继出走的现实。1974年2月，斯托克城以打破本队历史纪录的24万英镑买下哈德森，一个月后，奥斯古德以27.5万英镑转投南安普敦，这同样创造了俱乐部的最高花费纪录。当然，“离歌”还不止如此，同年10月，带来两个冠军的塞克斯顿被高层解雇，执教场次定格为333场。这样一脉相承的“放逐”，还真是典型的切尔西之道。

在哈德森离开切尔西十年后，我第一次见到了他，1984年，在前往美国联赛效力5年后，他再度成为斯托克城的一员。那段时间，我正在斯托克当地一家独立的无线广播电台工作，主要任务就是担任“陶工”的跟队记者。借助自身工作的便利，我跟哈德森很快成了哥们，即便很多年过去，我们也一直保持着联系，并且相处得很好。2012年9月末，我收到了一封来自哈德森儿子安东尼的电子邮件，彼时，他正在巴林U-23执教，并担任国家队主帅彼得·泰勒的助理教练。虽然走上职业教练之路已经4年有余，但安东尼只有31岁，仍然是一名标准的少帅。这样一个年轻、有潜力、有野心的年轻人，正期待着在未来成为世界上的顶级主帅。安东尼在邮件中写道，他希望我能为其安排一次与穆里尼奥的见面，除此之外，他还想去皇马的训练基地驻扎几天，好好观摩一下葡萄牙人究竟是如何工作以及调教队伍的。后来，我把这个请求告诉穆里尼奥，“狂人”点头应允，他向我要到了安东尼的邮箱地址，准备亲自与后者敲定拜访的具体时间。眼见这样的天赐良机，我自然也不能坐以待毙，对于我提出的选题——“特别的一个”与“特别的儿子”，葡萄牙人也欣然答应。这又是一次双赢的体验，我不仅帮助了朋友，还获得了独家。

经过各方协调，安东尼与穆里尼奥的见面被定在2013年元旦，然而，随着时间日益临近，我与安东尼都有些忐忑，担心已经定好的行程将被突然取消。我们的疑虑并非空穴来风——在执教皇马的第三个赛季，穆里尼奥举步维艰，开始陷入凶险的困境中。那是“狂人”在马德里最黑暗的岁月，一些别有用心的人一直虎视眈眈。虽然上一季以创纪录的姿态夺取冠军，但“银河战舰”并没有把优异的状态延续到2012/2013赛季，在巴塞罗那领跑、马德里竞技异军突起的情况下，皇马一度只得排在积分榜第3位。与此同时，穆里尼奥将功勋队长卡西利亚斯撤下首发的举动引起了球迷的不满，内忧外患之下，有传言称，一旦皇马在下一轮主场负于皇家社会，葡萄牙人就将被弗洛伦蒂诺解职。

穆里尼奥也向我透露，如果无法扳倒皇家社会，他只能咬牙接受一切后果——幸运的是，“狂人”最终以一场胜利暂时渡过难关。鉴于那时的复杂情况，穆里尼奥最终决定推迟与安东尼的会面，专心准备1月6日与皇家社会的必杀战役，以此保住自己的帅位。葡萄牙人的解释太过客气，而即便前途未卜，他也依然向安东尼承诺“约见”并未取消，待到时机成熟，他一定会张开双臂欢迎我们的到来。

2013年1月2日，我乘坐飞机再次来到了马德里，度过一晚后，我与安东尼在皇马的训练基地内碰面。虽然与葡萄牙人的见面暂时推迟，但求学心切的安东尼还是想远远观摩一下皇马的训练。在基地内餐厅的阳台上，我们并排站着，一边喝着咖啡、吃着糕点，一边看着穆里尼奥调教那些名字响亮的大牌。没错，那些球星都出现在了球场：C罗、迪马利亚、本泽马、莫德里奇、厄齐尔、伊瓜因、拉莫斯、佩佩、卡西利亚斯。在训练中，皇马众星非常刻苦，各个项目也完成得很好。当然，C罗还是其中最努力的一个，他对于训练项目的投入一目了然。在全队常规训练结束后，皇马7号还特意留下来，自行加练了盘带和直接任意球。

第二天，我与安东尼再次来到了训练基地，远远观望着那些超级球星，在训练结束后，我们竟然被临时邀请来到了穆里尼奥的办公室。事实上，我们本来并没有期望能见到他，毕竟“狂人”正身陷困境，经受着巨大的压力，必须为自己的未来倾尽全力。但一切就这样发生了。在“狂人”的办公室，我们三个人拥抱致意，随便聊了聊各自的情况。看得出来，穆里尼奥的状态非常棒，他向我展示了与世界最高之人的留影——这太惊人了，他竟然被映衬得如此矮小，还有与好莱坞影星阿尔·帕西诺的合照。紧接着，葡萄牙人戴上眼镜，向我们展示了如何运用录像和图像剪辑准备那些球队会议和队内讲话。这样的过程十分有趣，但他的视力也深受其害。趁着闲聊的工夫，“狂人”让我坐到了本属于他的“老板椅”上，还特意留下了一张照片。值得一提的是，在穆里尼奥的办公桌上，摆放着一堆以他为素材的书籍，“狂人”无奈地抱怨道，这些文字大多是胡说八道，一派谎言。不过，他也不打算为此提起诉讼，在他看来，唯一能从法律诉讼中满载而归的就是律师——他们总是会赚得盆满钵满。除了这些谎话连篇的书籍，我还在书桌上发现了一张没有见过的照片：那是一个年轻的门将，正在全力伸展做出一次飞身扑救。“这是你儿子吗？”穆里尼奥一边点头，一边用自己灿烂的笑容给予了肯定。

寒暄和闲聊之后，我将“狂人”带上了采访的轨道。对于目前所处的困境以及引发猜疑的未来，我请他简述了自己的看法，而这一切发生的前提，还是他自2010年来到伯纳乌后，已经先后拿下了三座重要奖杯。没错，“狂人”的回答依然爆点不断，这就是典型的穆里尼奥。为了阐述自己的观点，他将自己的战绩与老对手温格进行了比较——后者虽然自2005年以来颗粒无收，但他一直在酋长球场高枕无忧。听到葡萄牙人的答案，我很快意识到这将是一篇重磅报道，就在报纸上摊的这个周末，不仅“狂人”要迎来与皇家社会的命运之战，阿森纳也要进行与斯旺西的足总杯对决。伴随着这两场关键之战，我可以好好分析一下这组惹人眼球的对比：两个国家，两家俱乐部，两种足球哲学和态度，两位完全不同的主教练。

这无疑是美好的一天，对于我和安东尼而言更是堪称梦幻。临别之际，穆里尼奥让我从一排“样品”红酒中随意挑走一瓶，这些都是一位热衷于私人订制的酿酒师送给他的。我们的收获还不止于此，在得到葡萄牙人的允许后，安东尼打开“狂人”的电脑，用移动硬盘拷走了很多训练日程表和比赛计划。若泽告诉我：“没问题，谁都可以拥有这些东西。但你要知道，他们拷走了训练方法、训练项目，却终究带不走我的大脑和思考。”换言之，那些日程表并没有什么秘密，葡萄牙人真正的不同之处还在于思考——正是这些存在于头脑中的意识，让训练计划变成了打造冠军之师的武器。“反正吧，”他又接着补充道，“我其实每年都会修改训练计划！”

安东尼并不介意。对于能得到这个亲密接触的机会，他感到非常激动。不久后，我们又聊起了这次会面，安东尼这样说道：“由于他承受着巨大的压力，我本以为他一定会取消与我的见面。但他并没有这样做，这实在让人难以置信。我们都知道，若泽在执教世界上最伟大的俱乐部，指挥世界上最优秀的球员，现在还要面对一堆大麻烦。即便如此，他竟然还愿意腾出时间与我这样的无名之辈见面。在我看来，穆里尼奥绝对是大格局、高声望，他给我留下了极其深刻的印象。其实在此之前，我询问过很多顶级联赛和次级联赛的教练，很多人都以‘太麻烦’或‘太忙了’为由拒绝了我。”

但现在看来，最好的就是不一样，这也是为什么他能成为世界上最好的教练。时至今日，我已经拜访过弗格森、观察过哈里·雷德克纳普、约见了穆里尼奥，前两位当然也很伟大，但说实话，我还没看见过有哪位教练能像穆里尼奥这样注重训练。毫无疑问，这三位教练有很多共通之处：主抓训练细节，强度、质量和多元化几乎无可挑剔。于我而言，这些经历既是一个特权，更是一种激励。这些来之不易的收获会让我继续增强自信，我也会更加坚定：只要继续努力，我就可以闯出自己的一片天。

1月5日，在穆里尼奥迎来与皇家社会的生死战前，安东尼给他发去了一封感谢信，而作为中间人，我也收到了这小子发来的“复制版”——

亲爱的穆里尼奥先生：

由衷地感谢您能给予我这样的机会，尤其现在还是一个非常时期。虽然见面的时间并不长，但我确实学到了很多东西，这是我永远不会忘记的一次经历。如果您未来在英格兰或中东有任何需要帮助的地方，请务必让我知道。

祝您明晚一切顺利！

拥抱！

安东尼

大约4分钟后，穆里尼奥回复了这封感谢信：

很开心能为你提供机会，很高兴你能享受其中。

我们既然已经相识，那就继续保持联系。

祝你好运。

拥抱！

若泽·穆里尼奥

葡萄牙人回信的速度让安东尼吓了一跳，他通过邮件告诉我：“若泽竟然今天就回我了，这可是在比赛前一天啊！拜托，他可是要开三个录像分析会、带队训练，还得在下榻酒店处理各种事情。不可思议！！他绝对是传奇！！”

客观地说，穆里尼奥已经给安东尼留下了不可磨灭的积极印象。可以确定的是，无论何时与“狂人”相见，安东尼应该都会感到激动和开心，但恰恰是在这样一个帅位不稳的黑暗时期，前者竟然被允许走进葡萄牙人的后方指挥室——毫无疑问，这样程度的合作和欢迎，无疑让安东尼更加惊喜万分。对于穆里尼奥而言，最简单的处理方式就是取消会面，而我们也一定会表示理解，毕竟，他正面对潜在的下课危险。但最终，他并没有这么做。在穆里尼奥刚走上教练岗位时，他曾经得到博比·罗布森和范加尔等人的大力提携，“狂人”非常清楚，一位年轻教练想跻身残酷的职业足坛究竟意味着什么。所以，有了自己的前车之鉴，他也在用实际行动将教练岗位的传承延续下去。

翌日，1月6日晚，我在电视机前紧张地观看皇马与皇家社会的比赛。一旦未能如愿，我的那位朋友很可能就要解甲归田。这是一场跌宕起伏的较量，尽管首发门将阿丹在开场6分钟就被罚下，但皇马还是凭借本泽马、赫迪拉和C罗（2球）的进球4比3击败对手，取得了一场惊险的胜利。就这样，穆里尼奥逃过一劫，将自己的帅位一直保留到赛季结束——不过，“狂人”与皇马的缘分已经无法延续，当他与切尔西商讨夏季回归的可能时，他距离那些未竟的事业也是越来越近。

2014年8月，告别巴林的安东尼·哈德森来到大洋洲，他成了新西兰国家队和U-23的双料主帅。这一年，安东尼仅有33岁。

# 20

# 十字路口

2013年1月末，在帮助安东尼达成所愿后，我又坐上了飞往马德里的航班。这一次，我的任务不是搞定穆里尼奥，而是回到巴尔德贝巴斯训练对C罗进行独家专访。当然，能得到这次专访机会，我还是要感谢穆里尼奥和豪尔赫·门德斯的安排——后者是Gestifute经纪公司的老板，全权掌控着“狂人”和C罗的职业生涯。如你所知，任何时候关于C罗的独家采访都是极其罕见的，而这一次更是千载难逢的良机——再过半个月，C罗就要坐镇伯纳乌球场，与自己的老东家在欧冠1/8决赛相遇。没错，这样的采访安排堪称完美。对于C罗而言，这绝对是一个特殊的时刻，自从以8000万英镑身价转投“银河战舰”后，他还从未在正式比赛中与弗格森相见，而就在未来一个多月内，他必须两次面对这样的场景：2月13日，首回合，C罗将第一次代表皇马出战曼联；待到3月4日，葡萄牙7号还要自2009年以来首度回到老特拉福德。这是一个绝好的机会，我也想借此大做文章，必须承认的是，我总会被穆里尼奥在日常展示的真诚和友善打动。

说来有些不巧，当我抵达马德里时，穆里尼奥已经过完了生日——两天前，他正式步入50岁大关。我只是在生日当天（1月26日）发去一封邮件，遥祝其生日快乐，并欢迎他加入“50岁俱乐部”：“你已经是个半百的老人啦。”葡萄牙人的回复言简意赅，引得我大笑不止：“去他妈的50岁。”说实话，对于迈进50岁大关的体验，我也是感同身受，正是这样的节点让我意识到，我们身边的时间正以一种令人惊恐的方式飞快溜走。相较于我们初次见面时，穆里尼奥的头发已经由黑变灰——但至少还很茂盛，在日复一日的生活中，这就像是时间留下的生动注脚。

在来到马德里前，我特意挑选了一瓶昂贵的香槟，虽然1月26日已经过去，但我还是想与“狂人”共享这次迟来的庆祝。当然，在此之前，我必须完成对C罗的独家采访。我与皇马7号的聊天自始至终都很顺畅，从见面握手的那一刻起，我就用一个问题把他逗笑了：“你会不会对帽子戏法感到厌倦啊？”看得出来，C罗很喜欢这样的提问，一天之前，他刚在皇马主场4比0大胜赫塔菲的联赛中连中三元，凭借于此，他的生涯总进球也超过300球——里斯本竞技5球，曼联118球，皇马179球。就这样，原本“仅仅5分钟”的采访，生生变成了一小时的畅谈，我与C罗相处得非常融洽，一切都很完美。对于皇马与赫塔菲的比赛，我也不忘跟C罗打趣道：“你们应该多进一个啊，5比0对应50岁，这才是送给若泽最完美的生日礼物。”话音未落，C罗又露出了笑容。

对于采访时机和皇马7号的心情，我都无法苛求更多，而更重要的是，他跟我预想的样子完全不同。起初，我一度猜测C罗会是个自以为是的家伙，他一本正经、不苟言笑，我们的交谈很难推进下去。事实证明，C罗根本不是这样的人，他谦虚、诚恳、风趣幽默，而且怀有极强的怜悯和关怀之心。采访告一段落时，我们合影留念，即便已经超出规定时间，他也一直在与我东聊西扯。毫无疑问，C罗给我留下了极其深刻的印象，通过这次采访，我拿到的不是一个猛料，而是一堆独家。在后来预热皇马与曼联之战的日子，这些一手资料都非常重要。

至于习惯提前做功课的穆里尼奥，就像几个月前分析曼城那样，他也开启了对曼联的侦察。2013年2月13日，“银河战舰”坐镇主场迎来了又一支曼彻斯特球队：曼联。在容纳8万人的伯纳乌球场，同样先客后主的“红魔”复制了曼城的梦幻开局——在这场噱头十足、扣人心弦的比赛中，弗格森的球队用优异的表现证实了穆里尼奥的说法，“这将是一场全世界都不想错过的比赛”。

第19分钟，鲁尼罚出的角球帮助韦尔贝克先拔头筹，场上的均势被彻底打破。11分钟后，主场作战的皇马给予了回应，果不其然，这一次站出来的依然是C罗：接到迪马利亚的传中，皇马7号力压埃夫拉高高跃起，以一记精彩的头球攻门扳平了比分。

自始至终，整场比赛都进行得跌宕起伏，以至于皇马主帅也是时而站起，时而坐下。当远征的曼联球迷高喊着“若泽坐下”时，葡萄牙人向着这些老熟人怪笑了一下，然后霸气十足地挥了挥手。最终，“狂人”只得接受平局的结果，半个月后与曼联的第二回合较量，势必又是一番苦战。

3月5日，“银河战舰”来到老特拉福德，经过一场鏖战，穆里尼奥将曼联淘汰出局。凭借一场2比1的胜利，皇马将“梦剧场”变成了“噩梦剧场”，葡萄牙人又在这里享受了一场著名的胜利。作为是役面对旧主打入制胜球的男主角，C罗当之无愧抢占了头条，但相较于皇马7号快速而富有技巧的双脚，穆里尼奥高速运转且催生战术的大脑才是制胜的关键。

回溯比赛的前一小时，曼联一直掌控着局势的主动，下半场初段，拉莫斯的乌龙球甚至让“红魔”率先取得进球。然而，比赛的转折点出现在全场第56分钟，在曼联中场纳尼对皇马后卫阿韦罗亚犯规后，土耳其主裁判恰克尔向前者直接出示了红牌。这确实是一次过于严厉的处罚。眼见弟子被驱逐出场，弗格森爵士瞬间暴怒，他向着站在边线附近的裁判和官员大声咆哮，还不断鼓动主场球迷宣泄他们的不满。但与此同时，不远处的穆里尼奥却显得非常冷静、淡定和谨慎，当纳尼被红牌罚下后，他立即撤回了换上本泽马的决定，转而招来克罗地亚中场莫德里奇。正是凭借这次出色的、立竿见影的换人，皇马彻底掌控了比赛的走向。趁着弗格森还在发泄不满，穆里尼奥向莫德里奇传达了针对性的布置：他要求克罗地亚人游走于中场线与进攻线之间，不断给曼联后场制造混乱。

能力出众的莫德里奇没有让穆里尼奥失望，替补出场仅有7分钟，他就利用一记远射为客队扳平比分。又过了10分钟，C罗的门前抢点彻底让曼联失去希望。对于英超球队而言，这样的结局确实过于残酷，在赛后接受采访时，穆里尼奥直言不讳地说道："更好的球队输了。"或许，葡萄牙人应该再加上一句，"更好的教练赢了"——毕竟，当弗格森还在愤怒咆哮时，他运筹帷幄，并最终实现逆转。

遗憾的是，皇马并没有在欧冠淘汰赛走得更远，在5比3淘汰加拉塔萨雷晋级四强后，"狂人"连续第二年倒在了决赛的门槛外。4月24日，"银河战舰"客场1比4负于火力全开的多特蒙德，尤尔根·克洛普几乎凭借一场比赛就泯灭了C罗们的畅想。一周后，回到伯纳乌，一场2比0的胜利无济于事，皇马以总比分3比4败给多特蒙德，再度无缘决赛。

好吧，让我们重新回到1月份的马德里。在结束对C罗的采访后，我找到皇马的新闻官胡安·卡米洛，希望能亲自把香槟送给穆里尼奥，并跟他小聊一会儿。很不凑巧，卡米洛告诉我葡萄牙人正在开会，而且会议时长还无法确定。看起来，在结束与C罗的马拉松式长谈后，我见到"狂人"的概率是微乎其微了。没办法，我只能把香槟交给卡米洛，让他代为转送。做完了采访、送出了礼物，一身清闲的我回到了俱乐部接待处，坐在冬日的阳光下，我等待着预约出租车的到来。没有一点点防备，我突然听到从拐角处传来了糟糕的歌声，忽然之间，我意识到这样熟悉的噪音肯定只属于一个人——若泽·穆里尼奥。为了逗逗他，我随即朝“狂人”大喊了一声，毫无防备的葡萄牙人果然被吓了一跳。“我天，你在这儿干嘛呢？”他一脸疑惑地看着我。我摇了摇头回答道：“我跟你说了，我来马德里采访C罗！”狂人笑了笑：“哦，这样，能搞到克里斯蒂亚诺的专访算你厉害。”“还是托你的福啊，”我继续回答着，然后突然想起了礼物的事情，“胡安把香槟给你了吗？”“什么香槟？”看到他毫不知情，我只能向“狂人”解释了事情的原委：由于我觉得咱俩见不到了，所以就把生日礼物拜托给了新闻官。穆里尼奥说，他得空会向胡安要的（翌日，穆里尼奥发邮件说他终于拿到了香槟）。

在标准的寒暄开场白后，我们很快就聊到了更重要的事，比如他在皇马的未来，还有其他很多秘密。在皇马4比0击败赫塔菲前，西班牙著名报纸《马卡报》刊登的一篇文章成了赛前的最热话题：文中称，队长卡西利亚斯和拉莫斯向皇马高层施压，如果俱乐部不解雇穆里尼奥，他们就会离开球队。为此，皇马主席弗洛伦蒂诺被迫召开新闻发布会，否认了这篇报道的真实性。我与穆里尼奥边聊边溜达，一会儿就到了巴尔德贝巴斯基地内。在他的引导和介绍下，我好好见识了一下这个一应俱全的豪门大本营。我对“狂人”说道：“这一切真是太美妙了，你在这里得到了全世界啊！”“嗯，应有尽有，唯独缺少团队精神。”简洁的回答，却一针见血。那一天，穆里尼奥亲口承认，他不太喜欢在皇马执教的感觉，原因并非是所谓的下课危机——在葡萄牙人看来，他与弗洛伦蒂诺拥有非常融洽的关系，后者希望他能留下，“狂人”也给出了待到本赛季结束的承诺。在与我的交谈中，穆里尼奥明确表示，待到2013年夏天来临，他肯定将结束自己的三年马德里生涯，寻求新的挑战。“没有几个人能在这里执教三个赛季。”他耸耸肩说道。对于能在如此混乱和矛盾的环境中任职3年，“狂人”已经深感满意。穆里尼奥无奈地叹了口气，继续讲述着这些复杂的感受，他认为，这家世界上最著名的俱乐部，与其期待的形象完全不同：皇马不是足球俱乐部，不是体育俱乐部，这是一家充斥着敌对情绪和既得利益的政治俱乐部——所谓的常规主席选举，就可以摧毁一项可持续的、长远的球队规划。

为了更好地阐述观点，穆里尼奥跟我分享了一个故事：2012年12月，从切尔西租借而来的埃辛要度过30岁的生日，就在生日来临之际，加纳人向所有队友都发出了派对邀请，但最终，埃辛的热情遭遇了冷落，只有个别队友在12月3日前来捧场。身为加纳人的“恩师”，穆里尼奥只得好好安慰一下失落的弟子，他告诉埃辛，这并不是对个人的抵制，更不是表达对加纳后腰的反感，很不巧，那些队友只是还要做更重要的事。穆里尼奥说，这样的情况太正常了，相较于其他人或事，这些皇马球员真的只在乎自己——他们拥有超级巨星的天赋，也就自带同等级别的自负。

穆里尼奥对于埃辛的遭遇感同身受，在执教皇马的3年，他甚至吃过更苦的闭门羹。在“狂人”看来，一些皇马球员自视甚高，他们认为自身的重要性不仅要高过主教练，甚至可能盖过整个俱乐部。

临别之际，穆里尼奥还向我透露了一则重磅消息：今年夏天，他希望能重回切尔西，而从目前情况看，一切皆有可能。哇哦，这趟西班牙真是没白来！当然，由于我们的约定，我既不能援引他的表态，也不能撰写独家报道。毕竟，如果我回到英格兰立马发布文章，外界轻而易举地就能猜到是“狂人”自己在西班牙向我通风报信。总之，我还是保密消息，等待“狂人”最后的决定。没过多久，一切水落石出。

# 21

## 突发新闻

2012/2013赛季末，我将穆里尼奥期待回归的大报道写上了报纸的封底头条——《若泽："让我拯救切尔西"》，仅仅一周后，一些很有意思的事情开始在斯坦福桥球场发生。坦白讲，那个赛季的切尔西一度陷入内外交困的境地，日子并不好过：由于卫冕欧冠失败、在小组赛阶段即告出局，蓝军只得转战欧联杯赛场，2012年11月，为切尔西带来慕尼黑奇迹的功臣之一罗伯托·迪马特奥被阿布拉莫维奇解职，尽管为球队带来了欧冠和足总杯，但他的执教时间还是定格在256天；更糟糕的是，前利物浦主帅拉法·贝尼特斯竟被阿布聘为代理主帅，对于这样的任命，很多蓝军球迷愤懑不平。就在这样的关键节点，切尔西需要一位救世主横空出世，如此看来，真的没有比穆里尼奥更合适的人选了——毕竟，葡萄牙人可是蓝军历史上的最佳教练，总共三个赛季，他为西伦敦带来了6座奖杯，还包括一次背靠背的英超冠军。

临近赛季结束，我的独家报道拉开了穆里尼奥回归的序幕，在切尔西进行主场比赛时，一些心急的蓝军球迷已经开始歌唱赞颂“狂人”的歌曲，他们都期盼着、鼓噪着，等待葡萄牙人回到这个他们相濡以沫的地方。在贝尼特斯上任那一天前，众多蓝军球迷便不以为然，他们想尽一切办法表达抗议，这样的情况甚至愈演愈烈。2013年3月2日，在切尔西主场1比0击败西布罗姆维奇的比赛中，一些球迷拉出了很多条抗议横幅：“分裂则亡，拉法下课”“我们用不着临时代理”。他们不断地唱着：“拉法，我们不欢迎你”“如果你讨厌拉法，就赶紧站起来”“我们不在乎拉法，他也不在意我们”。最终，声音分贝数最大的还是这一句：“我们就要若泽·穆里尼奥！”

两天后，3月4日，穆里尼奥带着皇马回到英格兰，准备与曼联的欧冠淘汰赛。对于“狂人”和“银河战舰”而言，那一段的魔鬼赛程无疑是值得铭记的：2月26日，皇马客场3比1击败巴塞罗那，以总比分4比2挺进国王杯决赛；3月2日，又是西班牙国家德比，皇马主场2比1再胜巴萨；恐怖赛程最后一战，C罗们又从老特拉福德球场得胜而归，穆里尼奥的球队拿下了三场重量级的胜利。不过，在随后与我进行的独家对话中，“狂人”对此却显得不以为然。

穆里尼奥坚称，这绝不是其遇到过最惨烈的赛程，“狂人”似乎在提醒着全世界——特别是罗曼·阿布拉莫维奇，他可是在两周内连续带领国际米兰斩获三冠的男人，这样的壮举在伟大的意大利足坛也仅此一次。这样的表态看起来很有必要，别忘了，他即将在夏天重新铺开自己的“求职之路”。

有趣的是，在皇马来到曼彻斯特备战时，曼城同意将伊蒂哈德球场借给“银河战舰”一用。监督球队训练时，穆里尼奥想出一个小把戏，他让俱乐部摄影师德拉鲁比亚拍摄了很多以自己为主角的照片，然后又把这些作品交给了我。葡萄牙人表示，他希望我能挑选几张作品刊发在报纸上——假设自己于夏天接手曼城，他想看看这些提前铺垫的种子究竟会变成什么样。没有人想错过炒作自己的机会，“狂人”也不例外。当时，曼城队内的情况也非常微妙，曼奇尼在2012

年率领“蓝月亮”拿下英超冠军，但很多人依然相信，如果意大利人无法继续封王英超，他还是随时处于下课的危险之中。我几乎可以肯定，穆里尼奥与曼城高层已经有过接触，这也是前者认真考虑的选择之一，虽然“狂人”仍然把切尔西的未竟事业当成首选，但与此同时，他也一直在利用这些机会让自己获利——简而言之，穆帅是故意刺激阿布拉莫维奇，好让俄罗斯人担心他有意接手曼城。

我确实接过了这些相片，但这一次，葡萄牙人的心理战和手段未能奏效，原因很简单，《世界新闻报》并没有登出其中的任何一张。

穆里尼奥没有善罢甘休。一个月后，他说自己又要来英格兰了，而且地点还是伦敦——更理想的是，他将自2010年以来第一次走进斯坦福桥球场。葡萄牙人并不是为切尔西的比赛而来，鉴于巴西足协的邀请，他决定应约前来，现场观看巴西与俄罗斯的国际友谊赛。虽然身在切尔西主场，但他并不会与蓝军进行任何会谈。不过，借助这次机会，葡萄牙人还是把事情搞大，特别是如果能拉上我作为辅助，效果一定更好。穆里尼奥甚至直言不讳地说，在这两天的伦敦之行中，我可以任意拍摄照片：“白天的时候很容易找到我的，星期一我会在哈罗斯百货和斯隆大街购物，之前一天的午饭或晚饭应该会在La Famiglia（他最喜欢的餐厅）。我不会多说什么，但如果愿意你可以拍照。别忘了，我上一次来到斯坦福桥还要追溯到2010年切尔西对国际米兰。”

让我们聊聊这从天而降的馅饼吧。很显然，穆里尼奥正试图利用我和《世界新闻报》的话语权，以此帮助他实现重回心爱之队——切尔西的梦想。不过，我并没有觉得被欺骗和玩弄了，反而能坦然接受。说实话，我对于自己能获得他的信任感到非常高兴，况且，我还能利用这个线报干好本职工作。毫无疑问，这是一个对等的交换，我们可以互相帮助。像这样稳稳双赢的安排，之于我们都是大有裨益。

3月25日，我在封底头条操刀了这篇重回故地的报道：《若泽回归切尔西》，为了增加噱头，我们还在下面添上了一个副标题——“贝尼特斯还不需要慌张……至少现在如此！”

3月27日，我继续撰写着关于穆里尼奥的文章：“我爱切尔西”，在“爱”这个单词上，我们还搭配了一个蓝色的爱心。

葡萄牙人趁热打铁，在一次公开表态中，他尽情发挥着自己的搞怪，毫无收敛地谈起关于回归的话题：“我与切尔西维系着超强的情感纽带，总有一天，我会回到英格兰，重新执教切尔西抑或其他一家俱乐部。相较于那些英超球队，切尔西在我心中的位置更加特别，它与国际米兰一样让我难以忘怀。未来的某一天，我终究会回来的。”葡萄牙人的自述还没有结束，他话锋一转，聊起了接手曼联或曼城的潜在可能：“曼联就是弗格森爵士的王国，我希望他永远都待在那个位置，而且即便‘永远’不会发生，我也希望他留在‘梦剧场’的时间越长越好。至于曼奇尼掌管的曼城，他与俱乐部还在履行合同，‘蓝月亮’又是去年的冠军，我不认为这里会有什么人员变动。”

有趣的是，对于那些甚嚣尘上的前途猜测，包括回归切尔西的可能，穆里尼奥都把它们归咎于媒体的捕风捉影，简单说，他只是在国际比赛日无辜地回伦敦休个假。看到葡萄牙人这样的表态，我真是被逗笑了，谁能想得到，正是“狂人”出于特殊原因公然地利用我，这次假装保密的旅行才会见诸报端。穆里尼奥继续补充道：“我跟家人在伦敦拥有住处，我们热爱这座城市。我的女儿还在伦敦上学，所以来到这个地方也是稀松平常。但尽管如此，只要我在伦敦街头散步、逛街和购物，人们还是会马上联想到我要回归切尔西。”后来，“狂人”又继续老生常谈，他的用意我早就心知肚明：“当然，我或许也在无意间助长了这种流言，毕竟，我几乎每天都在反复强调，如果时机合适，我一定会回到这个我非常热爱，并且拥有过太多美好时光的地方。客观地讲，我确实为这些流言蜚语培养了一些土壤，但究竟原因，还是我太过热爱这里。”

或许是意犹未尽，葡萄牙人甚至说出了有可能做出决定的时间点：“今年夏天，那些传说中的变动也会尘埃落定。总之，让我们拭目以待吧。截至目前，我与皇马依然处于合同期内，对于余下的赛季，我仍然充满野心，所以目前我只会考虑关于皇马的问题。”

恐怕在这一点上，穆里尼奥没有说实话，对于回归切尔西的各种事宜，他其实思考得非常多。鲜为人知的是，在2012/2013赛季尚未结束时，他已经开始录下蓝军的比赛，并对阵容展开了分析。虽然一切尚无定论，但“狂人”已经开始思考，哪些蓝军球员该走，哪些核心球员得留。执掌皇马的葡萄牙人逐渐失去了耐心，他希望可以尽快看到阿布送上的合同。

没过多久，葡萄牙人的焦急又催生出了另一则独家报道，4月7日，一篇名为“赶紧签吧”的独家出现于报纸头条，副标题则为“罗曼，现在不签就没戏了。”很少有人知道，对于自己的新东家，穆里尼奥已经斟酌了数月之久，当小道消息逐渐泛滥，开始把目标转移到曼城这边时，我与“狂人”又进行了一次对话。他说：“所有事还都在观望中，我希望回到斯坦福桥，但皇马、巴黎圣日耳曼和曼城也在持续跟近，为了切尔西我愿意等待，但时间或许不会太长。”在这篇独家报道中，我以穆帅密友的口吻如此写道：“若泽很希望回到西伦敦，这是他的理想之地。每当听到切尔西球迷歌唱‘若泽·穆里尼奥’，他回归蓝军的愿望就更加迫切。”除此之外，我的报道还间接表明了，“狂人”并不会对薪水提出更高的要求，“只要工资与皇马时期持平，若泽应该就会与切尔西签约，要知道，他本来可以在曼城和大巴黎那边得到更多。其实，若泽也还有留在皇马的机会，但他非常清楚自己的向往之地究竟是哪里。从目前情况看，一切就取决于罗曼是不是跟若泽不谋而合了”。

毫无征兆地，原本不在候选之列的曼联，突然挤进了我们的话题。一天，弗格森向穆里尼奥透露，自己将于2013年夏天从老特拉福德卸任，而作为回报，葡萄牙人也坦言，他同样将在赛季结束后离开皇家马德里。看起来，这实在是一个惊人的巧合。由于事态进展迅速，一切似乎顺理成章，穆里尼奥很快地认为，自己会在4月份收到曼联发来的邀请。但事实上，这样的接洽并没有出现，对于如此挫折和冷遇，“狂人”也感到有些惊讶，他无法相信红魔的举动，还因此向朋友抱怨道：“你无法想象到底发生了什么。”然而，即便遭遇这样的失望时刻，“狂人”也一直没有丧失在未来接手曼联的野心。

终于，2013年5月3日，一切尘埃落定。我竭力完成了独家新闻，并宣布若泽将于7月重掌蓝军教鞭。在报纸的头版头条上，这篇全球独家的标题被定为“穆帅归来”。翌日，我继续跟进其他新闻，报道了葡萄牙人希望留住球队传奇弗兰克・兰帕德和约翰・特里。后来，他们都成功续约。与此同时，我还对外透露了“狂人”希望将“5000万英镑先生”费尔南多・托雷斯出售的意愿，不过出于一些原因，西班牙人还是在斯坦福桥度过了2013/2014赛季。可以说，我的好运气都要拜穆里尼奥所赐，“独家新闻”依然在持续产出中。

5月20日一早，若泽突然告诉我：“我自由了，我已经跟皇马达成了协议，赛季结束后自由身离开。没有赔偿金，这是两边一同决定的结果。”翌日，皇马主席弗洛伦蒂诺发表了确认声明，经双方一致同意，葡萄牙人将于赛季结束后正式卸任。当时，这样的结局也意味着，即便此前“狂人”与皇马还有3年合同，但其改换门庭也不会让切尔西付出任何费用。

随着时间推移，穆里尼奥与切尔西愈发接近，那些恼人的合同协议不再遥远，似乎随时都有可能落笔签字。5月末，穆里尼奥告诉我，他将与自己的得力助手鲁伊・法里亚来到伦敦观看水晶宫与沃特福德的英冠升级附加赛。但直觉告诉我，“狂人”这次来到伦敦，应该是出于更重要、更不可抗拒的原因。在穆帅与法里亚抵达伦敦后，体育组特意派出了摄影记者前往球场跟拍，他们希望赶在葡萄牙人即将回归前曝光他的教练团队，以此打出又一条独家。由于对“狂人”来到伦敦的真实原因心存疑虑，我就把自己的想法告诉了穆里尼奥，但为了不打草惊蛇，我也向其许诺道——只有在得到他的允许后，我才会动笔写出报道。第二天，我终于得到了“狂人”的确认：“昨晚正式签约，现在官方宣布，我又是一位纯正的切尔西战士了！”

2013年5月30日，星期四，我在封底头条再次放出了一篇独家报道，并向全世界宣布：“若泽签约切尔西”，这是一份为期4年的合同。4天后，切尔西官方确认葡萄牙重返斯坦福桥，“特别的一个”回到过去。

要知道，我在一个月前就公开了“狂人”回归的消息，而早在当年2月，我已经写出了《若泽：“让我拯救切尔西”》的独家报道。如今，这一切成为现实，穆里尼奥终于得到了这次机会。

# 22

# 给我加钱!

穆里尼奥算不上是财迷，但他非常在乎自己的身价。有那么几次，我都尝试着与他合作一把，但最终都空手而归——就算一天内同时为他呈上两份协议，我感受到的也只是双倍暴击。

2009年9月，当穆里尼奥还在国际米兰任职时，我来到了媒体生涯的十字路口：15年以来，我将完成自己的第一次跳槽，虽然工作变化，但所在领域依然是平面媒体。有趣的是，就在我即将辞旧迎新时，两家报纸的领导都主动找过来，希望我能动用人脉关系，邀请穆里尼奥在南非世界杯期间开设报纸专栏。当时，时任老板还不知道我马上就要离职，他让我马上飞去意大利，把这封私人聘任信交给葡萄牙人。

说实话，那封邀请信实在是太烂了，当我第一次开封阅读时，简直无法直视。没错，对于一位并不相识的人，我时任老板的玩笑话显得如此拙劣：他希望那些“令人讨厌”的意大利记者没有让葡萄牙人难堪，还无比期待着后者能尽快回到英超。更糟糕的是，我时任老板提供的酬金还不比上那些尴尬的玩笑：从世界杯开赛前一周到最终决赛，他计划让穆里尼奥写5—6篇专栏，每一篇的酬劳仅仅在5000—6000英镑之间，合计一下，也就是25000英镑到36000英镑。

对于像我这样的普通人而言，这绝对是一笔巨款了，但在以穆里尼奥为首的土豪眼中，这样的报酬也就是区区两天的开销。嗨，无所谓了，反正我要跳槽了。

无巧不成书，当未来老板得知我即将启程米兰时，他也让我向“狂人”发出了专栏邀请。很显然，如果非要向葡萄牙人奉上专栏合同的话，我还是更愿意为未来的新东家效劳。相较而言，新老板开出的专栏协议无疑更加诱人，除了缜密、绝对职业的细节条款，还有之于报纸堪称重量级的稿费——这足以秒杀我老东家的寒酸报价。两边的合同各就各位，剩下的问题就抛给我了，我究竟该怎样跟若泽商谈呢？难道要一次见面中同时给他两份报价？在激烈的思想斗争后，我认为最好的处理方式还是打开天窗说亮话，实话实说。由于自认为非常了解他，我觉得到时候商谈应该很轻松，并不会有任何尴尬或难堪。就这样，我决定带着这两份由不同报纸开出的合同，直接去跟穆里尼奥见面。

从伦敦飞抵米兰后，我直接跳上一辆出租车，直接赶往国际米兰的训练基地。在那里，穆里尼奥正出席球队的新闻发布会。待到发布会结束后，穆里尼奥找到我，我们握手致意，随即准备开始聊天。为了谈话的私密性，“狂人”邀请我到发布厅之外找个地方，当然，就在跟他另寻他处的路上，我一直在捋顺着专栏合同的问题：我为他带来了什么？我们需要他做什么？合同条款怎么样？当然，这些都是常规事宜，最特殊的一点还是我同时带了两份报价。或许你认为，这样的情况着实有些尴尬，但我已然尽可能地处理得当。在我看来，优先把老东家的报价交给穆里尼奥绝对是合适且唯一正确的选择，毕竟，他们可是承担了差旅费啊！当时，“狂人”阅读这份报价没有花多长时间，条款并不复杂，信件内容也仅有13行而已。不出所料，审阅细则的葡萄牙人显得无动于衷，我很快就意识到，他绝对不可能落笔签字。

好了，该拿出B方案了。穆里尼奥笑了笑，我不得不解释一下自己所处的特殊处境。看起来，“狂人”并没有抗拒，他只想知道第二份合同到底包含哪些内容。谢天谢地，不同于上一封穷酸、煽情的邀请信，这一份带有更多细则和职业规划的报价，让我有更充分的发挥空间。打开合同后，我跟葡萄牙人一同浏览了全文，文中详细介绍了撰写专栏的数量、围绕专栏打造的电视广告、独家的写真拍摄——还必须包括一张“狂人”阅读报纸的摆拍。毫无疑问，新东家的报价更加靠谱，他们就像对待一位超级明星，完全呈上了娱乐圈的包装和平台。在我看来，这样的邀约无疑更有诚意，他们不仅能让“狂人”感受到自身的价值，还能让他看到自己给这家媒体带来的兴奋与激情。

没错，B计划打动了穆里尼奥，我能清晰地感觉到，他对此很感兴趣。不过，“狂人”也提出了自己的条件，他认为酬劳还需要继续提高。为了直抒胸臆，他拿过我的钢笔，翻到邀请函背面，除了留下在国际米兰启用的邮箱，他还略显潦草地画出了一个英镑的符号。三四笔后，“狂人”把信函交还给我，他亲笔完成的讯息已经非常明确：给我加钱！我笑了笑，与他握手道别，临别之际我向他承诺，自己一定会竭尽全力促成合作。然而，事情的进展并不顺利，新东家否决了加钱的可能性，而穆里尼奥也不肯退让，最终，没有任何一家报纸拿下葡萄牙人的专栏。

大约4年以后，我再次选择跳槽，追逐穆里尼奥的日子也重新开始了。就像前文所说，2013年5月20日，葡萄牙人与皇马完成解约，基本确定重回切尔西——这是他执教生涯的重要时刻。事发当天，他像以前一样给我留下了内幕消息，通过邮件告诉我他已经成为自由身。看到邮件后，我很快回复他道：“你跟切尔西也达成协议了吗？”“狂人”随即表示：“我会在赛季结束时与切尔西见面商谈，现在皇马还剩下两场比赛，希望一切顺利吧。”

时至今日我依然记得，当时与穆里尼奥互发邮件发生于早上8点47分，我顺利地掌握了一条独家重磅。等等，我可是一名记者，怎么可能这么容易满足呢？

不止于此，我希望得到更多，或许这也是30多年以来，我能一直在群雄逐鹿的舰队街成为佼佼者的重要原因。为了进一步拉近我们的关系，我准备单刀直入，为他呈上一份《太阳报》的邀约合同。

“这真是一个好消息啊”，我继续回复穆里尼奥，“特别是对于我——一个切尔西球迷而言更是如此。说实话，我已经等不及蓝军官方宣布了，更希望马上看见你站在斯坦福桥里指挥比赛。哦对，我这里有一份来自《太阳报》的重要提议，他们准备付给你一大笔酬金，然后与你达成一系列合作：比如，为你拍摄第一张身着切尔西T恤或运动服的独家照片，与你进行回归后的第一次独家专访，你可以在视频访谈中随意聊聊自己和坚持的足球哲学；除此之外，还有电视广告、平常的普通专栏、世界杯的特别专栏、与哈珀·柯林斯集团合作出书，以及共同推出回顾执教生涯、抑或记录你在切尔西日常的电影纪录片。简而言之，这里还有大把的机会等待我们去探索，我真心觉得咱们应该齐心协力，干他一票。反正过几天我就要去一趟马德里，我可以给你当面讲述一下这份协议的具体条款和金额。时间不会很长，咱们快速浏览一下，大约30分就能搞定。望回复，谢谢。”

在回归切尔西的消息还未被确认前，这应该是穆里尼奥最早收到的合作协议。以过往经验看，我并不会很快得到关于这份报价的回复，但至少，我觉得自己不会轻易放弃。略感意外的是，若泽竟然很快给予了回应，虽然预判错误，但我甚至感到更加高兴。在邮件中，葡萄牙人如此写道：“我还不能确定自己能做或不能做什么，但可以确定的是，我们一直是好朋友，而且我还是个不错的朋友。”或许他认为，这都是我需要提前明确的事。

无论朋友与否，最终在那份4年前的合作协议中，穆里尼奥及其代理人路易斯·科里亚只同意推进“在2014年巴西世界杯期间撰写特别专栏”的条款。在我看来，葡萄牙人如此选择的逻辑很简单，毕竟，这是在休赛期进行的国家队赛事，并不会影响他在切尔西的俱乐部生涯。

然而，与“狂人”的合作总是困难不断，待到巴西世界杯进行时，他并不会去桑巴王国观战——身为联合国世界粮食计划署反饥饿大使，“狂人”将飞往非洲，参与一些慈善活动。这真是一个棘手的问题，如果我们相隔千里之外，那专栏到底如何搞定呢？很显然，我可不会为了去非洲听写专栏而放弃到桑巴王国报道5周世界杯的机会。我可没有这么爱若泽！

在我的建议下，我们决定到时候用Skype、电话或邮件完成专栏。然而，我的担心还没有结束：虽然《太阳报》开出的20万英镑酬劳对于报纸而言堪称重金，但在被金元泡沫充斥的世界足坛，这也就是顶级教练一周的薪水而已。葡萄牙人并不少这20万英镑，为了让他觉得物超所值，我必须忽悠一下，诱惑其上钩。我告诉若泽：“这绝对是比巨款啊，想象一下，你每打一个电话就能白赚3万英镑，天上掉馅饼。”我接着补充道：“有了这20万英镑，你又能买阿斯顿·马丁、法拉利和兰博基尼了。反正，用这笔钱给老婆买点特殊的礼物吧，让你们觉得别具意义甚至能铭记终生的。”

我们与穆里尼奥的谈判几经反复、举步维艰，但可以说有所进展，至少比之前推进不少。然而，就在谈判的关键时刻，我们被突如其来的竞争对手打乱了阵脚。作为世界互联网巨头，“雅虎”的介入让《太阳报》失去主动，美国企业希望聘请葡萄牙人担任他们的世界杯专家，专栏酬劳高达100万英镑。没错，这足够让“狂人”多买好几辆阿斯顿·马丁了。眼见形势不妙，我也没有放弃努力，在与穆里尼奥进行商谈时，我承诺《太阳报》的内容将不会与“雅虎专栏”发生任何冲突——我们希望他撰写的评论，只针对英格兰的球员和比赛，以及其余国家大牌英超球星的表现。我一直坚称，这与“狂人”预想中借助雅虎扩大受众群的初衷并不矛盾。最终，经过争论、讨论和深思熟虑，穆里尼奥接受了“雅虎”的邀请，拒绝了《太阳报》。没错，鉴于“雅虎”拍出的天价酬劳，葡萄牙人及其团队不想做出任何可能伤害到雇主的行为。

事已至此，我想起了母亲时常挂在嘴边的一句话：钱生钱。穆里尼奥就是活生生的例子，即便依靠职业合约赚得家财万贯，但依然有金主争先恐后地为其送钱。即便《太阳报》已经是最畅销的报纸，但相较于全球重量级的品牌——雅虎、捷豹、宇舶、阿迪达斯和万事达卡，媒体还是太渺小了，无法抗衡。我们曾是这场竞赛中唯一的选手，只要条件合适，“狂人”非常愿意助我一臂之力。很遗憾，《太阳报》的出价终究没有彻底打动他，我们的提议再度无疾而终。

赛季结束时，或许是希望给予一些安慰和补偿，穆里尼奥又让我获得了一次独家专访的机会。在这次采访中，“狂人”确实用行动证明了我们的友谊，他将自那时起对切尔西的诸多详细规划，一五一十地告诉了我——可以说，一直到2015年12月他离开的那一天。坦白讲，这样的独家爆料足够换回20万英镑酬劳了，当然，他绝对不会管我要的，这才是兄弟嘛！

# 23

# 瓜迪奥拉事件

在为我送上众多回归切尔西的内幕计划后，穆里尼奥也向我保证，他会从2013年年初直到夏天继续向我爆料。顺理成章地，我也从办公室收获了诸多赞扬。但在那一系列令人欣喜的成功合作之余，有一则“独家新闻”却是个例外。

2013年1月中旬，我为报纸封底奉上了专题特写，向全世界宣告佩普·瓜迪奥拉将于赛季结束后来到曼彻斯特，接替曼奇尼成为新一任曼城主帅。然而仅仅一天后，我却遭遇晴天霹雳，拜仁慕尼黑官方宣布，瓜迪奥拉将在夏天正式接手拜仁，在德国开启执教新篇章。毫无疑问，这是我记者生涯最重大的一次失败，我完全惊呆了，简直不敢相信。时至今日，我仍然记得那一天我在哪里做着什么，然后，我就突然接到了这个堪称灾难的电话。

2013年1月16日，伦敦牛津街，我正在塞尔福里奇百货公司内的小酒吧跟里泽戴尔闲聊，她是我的朋友，也是一位忠实的切尔西球迷。在这个午休时分，她小酌着红酒，我点了一杯香槟，不过，随着手机铃声突如其来地响起，这杯美好的香槟酒也很快失去了亮色。电话那头是我的老板，体育组负责人迈克·邓恩，他简洁地告诉我："比斯利，刚宣布的，瓜迪奥拉要去拜仁慕尼黑了"。

"好啊，好消息，到底有什么事啊？"我笑了笑，觉得邓恩肯定在逗我。那几秒钟的时间，我一直在等着他进入严肃的正题。

然而，邓恩并没有笑，他只是又重复了一遍："我没在开玩笑，瓜迪奥拉真去拜仁了。"听到这样的语气，我一瞬间开始忐忑起来，心里七上八下，惴惴不安。

"你是不是在开玩笑啊？"我试探着问道，依然将信将疑。

"并不是，拜仁刚刚官方宣布的……这简直是一团乱麻啊！我们怎么会搞错了？"在我看来，这是一个明知故问的反问句，其实我跟邓恩都很清楚：这全都是穆里尼奥的错！

故事的开端，一切都显得非常自然和单纯。2013年1月11日，我用邮件把之前一周在皇马训练中心拍摄的照片发给穆里尼奥，并询问他是否会来观看两天后曼联与利物浦的主场比赛。那段时间，皇马与曼联的对决已经成为万众瞩目的焦点，而为了做足准备，"狂人"透露他将与儿子一起前往曼彻斯特完成"间谍任务"。在邮件中，葡萄牙人确认了这次私人的秘密行动："嗨，老兄，我会去老特拉福德看球。收到照片，多谢。"除此之外，"狂人"还主动提供了一条线索："啊对，你不用再写瓜迪奥拉与切尔西的绯闻了，因为他百分之百会去曼城。你懂的，当我说百分之百时，就绝不是99%。拥抱你"。

穆里尼奥的主动爆料马上引起了我的兴趣，我随即回复道："佩普真会在夏天顶替曼奇尼？还是说更早？"不一会儿，皇马主帅发来了答案："今年夏天"。没错，多么重要的一次爆料，我简直要乐疯了："太棒了啊，回头我再送你一瓶红酒！"

事不宜迟，接到独家消息的我马上给办公室打去电话，分享了这则新闻线索。虽然通常情况下，我们都必须至少找到两个独立信息源，以此确定这些重磅新闻的真实性，但对于这样的内幕消息，每一位记者还是爱不释手。所以，即便通风报信的是穆里尼奥这样的大人物，我也依然需要找到另一个能佐证这则消息的人。

有时候，这样的寻找简单而直截了当，但还有一些时候，如此过程只意味着痛苦和无奈。没办法，即便你自己可以确信新闻线索的真实性，但还是无法找到能提供必要信息的第二个重要消息源。如此一来，一则重磅新闻有时就会付之东流。当然，这样的求证过程还有更糟糕的情况——当你还在为信息源奔走、希望能落成文字时，那些事情的官方公告便已公之于众。身为一名新闻工作者，你时常会为另外的消息源而感到深深绝望，不过，为了不搞砸一个新闻线索、确保故事不会出现戏剧性的反转，这也是我们必须坚持的职业底线。如今想来，倘若我们对穆里尼奥的爆料也死守原则，一切都会完全不同。

很遗憾，我们最终闯了大祸。纵观整个事件，我们都由于爆料人的特殊身份，而掉进了沾沾自信、疏忽大意的陷阱。没错，这都是由于穆里尼奥为线索加注了百分之百、24克拉金的保证。作为收到爆料的当事人，当我把线索告诉报社老板时，也是一度信心十足，几乎认定了既成事实的发生。为了让体育组的同事相信穆里尼奥的线报，我还不断地把一些相关邮件转给他们看，不可避免地，大家循环往复地展开了讨论。当时，甚至连编辑都以局外人的身份加入我们的会议，共同判断这则新闻到底要不要刊载。很显然，我一直倾向于发布这则消息，但这绝不是我一人能决定的，新闻国际公司的各级高管们才拥有这样的职权。最终，这份“狂人”发来的邮件，成为高管们同意新闻刊发的决定性因素，毕竟，这可是穆里尼奥亲自用皇马邮箱发来的——白底黑字的事实。别忘了，那时的葡萄牙人可是坚称：“我说100%时，就绝不是99%。”好吧，事已至此，我们将整篇报道都登上了报纸封底，静静等待着那些接踵而来的赞誉。

如你所知，我们在一天后收获的并不是荣誉，而是令人难堪的尴尬。这事儿百分之百是真的？好的，没问题。但结果是，瓜迪奥拉要去的是拜仁，不是曼城，而那篇文章的署名还是我！在拜仁官方宣布之后，我懵了，报社呆了，穆里尼奥也无法相信。我很快给葡萄牙人发去了一条短信：“佩普去拜仁了，我傻了！”坦白讲，我也有点无话可说。我很明白，若泽不会故意整我，但整件事一定有哪里出了问题。遇到这样的职业错误，我终究要做点什么，得到一个解释，也必须知道究竟发生了什么。依仗于穆里尼奥的存在，这些问题的答案不难寻找，很快地，他也揽下了责任，并且向我道歉。

如今看来，这个让我苦恼的新闻线索是由瓜迪奥拉自身引起的，其中混搭着猜测、误会和误传。据说，前巴萨主帅在当时联系了一位体能教练，打算为其提供一份工作，而那个人正好是“狂人”助理教练的朋友。经过一来二去的接触，即便还不知道具体的东家，但那位体能教练很希望也相信自己将前往英超工作。作为几家英伦豪门的追逐对象，听到风声的穆里尼奥相继排除了切尔西和曼联，遂才认定了曼城。他告诉我：“佩普找到的那个体能师是我助教的熟人，他希望能雇用后者，跟他一起奔赴新岗位。得到佩普的邀请后，那个人表示‘非常愿意’，还问了问‘去哪儿’。佩普透露说他已经与一家英格兰球队签订了合同。没错，整个故事就是这样。我们都知道的，切尔西和曼联都不可能，那就只有曼城，甚至连那个体能教练也这么认为。但谁都没想到，最后的结果竟然是拜仁，这真是不可思议。对于这样的结局，我感到非常抱歉，我再也不会说这些没有证实的消息了。真是不好意思。”

我真没想到整件事竟然是这么回事。曾几何时，有一位编辑这样告诫我：“千万别以猜测推断一件事情的真相，那只会让咱们一起丢人现眼。”那些资深记者也一直教导过的，永远不要推测事实，除非你想变成个蠢货。早在就读新闻学院时，我就从老师那里听到了这样的真言：“若存疑，快收手。”没错，我的犯错之处就在于忘记了这两条媒体领域的黄金准则。回想一下，我们之所以如此相信穆里尼奥，也与一味追求报道独家所带来的快感有关，正是在这样的过程中，我们忽略了新闻从业者的底线，忘记了不断审查事件真实性的准则。

当然，这都是事后诸葛亮了，每个线报中的普通人都无法保证一劳永逸的正确，所以，新闻从业者就必须按照具体情况、双原则和双信息源的标准审查，绝不能疏忽任何细节。如此看来，这件事并不是若泽的错，即便他误传了信息、还从听到的传言中提炼了一个具有根本性漏洞的结论，但无论怎样，我都应该通过自己的渠道进行核查，而我终究没有这样做。对于这一点，我深感自己的错误，所以，这也就是为什么在收到穆里尼奥的道歉后，我用开玩笑的语气对他说："什么，你还敢不给我通风报信啊？现在的尴尬、伤害和错误都已经发生了，木已成舟。别忘了，你可是为我提供了很多好线索，还得继续保持啊。"谢天谢地，穆里尼奥在后来非常靠谱，事实命中率百分之百。当然，每个线报我都是认真核查了。

虽然报道了假新闻，但日子还得过，我必须要面对那些同行，以及曼城俱乐部的官员。不久后，我前往伊蒂哈德球场报道曼城的比赛，不偏不倚，我碰到了"蓝月亮"通信部总监维基·克罗斯和媒体总管赫吉，他们都想敲打我一下。那一天，所有同行似乎都在等待好戏的上演，当我在媒体席看见他们向我接近时，我就决定要先发制人。没办法，我从座位上苦笑着站起来，高举双手以示投降："我明白，我明白，赶紧过来吧。"后来，我只得被他们修理了一番，这也算是为自己的疏忽付出了代价。在场的每个人都明白，这都是我咎由自取。其实，这些家伙都是很好的人，但他们也不会放过教训我的机会。相信我，自那篇假新闻刊出后，我已经深刻地自我反省了——一个经验丰富的、获得诸多奖项的老记者，竟然犯了一个学生式的错误。很显然，我再也不会喜欢瓜迪奥拉了！

# 24

# 快乐时光

2013年6月3日，在我已经提前爆料一月有余后，切尔西官方宣布穆里尼奥出任球队主帅，双方签订了为期4年的合同。

这是穆里尼奥执教生涯又一个里程碑，6年的等待，5个月的酝酿，一切终于成为现实。还记得2007年9月，葡萄牙人第一次告别斯坦福桥时，他就曾笃定地告诉我：有一天他还会回来的。而大约5个月前，2013年1月，“狂人”又偷偷向我透露，他已经做好了回西伦敦的准备。如今看来，所有铺垫都没有付之东流，“特别的一个”重装上阵。不同于10年前只是在窄小的发布厅举办亮相发布会，这一次，切尔西俱乐部把见面地点安排在了宽敞大气的博比·坦布林包厢。“狂人”6年前留下的诺言，最终在这里完整兑现——他回到了自己无法忘怀的地方。

彼时彼刻，穆里尼奥显得志得意满，他微笑着向全世界宣布，自己现在非常快乐：“如果要让我自取一个新绰号，我会选择‘快乐的一个’。没错，我真的非常开心。如你们所知，我回到了心心念念的球队，对于接手这份向往的工作，我没有任何犹豫。这是一个非常容易的抉择，在与阿布拉莫维奇见面时，我们只问了两个问题，待了5分钟，就很快地一拍即合。大家都是有话直说，问题直截了当。我问他：‘老板，你想让我回来吗？’然后他也回问道：‘那你自己呢？’大约只用了两分钟吧，我就决定要回到这里。”

除了表达喜悦之情，对于他2007年离任时与阿布分崩离析的传言，穆里尼奥也给出了解释：“那时候，我一直听到和看到各种报道，你们说我被炒了、被解雇了，与罗曼彻底闹掰了，但事实并非如此。也许很多人不太相信，事实上，我与切尔西就是达成了一份协议，在那种情况下，双方一致同意我暂时离开是对自己和俱乐部最好的选择。是的，那的确是一个让人沮丧的时刻，但我对此并不后悔。”

一转眼的工夫，6年过去了，葡萄牙人的心情已经由失望转变到欣喜。对他而言，重新拿起蓝军教鞭也是一种特别的感受：“这是我第一次回到已经与我产生羁绊的地方。曾几何时，我都需要重头做起，慢慢培养情感纽带，直至一段时间后才会与球队坠入情网。”

对于穆里尼奥的回归，我当然感到欣喜若狂，无论职业抑或个人层面都是如此。毕竟，早在2007年9月和2013年2月的独家报道中，我就先后写出了“狂人”归来的意愿，而这样的大团圆结局，无疑是对那些报道的最好证明。可以说，我在整个过程中步步为营、稳扎稳打，以重磅的报道彻底击败了舰队街的其他同行。当然，葡萄牙人的“二进宫”也是我完成工作之余的特别收获，这个称我为朋友的中年人，再度挂帅我最为心爱的球队。身为一名记者，能与这样伟大的教练保持亲密关系堪称梦幻，只要有他坐镇，我势必还会得到更多的独家爆料。除此之外，我也不会忘记自己的球迷身份，当队史最佳教练回到斯坦福桥时，我们每个人都会心潮澎湃、欢欣鼓舞——所有人都知道的，“穆里尼奥”就是奖杯的代名词。

一枚硬币总有正反两面，穆里尼奥的归来同样如此。我起初非常担心，如果葡萄牙人在“二进宫”中战绩不佳，他之前为蓝军留下的丰功伟绩可能也要在舆论的抨击中荡然无存。早在穆里尼奥此前与我谈起回归事宜时，我就曾这样告诫他：回头草可不一定好吃，“你应该永远都不要回来”——“这就像是你在大街上突然撞见了前女友，起初你的第一反应是回忆起过往的甜蜜与不舍，全然不顾那些导致你们分手的糟心事”，但时间一长，你才发现美好早已消失殆尽。

我非常担心，葡萄牙人曾经在蓝军留下的痛苦与伤疤，会随着时间推移重新显现，而相较于第一段蓝军生涯，这一次的受伤可能来得更快。鲜为人知的是，我在2011年曾与穆里尼奥进行过一次对话，当时，他在皇马的处子季过得并不开心，帅位一度岌岌可危，而对于重返英格兰寻求新球队的可能，他的这番言论尤其让我记忆深刻。

2011年5月22日，我给穆里尼奥发去邮件，告诉他切尔西刚刚解雇了卡洛·安切洛蒂。“你会回来吗？”我开门见山地问道。“不会，不会的，”葡萄牙人如是回复道，“现在的切尔西跟我离开时没什么两样，玛丽娜和希丁克还是阿布的私人顾问，那些受照顾的经纪人和球员也依然存在。”很快地，两年过去了，虽然“狂人”同意入主切尔西，但在我看来，蓝军内部依然没有任何变化——更何况，作为阿布特别顾问的玛丽娜已经拥有更强的权力，在2014年古尔利被俱乐部解雇后，前者甚至兼收了来自CEO的大部分职责；另外，希丁克仍然与阿布私交甚笃，2015年“狂人”二度离任后，荷兰人顺势完成了在蓝军的第二段代理执教；至于那些享受特别待遇的经纪人和球员，情况更是没有改变。或许，在穆里尼奥看来，只要能与阿布维持和谐共处，以上种种乱象就统统不在话下。正如前文所说，从2007年到2013年，他们其实一直保持着紧密联系，绝非相忘于江湖。简而言之，“狂人”之所以愿意再度接手切尔西，就是笃信了他与阿布的私人关系。

不过，当我向他表达对“二进宫”的忧虑时，穆里尼奥却一笑而过，显得非常乐观——没错，他确实一直如此。穆里尼奥认为，我的

“失败预想”并不会发生，他信心十足地表示，未来还会有更多接踵而至的美好时光。除此之外，无论发生了什么，“狂人”都坚信自己为切尔西创下的光辉岁月不会被遗忘，他的反驳也是异常坚定：“你做了什么，就存在什么，没有谁能轻易删除。对于我在蓝军留下的荣耀历史，更没有任何人可以随意抹杀。我了解切尔西人的心志，他们不会忘记我做过什么，也不会无视我为这里贡献的一切。”

“事已至此，我希望被大家当成一位全新的切尔西主帅，我的功过是非，都应该以当下的表现作为评断基准。你们都知道，我的执教生涯非常丰富，在不同国家拿到了很多奖杯，我几乎赢得了所有希望拿到的荣誉。作为一名主教练，我并没有那种由于无法夺冠所带来的压力，我现在所承担的重任，就是为自己的俱乐部战斗到底。执教切尔西的意义非比寻常，鉴于我们曾经企及的成就，我一直希望蓝军能不断取胜下去。即便这里过去5年更换了10任主教练，我也依然这样期盼。当然，现在的情况更加简单，我终于可以亲手带领球队前进了。于我而言，如此感觉就像是别人告诉我这个蓝军球迷，你下场比赛就是切尔西主帅，你可以想象，这样的责任有多么重大。”

在这番表态中，穆里尼奥把自己融入了蓝军球迷的阵营，如此具有亲和力的宣言，势必为他赚取了更多的好感。葡萄牙人非常清楚，在2013年8月18日走进斯坦福桥迎来赛季首战时，他一定会得到主场球迷宛如潮水般的欢呼。不过，穆里尼奥可不希望球员们因此而丧失了对比赛的注意力，即便对手只是弱旅赫尔城，他也不想让弟子有丝毫的分心。正因如此，“狂人”也在后来强调，他的故地重游只是微小的插曲，那一天最重要的目标只有一个：拿下3分，取得赛季开门红。

距离新赛季开幕还有一周时，我们在华盛顿特区聊到了赛季首战，当时，蓝军的美国集训行将结束，一切箭在弦上。借助这次专访机会，穆里尼奥向蓝军球迷隔空喊话：如果能在开球前得到球迷们片刻的欢呼和致意，他将会感到非常荣幸和高兴，但一旦进入比赛，他希望所有人的注意力都能集中于比赛本身。

葡萄牙人说道："当我站在斯坦福桥的指挥区时，我就代表了切尔西，而不是穆里尼奥。我想让现场球迷支持整支球队，而不是单一个体。当然，如果球迷希望用两分钟表达自己的兴奋、欢迎我的到来，我一定会站起来向他们每个人表示感谢。但假如这样的场景一再出现，我可能并不会高兴，我认为场上的球员绝不应该被大家忽视。总之，无论看台上下抑或球场内外，我都希望蓝军能融为一体，成为每个人的切尔西。"

对于即将到来的新赛季，穆里尼奥已经迫不及待，当被我问到开球前会有什么特殊感受时，他坦诚自己有可能心潮澎湃，激动不已。"如果是赛前5分钟，我一定别无他想，只期待着比赛马上开始。说实话，一旦置身于那样的氛围，你的肾上腺素会立即飙升，你会完全享受于重回切尔西和英超的快感之中，""狂人"接着补充道，"没错，这就是我的指挥区，我的球场，以及我的球迷……"

8月18日，斯坦福桥球场，一切就像葡萄牙人预想和期待得那样。无论是他抑或球队，都得到了主队球迷震耳欲聋的欢呼声，凭借一场2比0的胜利，蓝军顺利拿下开门红。比赛中，虽然兰帕德罚失点球，但奥斯卡为主队先拔头筹，此后，兰帕德将功补过，以一记精彩的远程任意球将比分锁定在2比0。3分到手，大功告成，若泽回来了。

# 25

# 失魂落魄

在穆里尼奥回归西伦敦之前，“5000万英镑先生”费尔南多·托雷斯已经低迷许久，葡萄牙人对此倒是了如指掌，在此前很长一段时间，他就注意到了托雷斯的风光不再。虽然身在马德里，但作为切尔西死忠球迷的穆里尼奥还会坚持收看切尔西电视台，以此了解老东家的动向。正因如此，当托雷斯在斯坦福桥忍受着煎熬与折磨时，“狂人”在马德里也是哀其不幸，怒其不争。

2011年1月，切尔西砸出5000万英镑，从利物浦买来了西班牙前锋费尔南多·托雷斯，这个数字也创造了当时英国球队历史上的最高花费纪录。托雷斯此前在安菲尔德风光无限，在142次出场收获81球，在加盟利物浦处子季就打破了诸多进球纪录。而在转投切尔西前，西班牙人已经在2010/2011赛季打进9个英超入球，阿布拉莫维奇和切尔西无疑希望借助他的力量向英超和欧冠发起双线冲击。然而，这样的愿望最终落空，加盟蓝军后，托雷斯很快陷入了进球荒的怪圈。

代表切尔西出战的前13场比赛，托雷斯状态低迷，一球未进。整个赛季后半程下来，西班牙人为蓝军出战18场，只收获了一个进球。2011年4月23日，距离赛季收官还有4轮，切尔西主场3比0击败西汉姆联。

正是在这场比赛，托雷斯结束了自己在切尔西的第一段进球荒。第76分钟，安切洛蒂用托雷斯换下德罗巴，8分钟后，西班牙人在雨中接到阿内尔卡的分球，转身劲射破网。那一瞬间，斯坦福桥爆发出巨大的声浪，球迷们宣泄着五味杂陈的情绪，尽情地蹦跳欢呼。但如今看来，这一球还是来得太晚了，它并没能扭转蓝军9号已经下滑的状态和声誉。曾几何时，在马竞和利物浦状态神勇的托雷斯被昵称为“圣婴”，他是世界足坛的“金童”。而在切尔西遭遇职业生涯重大挫折后，西班牙人得到了一个并不友好的绰号：5000万英镑的水货。鲜为人知的是，穆里尼奥眼中的托雷斯其实更加糟糕。

2013年5月，当回归斯坦福桥几成定局时，“狂人”曾这样评价“圣婴”：“他的状态实在太差了，简直无法直视，必须赶紧走人。但是吧，他又能去哪儿呢？谁还会要他？”在若泽看来，昔日的“金童”已经彻底坠落了。其实，这并不是穆里尼奥第一次抱怨蓝军9号的现状，早在3个月前，他就严厉抨击了前者的形同梦游：2013年2月21日，切尔西主场1比1战平布拉格斯巴达，凭借阿扎尔在补时阶段的进球，蓝军才惊险淘汰对手，以总比分2比1闯入欧联杯16强。那场比赛，托雷斯浪费了多次进球良机，电视机前的穆里尼奥统统看在眼里。

3天后，切尔西回到英超联赛，客场挑战位列积分榜次席的曼城。穆里尼奥毫不避讳地告诉我，如果托雷斯首发出场，蓝军凶多吉少，形势不容乐观：“我们切尔西打曼城，只要托雷斯不踢，场上就是11打11人，一切正常。但如果他先发出战，我们将变成10人，而对手变成12人了。”最终，蓝军客场0比2告负，亚亚·图雷和特维斯先后为主队进球，而托雷斯直到第81分钟才替补米克尔出战。由于上场只有

9分钟，穆里尼奥的“托雷斯失败论”无法成立了，但可以确定的是，“狂人”对西班牙前锋的态度已经无法转变，他彻底失去了耐心。

有了以上种种铺垫，托雷斯已经成为穆里尼奥的“眼中钉”。2013年6月，在重新接手切尔西后，葡萄牙人直接将甩卖托雷斯当成了新官上任的“头把火”。他的计划很简单，除了尽快出售西班牙人，还要再买来一个能帮助球队在国内和欧洲赛场重塑战力的高效前锋。不幸的是，这项任务说得容易做着难，被队友昵称为“南多”的托雷斯，并没有这么容易就离开斯坦福桥。

众所周知，托雷斯与切尔西签订的是一份为期5年、周薪15万英镑的高薪合同，既然享有这样的优厚待遇，前者必定不会轻易放弃。然而，无论英超抑或欧洲，能从切尔西手中接过托雷斯高薪待遇的俱乐部着实不多，再加上西班牙人的能力日益下滑，蓝军并没有很快地等来合适的接盘者。由此一来，穆里尼奥的转卖计划陷入了僵局，继2006年为舍甫琴科付出3000万英镑后，阿布拉莫维奇再度因为自己的一掷千金掉入了金元黑洞。

从当时情况看，“狂人”并不信任托雷斯，后者已经不在他的球队计划之内。但随着时间推移，西班牙前锋的转会搁浅，穆里尼奥又不得不把自己逼到一个尴尬和艰难的位置——重新将“圣婴”摆进蓝军的阵容。2013/2014赛季，托雷斯代表球队出战41场打进11球，其中大部分都是替补出场。当然，蓝军9号这样的表现远远无法达到穆里尼奥的要求，赛季结束后，前者又被放上了转会名单。

这一次，切尔西终于成功了：2014年8月，托雷斯与AC米兰签下两年租借合同，正式离开斯坦福桥。半个赛季后，切尔西与AC米兰的交易协议由租借变为永久转会，“圣婴”的蓝军生涯宣告完结。但就在2015年1月，刚稳定下来的托雷斯再次另谋他就——曾经一手栽培他的老东家马德里竞技，众望所归地将其揽入怀中。在熟悉的卡尔德隆球场，“圣婴”享受到了落叶归根后的温暖与情谊，曾几何时，他就是从这里走上球星之路的。

经过一路的辗转漂泊，托雷斯终究得偿所愿，但对于必须计算得失的切尔西而言，他们付出的代价却惨不忍睹。悉数英格兰足球历史，托雷斯与蓝军的结合应该是史上最失败、最惨痛的一次引援转会。从2011年到2014年，切尔西先后为“圣婴”支付了5000万英镑转会费和2600万英镑薪水加奖金，甚至在临别之际，蓝军还额外掏出了600万英镑“忠诚奖金”，以此帮助其顺利加盟AC米兰。整个四年下来，仅为切尔西出战172场打进46球的托雷斯，竟然让阿布拉莫维奇付出了8200万英镑的巨额代价——场均出场费42.6万英镑、每个进球价值160万英镑，还有55次是替补出场，很显然，这样的投资回报率完全不成比例。

不过在托雷斯为切尔西留下的46个进球中，有一球必将载入史册：2012年4月24日，欧冠半决赛，他在补时阶段为蓝军攻入锁定胜局的一球。回溯“圣婴”与切尔西的美好，那个瞬间无疑最为著名。

关于那场比赛的细节无需赘述，首回合1比0取胜的切尔西做客诺坎普，但仅仅是上半场，巴塞罗那就打入两球，将总比分逆转。危急时刻，虽然队长特里被红牌罚下，但兰帕德与拉米雷斯的配合为顽强的蓝军抢回一分，借助后者的美妙吊射，客场作战的切尔西重新拿到先手。

随着时间一分一秒的推移，寻求破门的巴萨已经全线压上，破釜沉舟。但就在伤停补时阶段，从后场杀出的托雷斯接到阿什利·科尔的解围传球，一路奔向巴塞罗那的禁区。在“圣婴”的面前，只剩下主队门将巴尔德斯，前者甚至有充足的时间去思考怎样完成这次单骑闯关。全世界似乎都屏住呼吸，等待着蓝军9号射门的那一刻：效力切尔西的4年，托雷斯浪费过无数机会，但在那一瞬间，他重新找回了自己的冷静与果断，淡定地盘过巴尔德斯，轻松推射空门得手。第二回合2比2，总比分3比2，切尔西时隔4年再次打入欧冠决赛。

对于这个金发男人而言，这就是他在切尔西的黄金时刻——一个经典的托雷斯式进球。当时，在电视台解说的英格兰名宿加里·内维尔激动万分，他扯着嗓子欢呼道："忘掉过去的18个月吧，这两秒已经足够了。"加里·内维尔认为，这次破门足以扫清"圣婴"之前在伦敦的所有阴霾。

但我认为，无论这粒进球多么关键，也绝对不可能勾销托雷斯在过往和后来的那些肆意挥霍。与之同理，即便西班牙人在切尔西收获了英超、足总杯、欧联杯和欧冠冠军，他的蓝军生涯也依然难言成功。或许，最能客观反映事实的终究是数据，而不是回忆：整整3个半赛季，切尔西为托雷斯砸下8200万英镑，转让时收回400万英镑，净投入达到惊人的7800万英镑。正所谓一败涂地的转会，大抵如此。

# 26
# 锋无力

尽管在亮相发布会上自称为“快乐的一个”，但实际上，穆里尼奥对于2013年夏天的切尔西其实非常不满意。原因很简单，这样的阵容无法匹配他的目标，“狂人”想轰走的也不只是托雷斯一人而已。2012/2013赛季，切尔西在迪马特奥和贝尼特斯的执教下获得联赛第三名和欧联杯冠军，表现中规中矩。然而，葡萄牙人的野心可不止于此，他希望重温英超桂冠，并且第三次染指欧冠冠军，但当时蓝军的阵容，却完全无法达到他的标准。为此，“狂人”甚至在重回斯坦福桥前，就开始计划针对阵容的调整：首先，他要重塑队长特里和副队长兰帕德的地位……

在代理主教练贝尼特斯麾下，这两位功勋战将都度过了一段艰难的日子，西班牙人的态度很坚决，他不再需要斯坦福桥的“老守卫”了。蓝军球迷一度非常担心，唯恐特里和兰帕德就要离开球队。不过，穆里尼奥的看法却与贝尼特斯大相径庭，他向切尔西高层传递出了明确的信号：队长和副队长必须留下。2013年5月，穆里尼奥从西班牙施予的影响立竿见影，此前合同即将到期的兰帕德与切尔西续约一年，与此同时，老臣特里也感受了特别的关怀，接到葡萄牙人拨来的国际长途。事后特里回忆道：“若泽这次回来之前，我们通过一次电话，他那时对我说：‘外边都在说你踢不动了，但我相信你能重振旗鼓。’没错，若泽总是能找到那个动力开关，他知道怎样的话能让我奋起。”

在穆里尼奥眼中，这些“穆一期”的老将依然值得信任，除了特里、兰帕德，还有切赫、阿什利·科尔，以及结束与皇马租借合同重回西伦敦的埃辛。眼见忠诚弟子从马德里归来，“狂人”非常开心。当然，穆里尼奥对球队的重新定位可不止是激发老将，登巴·巴、卢卡库一杆新面孔，同样来到命运的十字路口。对于身价700万英镑的登巴·巴，穆里尼奥只是姑且信任，在他看来，塞内加尔人的能力只能充当蓝军的第二或第三前锋。从当时情况看，登巴·巴的命运并不掌握在自己手里，他在锋线的次序还要由卢卡库在季前准备期的表现决定。简而言之，卢卡库被穆里尼奥寄托了更多希望，只要“小魔兽”不辱使命，他在锋线的排位就要高过后来加盟上海申花的登巴·巴。鲜为人知的是，穆里尼奥非常欣赏能力全面的卢卡库，在后者租借于西布罗姆维奇时，“狂人”就在听到史蒂夫·克拉克对卢卡库的赞扬后备受鼓舞。身为“狂人”第一次执教切尔西时的助理教练，克拉克当时已经接过了西布罗姆维奇的教鞭，2012/2013赛季，“小魔兽”在克拉克手下出战38场打进17球，一举跻身英超顶级射手的行列。那段时间，穆里尼奥欣喜乐观地表达着对小将的欣赏，他不仅“非常喜欢卢卡库”，甚至已经通知英超其他主帅，“我们不会再把他租出去了”。

为了筹集资金、腾出位置，至少购买3名想要的明星球员，穆里尼奥意在大刀阔斧地进行改革，以至于几位深受球迷喜爱的球员——大卫·路易斯、马塔、奥斯卡和阿扎尔，也没有确定在“狂人”心中的位置。

在穆里尼奥的总体规划中，切尔西的三条线都必须增补新援——葡萄牙人想让每个部分都有“组织者”的存在。他理想中的4—2—3—1体系，需要新鲜血液才能撬动开关：首先，要有一位能从后场策划进攻的中后卫，梳理防线；然后，再来一个具有“四分卫”功能的拖后组织中场，用于衔接攻防体系；最后，就是一个充当箭头的顶级前锋，可以制造和收获进球。很少有人知道，当穆里尼奥还在皇马执教时，他就已经开始为切尔西的引援操心了。这真是不可思议。当时，有两个他的重点目标就在皇马效力，一个是中场莫德里奇，另一个是后卫瓦拉内。

但相较而言，穆里尼奥最先考虑的引援还是那些顶级前锋，不过作为职业足坛的参与者，他也深知这绝非易事。世界上最好的前锋一直处于供不应求的状态，正因如此，你必须开出巨额的转会费和薪水，才有机会与之接洽。具体到2013年夏天，有三位世界级前锋正寻求转会：多特蒙德的莱万多夫斯基、马德里竞技的法尔考，以及那不勒斯的卡瓦尼。对于这三人，穆里尼奥都非常欣赏，但遗憾的是，其中两位已经基本确定了新东家——莱万由“大黄蜂”加盟拜仁慕尼黑，法尔考由马竞转投“大公国”摩纳哥。

由此一来，卡瓦尼自然成为穆里尼奥的头号猎物。为什么不呢？他的能力毋庸置疑，还明确表达了另寻东家的意愿。别忘了，他在过去三个赛季为那不勒斯首发出战97场联赛，奉上了惊人的78球——仅有7次替补出场。毫无疑问，26岁的乌拉圭人正值当打之年，他注定成为世界上最优秀的射手之一。眼见这样的大鱼钻进转会市场，所有欧洲豪门都瞪大双眼，但若泽的反应无疑更快一步。2013年5月中旬，切尔西就与那不勒斯取得联系，希望能在这次转会大战中抢得先机。

可惜的是，虽然切尔西早早出动，但卡瓦尼并不着急，鉴于自己买家众多，他希望再等一等寻求一份最好的报价。当时，皇家马德里、曼城和巴黎圣日耳曼都向其投出橄榄枝，阿布扎比财团和卡塔尔财团个个摩拳擦掌。然而，越早开始的谈判越容易早早水落石出，在这场噱头十足的土豪大比拼中，阿布拉莫维奇终究未能一扛到底。从最终结果看，俄罗斯人并没有欲望卷入这场土豪之间的金元战争，他的出价与其他买家相比不值一提。

5月24日，切尔西从卡瓦尼争夺战中正式退出，穆里尼奥无奈地说道："卡瓦尼……我们的出价拼不过他们。"一个多月后，巴黎圣日耳曼付出创法甲纪录的转会费和薪水得到乌拉圭射手，那不勒斯因此得到了5500万英镑。

与此同时，切尔西与瓦拉内的接洽也被弗洛伦蒂诺阻止，葡萄牙人的引援计划没有任何进展。当时的瓦拉内算得上世界足坛最具潜力的中后卫，2011年6月，皇马在齐达内的帮助下从朗斯签下这名新星。身为时任皇马主帅，虽然穆里尼奥背上过"不用年轻人，只用大牌"的指责，但对于18岁的瓦拉内，"狂人"却是欣赏有加。2011/2012赛季，初来乍到的法国人就在穆里尼奥手下完成了皇马首秀，随着时间推移，他逐渐奠定了自己的轮换位置，并开始对拉莫斯和佩佩组成的主力搭档发起挑战。人高马大，脚下灵活，瓦拉内的能力出类拔萃，他的速度很快，身体也很强壮，可以精准地阅读场上的战术和比赛形势。在我看来，瓦拉内既能沉着地控制脚下球，又能在空中对抗占据优势，他的比赛方式和成熟心志，都已经超出了他实际的年龄。

由此看来，穆里尼奥将瓦拉内列为引援候选也就不足为奇。实际上，法国人和莫德里奇都算不上皇马阵中的超级球星，更不是什么头牌或门面。对于那些大腕，穆里尼奥在过去三季已经受够了他们的行为、态度和个人主义，以至于他对C罗、拉莫斯、佩佩和卡西利亚斯产生了厌倦之感。相较于那些再无合作意向的巨星，穆里尼奥却一直与莫德里奇和瓦拉内保持着同一步调。很显然，这两位低调的球员都是世界级球星，他们诚恳、饥渴、愿意倾听，并且永远渴望成功。这就是穆里尼奥最喜欢的那种球员。2013年夏天，就在葡萄牙人即将离开皇马时，他希望利用自己的魅力和特殊关系，说服瓦拉内跟他一同前往西伦敦。

遗憾的是，切尔西对瓦拉内的第二次接洽也未能奏效，葡萄牙人此前的自信出现了偏差。要知道，瓦拉内与皇马的合同还剩下足足4年（共6年），即便导师穆里尼奥出面游说、切尔西砸出重金，瓦拉内也缺少离开“银河战舰”的理由。说来有些讽刺，正是葡萄牙人给予出场机会，才促成其崭露头角，逐渐被视为皇马的未来之星——法国人确实无心离开这个已经站稳脚跟的地方。除此之外，皇马的阻拦也是必须考虑的问题，这是一家不缺钱的豪门俱乐部，切尔西根本无法找到可以利用的痛点。没办法，若泽与蓝军再次遭遇失败，前者的重建野心举步维艰。

在追求卡瓦尼和瓦拉内接连受挫后，切尔西终于在接洽莫德里奇的过程中得到了些许好消息：鉴于皇马和克罗地亚人都给予了积极的回应，穆里尼奥要求蓝军高层趁热打铁，竭力促成这桩转会。在葡萄牙人的设想中，莫德里奇就是那个合适的“四分卫”人选，他可以完美地站在四名后卫身前，与一名传统后腰组成搭档。身为一名实力大于名气的球员，莫德里奇的能力十分全面，他善于对球施压、做出铲抢、覆盖全场，还能果敢及时地回位防守。与此同时，当克罗地亚人掌控球权时，他还能迅速地帮助球队完成攻守转换，无论拿球、传球、盘带抑或创造机会，他都表现得游刃有余。穆里尼奥对于莫德里奇信赖有加，他也相信切尔西能以3000万英镑将其拿下。事实上，在2012年夏天，皇马就是出价这个数字把克罗地亚人从托特纳姆热刺买来，而身为参与者的“狂人”，也一厢情愿地相信皇马会以这个价钱转手。但最终，切尔西又一次失败而归，莫德里奇未能成为斯坦福桥的一员。

穆里尼奥非常相信，如果能将这三人收至帐下，切尔西很快就能重返欧洲顶级。很遗憾，一切事与愿违，“希望”就像沙子一样慢慢从他的手中溜走。这样的过程无疑令人沮丧。没错，签下这三人至少要花去蓝军1亿英镑，但“狂人”认为，他们在未来之于球队绝对是无价之宝。葡萄牙人曾这样激动地设想过：瓦拉内坐镇后防，将球漂亮地分给身前的莫德里奇，后者合理地发起攻守转换，阿扎尔、马塔和奥斯卡蓄势待发，而在最前方的卡瓦尼随时准备着进攻。这就是穆里尼奥的梦想之队，从后场到前场，每一个部分都让人为之胆寒。

没办法，这样的美梦最终变成了噩梦，“狂人”的完美设想付之东流。万万没想到，这样的失败和挫折竟然从穆里尼奥驾临前就拉开序幕，通过整个夏天，甚至持续到他回归后的首个赛季。

# 27

## 鲁尼来了？

忘掉卡瓦尼、瓦拉内和莫德里奇吧，韦恩·鲁尼已经成为穆里尼奥唯一的目标。2013年夏天，在弗格森功成身退、大卫·莫耶斯正式接手后，曼联和英格兰的双料队长鲁尼来到了红魔生涯的十字路口。众所周知，莫耶斯和鲁尼可是老相识了，他们曾在古迪逊公园共事3年，正是在苏格兰人的信任下，“小胖”一球成名，以摧枯拉朽的姿态成为英格兰新宠。然而，这对师徒在埃弗顿的故事却以对簿公堂告终，如此结局实在有些讽刺。2006年7月，鲁尼发布了自己的新书——《鲁尼自传》，借助这次机会，“小胖”公开指责了莫耶斯的口无遮拦：在自己以3000万英镑加盟曼联前后，苏格兰人曾偷偷将一些私人谈话泄露给媒体。眼见弟子撕破脸皮，莫耶斯也没有坐以待毙，2006年11月，他一怒之下以诽谤之名将鲁尼告上法庭。

由于在书中刊写没有证据支撑的指责，鲁尼最终为此付出了很大代价。经过高级法院裁定，他必须承担莫耶斯的“重大损失”以及一切诉讼费用，总计高达50万英镑。此后，鲁尼的律师也公开发声：

“小胖”为这些言论所引起的麻烦和不便表示诚挚的道歉。

几乎是毫无征兆的，鲁尼与莫耶斯冤家路窄，竟然时隔10年在老特拉福德球场重逢。更糟糕的是，初来乍到的莫耶斯有些落井下石，刚刚接过教鞭，他就宣布队内的第一主力前锋是荷兰人罗宾·范佩西。

那段时间，鲁尼的世界似乎突然崩塌了，所有的安逸都恶化成了焦虑。作为期待趁火打劫的局外人，穆里尼奥自然是心情舒畅，他准备对此大做文章，帮助“小胖”尽快走出困境。

很长时间以来，穆里尼奥都对鲁尼极其欣赏，早在2010年10月，他就在皇家马德里表达过签下英格兰人的兴趣。当时，鲁尼一度暂停了与曼联进行的续约谈判，对于高层无法承诺增强球队阵容的行为，他意图用这种方式表达不满。有趣的是，与曼彻斯特相隔千里之外的穆里尼奥还借势喊话：“如果鲁尼想要转会，记得打我的电话。”最终，事与愿违，在重新考虑各种情况后，鲁尼很快与曼联签下了一份5年的长约。

3年已过，物是人非。穆里尼奥非常确信，如今的情况完全不同。其实，早在莫耶斯接任前，鲁尼在曼联的地位就已经产生波动，弗格森于2012/2013赛季的诸多言论就是最好例证。2013年5月中旬，在曼联2比1击败斯旺西后，无故缺席的鲁尼成为外界关注的焦点，对此，弗格森直言不讳地说道：“由于韦恩希望转会，所以我认为他并不愿意参加这场比赛。过去两周，我们已经驳回了他的转会申请，现在的他或许有点焦虑。”彼时，鲁尼与曼联的合同还有两年，外界的猜测众说纷纭。但就在弗格森退休后，“小胖”又对苏格兰老头的说法进行了反驳：“那一阵，我曾经去找过弗格森，我告诉他，‘如果你不让我出场比赛，那我选择转会应该是更好的出路’。后来，媒体突然都在说我递交了转会申请，这根本是没影的事儿。”很显然，鲁尼在“梦剧场”并不开心，穆里尼奥对此自然了然于胸。顺理成章地，葡萄牙人向鲁尼发起了不屈不挠的追求，前后过程几乎贯穿了整个夏天。

2013年6月，穆里尼奥如此说道："我很喜欢鲁尼，他正处于黄金年龄，拥有丰富的比赛经验，而且非常成熟。"一个月后，葡萄牙人变本加厉地高谈阔论，在他看来，不顺心的鲁尼将影响整支英格兰国家队："如果鲁尼只是曼联的替补前锋，那三狮军团的实力势必要大打折扣。"仅仅几天后，"狂人"再度补充道："你们都知道，我一般不会谈论别队的球员，但没办法，我实在无法掩饰自己的想法，我确实太喜欢他了。"

当年7月12日，切尔西抵达泰国曼谷，正式开启自己的季前备战。与此同时，鲁尼转会肥皂剧也渐入佳境，蓝军准备逐渐加大攻势。作为蓝军的跟队记者，我当然与球队待在一起，那一次，切尔西将大本营设在了湄南河畔的香格里拉酒店。来到泰国后不久，穆里尼奥就开始准备重返老东家后的首场比赛——7月17日，他将面对临时组建的泰超联赛全明星队。没错，当时"狂人"的任务还不止如此，在首席执行官古尔利的配合下，他们对于鲁尼的追求也是丝毫不敢怠慢。随着传言逐渐增多，我很想从古尔利那里探一探虚实，但很遗憾，这个经常带着墨镜的男人守口如瓶，他的"扑克脸"就是我所有提问的固定答案。

相较而言，穆里尼奥则显得松弛许多，从其活泼的行为举止看，他对于拿下鲁尼抱有十足的信心。7月17日，切尔西以1比0礼貌地击败泰超全明星队，小将卢卡库罚入了制胜点球。与此同时，我也将一条独家消息写上了封底的专题特写，霸占了内页的两个版面——蓝军为鲁尼开出2000万英镑的报价；若泽表示，"他会成为蓝军特别的一个"；"鲁尼就是当之无愧的头牌，绝不会成为别人的副手"。

当接洽不再是秘密，穆里尼奥也趁热打铁，开始通过各路媒体向鲁尼和曼联发出明确的信号。"我们想要他，我们很感兴趣，已经提出了报价，"葡萄牙人如是说道，"现在的情况非常简单，这里已经没有什么秘密可言。曼联收到了切尔西的开价，我们也是心甘情愿，一切明了。现在，我们就要耐心等待他们的回复了。"除此之外，当被记者问到是否还与其他球员进行接洽时，葡萄牙人承认了蓝军所处的尴尬境地：“没有，完全没有了。”要么鲁尼，要么一无所获。在充分表达完自己的意见后，“狂人”如是说道：“现在，我没有什么要说的了，你们知道蓝军希望得到鲁尼，而我必须尊敬曼联。从这一刻起，我不会再对鲁尼一事发出任何评论。”

对于切尔西的初次报价，曼联果断地予以拒绝，但穆里尼奥没有放弃，只要逮到机会，他就会旁敲侧击地提到这些事：无论如何，待在一个快乐的工作环境都非常重要；巴西世界杯即将来临，接下来的赛季无疑非常关键，那些怀有野心的球员势必要成为俱乐部的绝对主力，才有机会竞争国家队的位置。没错，穆里尼奥在谈论这些时从来没有说到鲁尼的名字，但又有谁想不到呢，“狂人”是项庄舞剑，意在沛公。

在切尔西准备奉上第二次报价时，穆里尼奥发表了一段独白：“在职业足坛，无论对于球员还是教练，最重要的事就是激情、幸福以及之于球队的归属感。如果你能在职业生涯有所成就，那真正的原因绝不仅是那些薪水抑或单纯地完成工作，只有带着热情和快乐踢球，你才会企及自己的目标。现在的我已经进入50岁，于我而言，目前最重要的事就是一种深切的感觉，一种只有你待在特殊的俱乐部才会产生的体验。在我看来，切尔西就是我的向往之地，而且，它也会成为任何人的特别之队。如你所知，球员们希望在俱乐部表现出众，从而获得为国出战的机会。通常情况下，他们要成为俱乐部的主力，抑或获得稳定的出场机会才能达成所愿。如果你想参加巴西世界杯，这绝对是催人奋进的动力。换言之，那些在俱乐部踢不上主力的球员，就很有可能远离国字号球队。对于很多球员而言，2013/2014赛季都是极其重要的10个月，很多国家队教练甚至都会感到担心，他们可不希望自己手下的球员无法拿到主力位置，致使状态下滑。”

在结束与泰超全明星的较量后，切尔西移师马来西亚首都吉隆坡，备战与马来西亚联赛全明星的比赛。7月20日，蓝军向曼联递交了一份2400万英镑的报价，然而，红魔方面仍然强调“小胖”是非卖品，再次不予理会。

一周后，穆里尼奥还在继续对外放话，他在动用自己的魔力，暗示着切尔西依然没有放弃：“球队在薪资、收入和支出方面都保持了很好的状态，我们不用打破固有的平衡，就可以向那些价值2000万、2500万和3000万英镑的球员出价。毫无疑问，我们早就做好了一切准备。你问我们是否需要出售球员以此换取充足的资金？我的回答是否定的，不用，当然不用。”就这样，穆里尼奥又一次没有提到鲁尼的名字，但他的所有论调都指向一个人——鲁尼，他就是蓝军在这个转会窗最后的期待。当然，媒体对于这出肥皂剧的兴趣也依然不减，有记者提问“狂人”，切尔西是否可以为引进一名前锋掏出惊人的5000万英镑呢？对此，葡萄牙人的回答非常隐晦：“反正吧，我想得到的那个前锋，应该没到5000万英镑，甚至没达到4000万英镑。”最后，对于是否做好准备战斗到转会窗关闭的最后一刻，“狂人”接着回答道：“我不认为有任何教练喜欢所谓的压哨谈判，至少现在转会窗还没关闭，一切仍在进行。”很明显，哪怕双方要僵持到最后一刻，穆里尼奥也做好了应对“持久战”的准备。以我对若泽的了解，如果不是从鲁尼或他的经纪人斯特雷福德那里得到了积极的信号，他肯定不会抱有这样的信心。

当年7月末，切尔西从印度尼西亚飞往美国，开启第二段季前飞行拉练。虽然两次报价都被拒绝，但“狂人”对鲁尼的到来仍然信心满满。为了尽快签下鲁尼，切尔西已经准备将报价提到3000万英镑，蓝军方面的心气很高，他们认为这绝对是一个可以促成谈判的数字。那一天，我带着儿子约书亚在华盛顿特区的文华东方酒店共享晚餐，穆里尼奥一路闲逛过来，跟我们随便聊了几句。跟我一样，约书亚也是一名狂热的切尔西球迷，当他坐在扶手椅上准备吃饭时，葡萄牙人开始从后边慢慢地靠近——一瞬间的工夫，约书亚突然意识到“狂人”是要跟他同挤一把椅子。穆里尼奥的开场白尤其特别：“孩子，你觉得我们签下‘小胖’怎么样？”

约书亚愣了几秒，没缓过神，他被穆里尼奥的“从天而降”彻底搞晕了。没办法，约书亚正与自己的英雄分享一把椅子，他起初压根没有理解这个“小胖”的含义。我笑了笑，对约书亚说道：“是鲁尼嘛，若泽说的‘小胖’就是鲁尼……”

当约书亚恍然大悟后，我们三个都哈哈大笑起来，我的孩子认为，蓝军拿下鲁尼绝对是一笔完美的交易，言谈话语间，他热情洋溢地鼓励着“狂人”尽快完成引援。从此事可以看出，穆里尼奥对于鲁尼的偏爱毋庸置疑，他非常渴望能从曼联签下这个10号。

8月4日，我从华盛顿特区飞往纽约市，准备报道切尔西与AC米兰的热身赛，而与此同时，蓝军与曼联的接洽似乎终于取得了些许进展。在肯尼迪国际机场落地后，我不顾高额的车费打了一辆出租，直奔临时改建为足球场的大都会体育场。在路上，我给鲁尼的经纪人保罗·斯特雷福德打去了电话，身为多年的老熟人，我们的关系一直不错。关于鲁尼的转会问题，我们进行了一次“跨越大西洋”的隔空谈话，保罗希望让我相信，鲁尼一定会离开曼联的。表面看起来，这就像是一次板上钉钉的确认，但事后看来，一切还差得很远，若泽与鲁尼的距离并未近在咫尺。

3天后，切尔西于迈阿密1比3负于皇家马德里，正式结束了在美国的4场友谊赛。遗憾的是，蓝军对鲁尼的追求仍然没有实现重大突破，他们之间还存在着非常遥远的距离。简而言之，切尔西在等待着“小胖”递交转会申请，但后者似乎并不情愿下达最后通牒，随着时间推移，后者的不作为使得切尔西方面第一次出现了焦躁和动摇。众所周知，如果一名球员真心想要转会，呈上离队申请绝不是什么难事，而曼联10号这样的抗拒态度，难免让人想起2010年的那段往事——是的，鲁尼只是虚张声势地威胁离队，最终只为换取一份更高薪水的5年合同。具体到目前情况，从表面上看，曼联一定会接受切尔西的3000万英镑报价，鲁尼是否提交申请已经无关紧要，但事实上，如果“小胖”通过官方渠道寻求转会，即便切尔西应该会担负一些因此而产生的损失，但前者还是会失去一笔可观的签字费或忠诚奖金。曼联10号的纠结，或许正在于此。

就这样，这出转会肥皂剧仍在绵延不绝，甚至延伸到了2013/2014赛季的开局阶段。8月26日，英超第三轮，切尔西客场挑战曼联，全世界都拭目以待，想看看鲁尼的命运究竟如何。这是莫耶斯上任后的第一个主场比赛，鲁尼首发打满全场，他得到了来自主场球迷的热情欢呼，“梦剧场”依然将他视为本队的英雄。在与穆里尼奥球队的直接对话中，鲁尼表现不错，成为这场0比0平局中不多的亮点之一。有趣的是，穆里尼奥好像特意为这场比赛设计了另外的次要情节，在切尔西的首发阵容中，竟然没有一位专职的锋线杀手——托雷斯、卢卡库都坐在替补席上，他们并没有获得“狂人”的信任。至于被穆里尼奥顶到箭头位置的球员，其实是新晋加盟的德国人许尔勒，虽然客队没有破门得分，但“狂人”好像用这样的极端方式昭告天下，他确实需要用鲁尼来解决蓝军的锋线问题。

在这出转会肥皂剧贯穿整个夏天后，穆里尼奥终于亮出了自己的底牌，他明确地表示：“鲁尼必须作出二选一的抉择，要么决定转会，要么选择留队。”最初开启故事的这个人，不想再白白等待了，对于所有人而言，这都是一个最好的结局，是时候结束这一出闹剧了。最终，从没表示“我想要在夏天离开”的鲁尼并未与蓝军结缘，切尔西的3000万英镑出价再一次被曼联驳回。事到如今，穆里尼奥陷入了进退两难的局面，他孤掷一注地追逐鲁尼，把所有鸡蛋都放同一个篮子里，最后却落得个两手空空的下场。更糟糕的是，夏季转会窗即将关闭（9月2日），留给切尔西做出补救的时间已经不多了。8月28日，切尔西将这3000万英镑砸向了俄超球队安日马哈奇卡拉，从热刺手中半路截胡了巴西中场威廉。

此外，与他一同从安日加盟的还有喀麦隆老将埃托奥，在与穆里尼奥一同为国际米兰创造历史后，这对老熟人重新在伦敦聚首。夏窗关闭日当天，切尔西把卢卡库租给了急需前锋的埃弗顿，虽然在季前飞行拉练时面对东南亚各联队、国际米兰、AC米兰和皇马时表现尚可，但比利时小将还是未能彻底打动穆里尼奥。

如你所见，穆里尼奥为2013年夏天制订的转会大计，最终以全面失败告终。“狂人”梦想中的卡瓦尼、瓦拉内、莫德里奇和鲁尼，一个都没有来。在曼联10号的转会大戏中，“狂人”就像提线木偶一样被尴尬地戏耍了。2013/2014赛季拉开序幕了，没有善于控球的中后卫，没有全面的“四分卫”，更没有个人能力出众的锋线箭头。穆里尼奥拥有的阵容，仅仅是登巴·巴、托雷斯和进入生涯暮年的埃托奥。可以想象，若泽有些心灰意冷，“快乐的一个”也无法喜笑颜开了。不过，他还是期待能用自己的妙手，帮助球队迸发出更强的即战力。

经历了这样一个夏天，蓝军球迷唯一能自我安慰的理由就是：他们盼来了穆里尼奥的回归，这就是切尔西的夏季最佳签约。是的，若泽怎么会出问题呢？

# 28

## 不能说的秘密

2013年8月，我在华盛顿特区跟随切尔西进行季前拉练，蓝军下榻的文华东方酒店舒适安逸，条件出众。但就是在这里，我意外目睹了一个让人难以忘记的场景。当时，我正打算前往酒店的行政俱乐部休息室，然而不偏不倚，我在一个走廊拐角处跟蓝军助教若泽·莫莱斯撞个了满怀。

回想一下，我跟莫莱斯相识于意大利米兰，当时“狂人”还在蓝黑军团执教。随着时间推移，我对莫莱斯的了解开始增多，待到葡萄牙人接手皇马时，我们的关系也变得越来越好。身在酒店的行政楼层，我的突然出现让莫莱斯有些惊慌失措，更令人惊讶的是，当我准备向走廊那头继续前进时，他竟然抓住了我，挡住了拐角的去路。那一瞬间，莫莱斯的言行实在不像开玩笑，但我还是觉得他只是搞怪而已。我漫不经心地问道：“嗨，若泽，这可是要吃黄牌的动作，你这是干嘛呢？”



眼见莫莱斯如此反常，我自然把注意力放到了远处的走廊。在那里，一个男人四肢平摊，不省人事地趴在地上。万万没想到，那个人竟然是穆里尼奥。作为切尔西的队医，伊娃·卡尔内罗正与球员联络官加里·斯特克一起照顾着葡萄牙人。很显然，这就是莫莱斯不让我过去的原因，他不希望让一个记者看到“狂人”遭遇了突发状况。

莫莱斯的阻拦终究还是无用功，挣脱掉他的延阻，我大步流星地奔向事发地点，还情不自禁地叫了一声：“哇哦，这可真是个大新闻啊！”与之前的莫莱斯一样，伊娃和斯特克也被我的现身吓到了，他们的表情真是难以名状。虽然他们都没有说话，但我还是听见了穆里尼奥发出的微弱、低沉和嘶哑的声音：“没有，没有，没什么新闻，我挺好的。”无须多言，无论是身体抑或声音，那时候的穆里尼奥都非常不好。而作为突然闯入的局外人，我也从队医的脸上看到了一丝不快——他们并不希望我待在这里。我很清楚，这并不是什么生死时刻，我也不想看到穆里尼奥处于如此状况。经过一番思量，我绕过了还在地板上的葡萄牙人，继续向行政俱乐部休息室走去。

坐在午后的休息室，我小口抿着琴汤尼，狼吞虎咽地席卷着各种免费的零食和糖果。片刻之余，我不可避免地想起刚才撞见的场景，开始思考下一步应该怎么做。作为“狂人”的老朋友，我当然很担心他的身体情况，而身为一名职业记者，我也不可能忽略这样的新闻线索。简而言之，我急切地想知道事情的最新进展。在我看来，穆里尼奥于海外拉练期间晕倒在酒店的突发事件，已经不是报纸封底的体育版能够承载的，它不仅能挤进报纸头版，甚至可以抢占头条。别忘了，“狂人”可是刚刚回归切尔西，谁也不会想到他忽然晕倒在地，只能虚弱地呻吟。除此之外，这个突发状况也带来了更多后续的问题，葡萄牙人的健康状况究竟如何？这在未来会不会影响他的工作？没错，需要我一探究竟的问题还有很多，自从2005年的“阿什利·科尔事件”后，我就得出了这样一个结论：无论与当事人拥有多么紧密的关系，你也不能对这些大新闻视而不见。

于我而言，伦敦与华盛顿特区存在的时差确实是个好消息，由于当天的报纸已经上摊，我并不用着急做出下一步的决定。无论我找到或发现什么，这都至少是明天的新闻了。事实上，如果穆里尼奥真出现了严重的健康问题，我不可能置之不理，与之相反，假若只是一般情况，我可能就不会特意动笔了——对于后一种“始于此止于此”的态度，穆里尼奥和切尔西一定很愿意看到。

作为一名职业足坛的跟队记者，你总是要注意独立写作和维持稳定关系之间的平衡，而这样的长期相处不仅是你与球员、主教练，甚至还包括这家俱乐部。有时候，由于对价值连城的内幕消息守口如瓶，你很可能就会得到来自球员、教练和俱乐部的信任，他们将对你敞开心扉，更加诚恳。长此以往，当他们希望给媒体放出一些消息时，你就变成了所谓的官方传声筒。

我与穆里尼奥的私交甚笃，从任何角度看，我都不想用这样一条新闻试错冒险，毫无必要地摧毁我们的关系。然而，假如此事就像“阿什利·科尔事件”一样重磅，以至于我根本无法逃避呢？我到底应该怎么做呢？哎，如果都像喝杯琴汤尼再小眯一会儿这么容易就好了……

我的午觉最终泡汤了，整个事态进展得非常迅速。就在我喝下第二杯琴汤尼时，切尔西的媒介总管史蒂夫·阿特金斯找来了。阿特金斯开门见山地表示，他知道我看到了什么，他和穆里尼奥都不希望这些东西被写上今天的报纸。阿特金斯继续补充道，葡萄牙人现在已经没有大碍，切尔西方面想让这件事情到此为止。

我并不是一个喜欢被操控的人，我希望按照自己的心志做事，而不是被旁人的决定左右。没错，阿特金斯只是在完成自己的工作，竭尽努力完成这次危机公关。对此，我假装愤怒地回应道：“若泽都认识我多久了？你都认识我多久了？我是那种不向你们求证事实就随便编故事的记者吗？你也不用担心了，今天的报纸已经出版上摊，我不会再去写什么了。但还有一件事，我要跟穆里尼奥亲自聊一聊。”

没过多久，逐渐恢复状态的穆里尼奥直接来找我了，虽然脸上带着微笑，但他看起来还有一些胆怯和窘迫。我已经记不清他当时的原话，但大概解释是这样的：“其实这不是什么大事。我只是在回房间的路上有些头晕，然后没站稳直接跌倒了。现在已经没事了。据我推测，这可能是由于药物混合产生的副作用。你知道的，我的背部不太好，所以一直在吃药进行物理治疗。而过去一段时间，我又在训练中用嗓过度，嗓子直接报废，几乎说不出话。为此，我特意找医生拿了一些治嗓子的药片。很不凑巧，这两种药可能在我的体内互相作用了，以至于我产生了头晕的症状。不过，现在一切都过去了，我已经满血复活。”

至此，我心中的疑问彻底烟消云散，收获真相后，我也做出了一个相对容易的决定：放弃报道，就当什么事都没有发生。所有人都知道，若能正常刊登，这绝对是一篇吸引眼球的故事，报纸也完全能以此大做文章。但在我看来，我追求的是与球员、教练和俱乐部保持长线关系，这样的一次性赌博很容易招致异议，进而难以补救，彻底失去他们的信任。对于这些球员和教练而言，一旦你选择欺骗和背叛，他们就会让你彻底出局。我很确信，就算让这则新闻从眼前溜走，我也会因此得到切尔西的补偿，发表许多重磅的独家。换言之，我用一个伟大的“乌龙球”，换取了更多漂亮的进球。

事实证明，确实如此，当我向阿特金斯提出采访兰帕德的要求时，后者欣然同意。在这次20分钟的视频采访中，兰帕德的表现太好了，对于穆里尼奥和即将开启的新赛季，他都侃侃而谈，收放自如。这桩独家不仅登上了我们的网站，在平面媒体界也是广泛传播，效果甚佳。一切都很完美，真心感谢史蒂夫。

没过多久，我又向阿特金斯提出了专访要求，这一次，我们采访穆里尼奥的申请再次顺利通过，不过，由于葡萄牙人答应了多家来自美国和英国多家电视台的约访，阿特金斯希望我能耐心一点，等到拉练结束时再与“狂人”进行对谈。这就是阿特金斯的工作，他必须尽力让所有媒体都满意而归。

就这样，我一直翘首以盼。直到拉练结束、距离新赛季开幕只有几天时，我终于得到了与穆里尼奥面对面专访的机会。半小时的时间，穆里尼奥深刻地谈到了名誉、命运、家人和足球。这是一次很长很充实的采访，我们最终把它分成了三部分，在网站和报纸上编排了一周的系列报道。如今看来，我与切尔西的长线联系并没有白费，依仗于此，大家都得到了有利于自己的局面——阿特金斯巧舌如簧，稳住了一度危急的形势；穆里尼奥躲过一劫，他的健康没有成为外界关注的焦点；至于本人，在接连得到了几次独家采访后，我也被老板好好夸了一阵。

坦白讲，我已经忘了自己是否跟体育组领导迈克·邓恩汇报过穆里尼奥晕倒的事情，但在我看来，他一定会认同我做出了正确的决定。对此，我深信不疑。

# 29

# 五分之一

重新成为斯坦福桥的主人后，穆里尼奥不光只想着用新援增强阵容，在潜移默化之间，他也再度玩起了自己擅长的心理游戏，希望以此激励手下的弟子们。

初来乍到，葡萄牙人就在6月直言不讳地批评了蓝军在过去两季的联赛表现，他言之凿凿地表示，那样的状态还不够出色，这些球员需要继续努力，才能不断提高自己。对于2013/2014赛季的成绩目标，“狂人”也早有具体规划：英超联赛、本国杯赛和欧冠赛事，他一个都不想放弃。

一个月后，我从伦敦前往曼谷与穆里尼奥会合，当时，他正带领球队备战季前第一场热身赛，对手是泰超联赛全明星。在正式接管蓝军后，穆里尼奥开始向球员和媒体表达自己的态度，这一次，他最先表扬的是三位曾经的老弟子——特里、兰帕德和阿什利·科尔。在“狂人”看来，这三位功勋元老在训练中起到了带头作用，他们为那些慢热的年轻球员树立了标准和榜样。穆里尼奥如是说道：“对于这些老队员的表现，我感到非常高兴，我们曾经一起共事，他们非常了解我的脾气秉性和做事方式。从训练第一天开始，他们就打消疑虑，努力训练，他们知道我就是奉行高标准和严要求。”

“特里、科尔和兰帕德，虽然都是年过而立的老将，但他们在球场上并没有什么变化。有了他们为球队做出表率，我可以更容易地要求其他球员，‘看看这些老家伙，他们一分钟都不会偷懒，每个人都活跃得像一头狮子。所以啊，你们这些18岁、19岁和20岁的小伙子，别告诉我你们做不到’。”很显然，穆里尼奥试图用激烈的言辞鼓励手下的年轻人，他一直期待着，阿扎尔们能在比赛能力、强度、热情和心志层面，尽快追上那些功勋老将。

虽然点名表扬了自己的老臣子，但“狂人”并没有让他们得意忘形，仅仅几天后，他就由红脸唱起了白脸，向兰帕德们发出了警告：10年前同创辉煌时的“特殊待遇”不复存在，过往的“绝对主力位置”也必须推倒重来——多年以前，葡萄牙人曾将切赫、科尔、特里、兰帕德和德罗巴等人称为不可动摇的核心，但时间来到2013年，一切都消失了。这就是典型的穆里尼奥，无论对待新人还是老将，他都试图在赛季前从心理层面实施“激将法”，以此强调自己的期待，并点出球员自身蕴含的潜力。正是通过这种方式，“狂人”想让所有球员都保持强烈的比赛欲望，一旦出场迎战，便能全情投入。

对于自己寄予期望的球员，穆里尼奥也是非常明确，胡安·马塔、大卫·路易斯和埃当·阿扎尔，便是其中代表。

过去两个赛季，从瓦伦西亚加盟的马塔是切尔西参与进球最多的球员之一，无论队内队外，他都得到了球迷和媒体的广泛赞誉。不过，随着穆里尼奥重掌教鞭，西班牙人在蓝军的前途却突生阴影，人们都在怀疑，马塔究竟能不能成为葡萄牙人最偏爱的那种球员——除了前插参与进攻、完成本职工作，还要勤勉、逼抢、回追参与防守。带着这样的疑问，我跟穆里尼奥进行过一次畅聊，我很想一探究竟，蓝军10号在斯坦福桥还有没有未来？面对我的提问，“狂人”用一种标准的外交辞令回答道：“马塔曾经被蓝军球员和球迷评为队内双料最佳，这本身就意味良多。他们非常欣赏西班牙人为球队付出的一切。没错，我很了解胡安，他也在我的计划之内。对于他的使用，我已经有了具体想法，我相信他能因此拿出更好的表现，即便初期遇到一些困难，我们也会想方设法地帮助他尽快适应。如你所知，我希望让边锋不断内切，以此获得射门和传球的机会，从目前情况看，马塔是我们队中唯一能在右路发挥如此作用的球员。”

“我也认为他可以游刃有余地出任10号位。”听到穆里尼奥的回答，我会心一笑，这其实就是典型的“虚假式表扬”——先是对某人赞美一番，然后提出一些具体缺点，最终再以另一番称赞结束。

那段时间，巴西中卫大卫·路易斯起伏不定的状态，也是人们在穆帅回归后广泛讨论的话题。毫无疑问，从维多利亚出道的路易斯极具天赋，并且拥有出众的脚下技术，但几乎在每场比赛，他都会出现至少一次重大的失误。对于这样的现状，穆里尼奥如是评论道：“我很喜欢那些善于控球的后卫，不过，他们也必须考虑每个决定的正确与否。当场上局势合理时，你当然享有从后场带球推进的自由，但这样的行为势必带来风险。我们都知道，当周围有队友接应时，你可以短传配合，当对方实施紧逼、无人接应时，你就要大脚长传。没错，这些决定都取决于阅读比赛的能力。在赛前和赛后时，我当然可以帮助他们分析比赛、总结经验，但在比赛进行时，球员们只能依靠自己。对于路易斯而言，最重要的事情就是做出正确的决定，身为一名与众不同且拥有更高天赋的球员，他必须利用合理的方式发挥自己的潜力。”

除了马塔和路易斯，穆里尼奥当然不会忘了备受瞩目的阿扎尔，自从二度入主切尔西后，“狂人”就准备将比利时人送上更高等级的平台。“我认为这孩子天资甚高，”穆里尼奥这样说道，“但他必须更加努力，直至达到下一个层级。足球就是一个关于数字的游戏，无论拥有多么高的潜力，你也必须把它转化为有效数据。换言之，就是进球、助攻、制胜球以及重大比赛中的破门。我已经准备好了，我希望为埃当提供更多帮助，当然，他也必须各就各位，随时倾听意见。我总是告诉那些富有创造力的球员，‘能力越大，责任越大，伴随着更强的能力，你必须为球队做出更多贡献’。”

“在我看来，如果能为球队奉上进球或助攻，那就撸起袖子加油干，即便是过程中不太顺利、丢掉球权，那也没有问题，毕竟你是一心为球队服务。不过，假如你就是为了玩乐、耍帅，然后丢球之后不回防，直接导致本队失球，那问题就严重了。我们都知道，一些天才球员就是能凭借一己之力改变比赛，所以，我也不会对他们的行为进行严苛的约束。但既然如此，他们就必须拿出让人信服的表现，一直为进球和助攻而努力，而不是陶醉于玩花活、自我享受和羞辱对手。在我的手下，阿扎尔应当总是抱有这些目标和信念，依仗于我给予的自由，他完全可以带球推进，过掉一个、两个，然后直接杀入威胁对手球门的区域。”

穆里尼奥接着补充道：“这一切说起来很简单，埃当确实很出色，但他绝对能承担更多的责任，我非常想看到这样的天才进击。就像我说得那样，我可不想看见什么小马驹或马戏团一样的哗众取宠，那样的自娱自乐毫无用处。总之，我只想见证一位新星用技术和天赋制造源源不断的进球，为他的球队带来更多胜利。”

与此同时，身为阿扎尔的同胞，比利时球员德布劳内也吸引了穆里尼奥的注意。在切尔西于东南亚进行季前备战时，德布劳内展示了上佳的状态，对阵马来西亚全明星，虽然只上场30分钟就因伤下场，但比利时人传射建功，一举为蓝军奠定胜势。眼见德布劳内状态大勇，原本想把其租借出去积累经验的穆里尼奥改变心意，计划赶不上变化，“狂人”希望把比利时人留在一线队中。

穆里尼奥说，德布劳内是一位非常出色的球员，无论训练还是比赛，“丁丁”都发挥得极为出色，他应该会成为切尔西的重要一员。当时，蓝军阵中的比利时天才还不止阿扎尔和德布劳内，被媒体称为

“小魔兽”的卢卡库，同样吸引了外界的广泛关注。

对此，葡萄牙人的表态意味深长，他并不希望卢卡库迷失在舆论的炒作中：“人们已经开始将罗梅卢与德罗巴相比，但要知道，把一个新人与历史传奇相比太不公平，我们必须尊重这两位运动员各自的职业生涯。就这样吧，我们放过德罗巴，让他享受后人的尊敬，我们也放过卢卡库，让他心无杂念地继续努力。没错，这孩子真的很棒。”

马塔、路易斯、阿扎尔、德布劳内，卢卡库，从任何角度看，这五个人都是出类拔萃的球员，但仅仅12个月后，我们却不得不面对一个残酷的现实——在他们之中，只有埃当·阿扎尔留在了切尔西，其余四人全部离开。2013年夏天，卢卡库被租借到切尔西，赛季结束后正式转会至埃弗顿。4个月后，冬季转会窗打开，马塔由西伦敦加盟曼联，德布劳内转会沃尔夫斯堡。2014年夏天，给蓝军球迷带来无限欢乐的大卫·路易斯也告别球队，他以5000万英镑的后卫历史第一身价转投巴黎圣日耳曼。从这样的结果回推，或许，这四人都没能企及“狂人”的要求和期望，不得不以离开收场。事实上，这些球员交易一度引起了部分蓝军球迷的异议，但随着2014/2015赛季的到来，一切疑问烟消云散——那个赛季，切尔西时隔5年捧起英超冠军奖杯，而被穆里尼奥寄予厚望的阿扎尔，则包揽了由球员工会和记者协会评选的双料赛季最佳。

# 30

## 小马驹

对于一支拥有众多天赋的球队而言，并不寻常的“四大皆空”值得他们好好反思和总结。2013/2014赛季，年轻的切尔西取得了不小进步，但这距离穆里尼奥的标准还有一定距离：联赛杯和足总杯的早早出局只是其中部分原因，从英超领头羊的位置坠落，以及跌倒在欧冠决赛门口，无疑是更严重的失误。

很显然，在压力不断累积的关键时刻，切尔西崩溃了。从竞技和心理角度看，这样的崩盘并不像是穆里尼奥的球队，经历了如此过程，后者也深知“推行改革”势在必行。早在2014年2月，葡萄牙人就重新列出了夏季补强阵容的引援名单，其中除了顶级前锋，还增添了左后卫的人选。纵观2013/2014赛季，切尔西的最主要问题还是“锋无力”，虽然在英超进球榜上位列第三，但71球的数据根本无法与争冠对手曼城（102球）和利物浦（101球）相提并论——相继错过卡瓦尼和鲁尼的恶果，在这个赛季完全显现，即便阿扎尔奉上了14个进球和7次助攻，也依然无法弥补球队缺乏顶级射手的事实。

事实上，在当赛季赛程过半时，切尔西还保有着冲击联赛冠军的可能，他们也不断地向榜首施加着压力。19轮战罢，蓝军排名第三，距离领头羊阿森纳仅有2分，与第二名曼城也只差1分。2月3日，英超第24轮，凭借穆里尼奥极具针对性的战术部署，切尔西依靠反击从伊蒂哈德球场带回3分。

经此一役，切尔西不仅完成对曼城的双杀，更让“蓝月亮”在当赛季第一次尝到了主场败北的滋味。突然之间，人们开始谈论蓝军争冠的可能，但唯一的例外，竟然是穆里尼奥本人。

蓝军击败曼城后，有记者这样问起穆里尼奥：切尔西、曼城和利物浦，是否形成了三足鼎立的局面，就像三匹快马已经开始为撞线而冲刺？对此，葡萄牙人的回答意味深长：“这明显是两匹高头大马以及一头小马驹，作为初出茅庐的小马，切尔西仍然需要吃奶，还要逐渐学会跳跃。这是一个循序渐进的过程，直到下个赛季，我们才能真正奔跑起来。（后来的15个月，葡萄牙人的预言一一灵验）。”在巧妙躲过关于争冠的话题后，穆里尼奥再次着重强调了本队对于重大比赛的适应和调整：“没错，我们很喜欢与强队进行的大场面比赛，当你深陷其中时，你还能感受到额外的动力。我已经说过很多次了，对于尚处于进化期的蓝军而言，最理想的处境绝不是出战欧联杯抑或被第一名落下15分到20分。很显然，我们必须打到最后，给领头羊制造足够的压力，只有这样的过程才会帮助球队尽快成长。”一周后（2月8日），切尔西在主场3比0大胜纽卡斯尔联，凭借阿扎尔的帽子戏法，蓝军以1分反超阿森纳，登上了英超积分榜的第一名。

稍纵即逝的优势，终究未能给切尔西带来奖杯，纵然能在强强对话迸发出超强的即战力，但无法克服的阿喀琉斯之踵，还是迫使蓝军提前退出了冠军争夺——简而言之，他们在中下游球队身上丢掉了太多分数，为自己的坏习惯付出了惨痛的代价。就在击败纽卡斯尔联后，暂居第一的切尔西先是于客场被西布罗姆维奇逼平，然后又在维拉公园0比1败下阵来，特别是在这场比赛，威廉、拉米雷斯和穆里尼奥还先后吃到红牌，让球队雪上加霜。整个2014年3月，蓝军的状态都是起伏不定，他们既能在主场4比0胜托特纳姆热刺、6比0胜阿森纳、3比0胜斯托克城，也能在塞尔赫斯特公园爆冷被水晶宫击败——对方的制胜球还是特里的自摆乌龙。4月19日，压垮蓝军争冠希望的最后一棵稻草出现了：经过一番鏖战，切尔西竟然在主场1比2负于桑德兰——第82分钟，蓝军旧将博里尼罚入制胜点球，第一次让穆里尼奥尝到了在斯坦福桥输掉联赛的滋味。就这样，随着“狂人”77场的不败纪录被这个大冷门终结，蓝军也彻底失去了冲击英超冠军的可能。

这是一场令人倍感遗憾的比赛，埃托奥的角球抢点曾为主队先拔头筹，但威克姆的补射和博里尼的点球，最终让桑德兰得胜而归。比赛末段，切尔西的替补席前一度发生混乱，“狂人”的助手鲁伊·法里亚怒从心头起，向着主裁判迈克·迪恩肆意宣泄着对点球判罚的不满（此前蓝军有两个疑似点球都未能得到处罚）。虽然穆里尼奥和门将教练克里斯托弗·洛利松都已上前制止，但法里亚一直试图挣脱阻拦，与迈克·迪恩正面“交战”。当然，一阵发泄之后，法里亚还是要被迪恩罚上看台，而切尔西的冠军梦想也随之彻底破灭。

赛后，穆里尼奥并没有避讳裁判的话题，面对记者的提问，葡萄牙人奉上了一大段经典的讽刺式吹捧：“迈克·迪恩的吹罚实在是太棒了，当裁判们奉上这样的表现时，他们就理应得到我们的赞扬。”除此之外，穆里尼奥也没忘了当场裁判监督迈克·莱利：“当然，我还要祝贺裁判们的老大——迈克·莱利先生，他们整个赛季的表现都太好了，近两个月执法争冠球队的比赛时更是如此。这一切都太棒了，恭喜莱利先生。”

对于穆里尼奥的大放厥词，英足总很快做出了反应，他们认定“葡萄牙人的言论质疑了迈克·迪恩和迈克·莱利的执法公正性，同时为比赛带来了不好的影响”。除此之外，法里亚也被英足总提起了两项纪律指控，而在比赛中肘击桑德兰中场拉尔森的拉米雷斯，虽然逃过了迈克·迪恩的哨声，却还是收到了禁赛4场的追加处罚，提前告别赛季。

一场主场爆冷的失利，为切尔西球场内外带来了诸多严重的后续影响。当然，更糟糕的还是切尔西的争冠局势，由于利物浦少赛一场领先2分、曼城只落后4分还少赛两场，只剩下3轮比赛的蓝军已经丧失主动权，他们的冠军梦也基本宣告破灭。

2013/2014赛季接近尾声，虽然在联赛中遭遇惨痛失利，但切尔西并没有多少时间去相互指责抑或自怨自艾——沉甸甸的“大耳朵杯”，还在不远处等着他们。在此前两轮欧冠淘汰赛中，切尔西以总比分3比1击败加拉塔萨雷，以客场进球多淘汰巴黎圣日耳曼（总比分3比3），与马德里竞技相会于万众期待的半决赛。4月22日，在憾负桑德兰仅仅三天后，切尔西就要在卡尔德隆球场挑战迭戈·西蒙尼执教的“床单军团”。

# 31

## 倒在决赛门口

2014年4月11日，先后通过欧冠1/4决赛的切尔西和马德里竞技确定在半决赛相遇，当抽签结果正式揭晓后，一阵舆论喧嚣也就随之而来。这一次，充当男主角的是比利时门将库尔图瓦。当时，库尔图瓦的所属权还归为切尔西所有，他之于“床单军团”只是租借效力，有传言称，为了阻碍比利时人在对阵老东家的比赛中出场，蓝军曾提前在租借合同中写入了一项特别条款：如果马德里竞技在面对蓝军时想要派出库尔图瓦，就必须额外支付450万英镑使用费。

眼见双方的交手日益临近，相关传闻也开始甚嚣尘上，马德里竞技方面透露，他们根本无力支付如此高昂的附加费用。经过几天的僵持，“床单军团”最终得偿所愿，借助欧足联的帮助免费使用了比利时人。对此，欧足联甚至发表了一份措辞坚定的声明：“公平公正公开，一直是我们秉承的赛事基本原则。

在任何情况下，欧冠组织方以及相关纪律准则，都绝不允许一家俱乐部干预或者试图影响对手的排兵布阵和球员选择，其中包括写进合同条款的私密协议。对于这些无效的协议条款，欧足联方面不会予以承认。此外，相关提供协议的俱乐部也将涉嫌违规，有可能因此受到纪律处罚。”

我很快与若泽取得了联系，询问他对于半决赛和出场条款一事的看法。当天中午前，葡萄牙人平静、温和地给了我回复：“马竞是一支很强的球队，很显然，欧足联想让库尔图瓦上场。”

事实上，这并不是切尔西在半决赛前遇到的唯一波折，就在抽签揭晓前一天，穆里尼奥刚收到了英足总开出的8000英镑罚单——在此前蓝军负于维拉的比赛中，“狂人”由于过激行为被红牌罚下，英足总没有放过他。屋漏偏逢连夜雨，当切尔西逐渐被周遭情况打乱阵脚时，一段堪称魔鬼的赛程已经在等待着他们：4月27日，在蓝军与马竞进行的两回合半决赛之间，切尔西还要客场挑战正在向联赛冠军发起冲击的利物浦。那一阵，切尔西曾试图联系英足总和红军更改赛程，将这场比赛由周日下午调整到周五晚上抑或周六，以此为自己获得更多的休息时间（欧冠半决赛次回合4月30日进行）。但最终，穆里尼奥的愿望没有回响，伦敦和利物浦方面并未理会。

可以预见的是，穆里尼奥早已被这些是是非非搞得头昏脑涨，当我们在中午见面时，他的心情就开始从沮丧演变为愤怒。随着时间推移，“狂人”的负能量愈发爆棚，待到夜晚降临，他似乎已经随时准备向利物浦、英超联盟、英足总和欧足联开炮。“毫无疑问，库尔图瓦能上场就是个笑话，”葡萄牙人毫无避讳地说道，“但更可笑的是，我们跟利物浦的比赛竟然是在周日进行。

这简直是个耻辱，这距离我们跟马竞的比赛只有3天时间。我们去欧冠比赛，不仅代表切尔西，更代表了整个英格兰。英超的这帮人就会躲在墙后面折腾我们，他们到底是谁？他们没有脸、没有名字吗？这一切真的不可思议。”

紧接着，穆里尼奥又把炮火对准了自己的老冤家——英足总，对于自己收到的罚单，“狂人”有话要说：“很简单，我不接受这个处罚，交钱什么的免谈。我要斗争到底，要搞死这些人。这帮老家伙根本不懂球，一天到晚就是针对我，我要告诉他们，‘你们’全都是耻辱。”对于这些措辞激烈的私下谈话，我都一一向穆里尼奥进行了确认，葡萄牙人并不打算收回什么，他同意我刊登他对英足总的猛烈开火，并以切尔西方面的消息源，直接引用这些愤慨和不满。临别之际，“狂人”看起来平静了许多，他意味深长地说道：“来吧，让我们看看会不会有奇迹发生！”

很遗憾，穆里尼奥的发飙毫无收效，无论罚单抑或赛程，都是原封不动，没有改变。其实，即便是对阵马竞的半决赛第一回合前，刚在联赛中负于桑德兰的切尔西也没有多少时间自我调整、收拾心情，仅仅三天时间，他们就要带着输球的遗憾飞往马德里，希望得到一个理想的结果。

4月22日，切尔西在卡尔德隆球场做到了，经过一场鏖战，蓝军从客场带回了一场互交白卷的平局。先客后主，没有丢球，切尔西在7年之内的第三次欧冠决赛之旅似乎已豁然开朗。然而，与晋级形势的乐观不同，穆里尼奥的球队却遭遇了大面积伤病和停赛的窘境：切赫、特里还在养伤，兰帕德、米克尔累积黄牌停赛，蓝军只能以残阵出战主场与马竞的次回合较量。

在觊觎通往里斯本的决赛资格前，切尔西率先要面对与利物浦的硬仗。要知道，当时的红军可是联赛领头羊，凭借一波火力全开的9连胜，罗杰斯的球队已经领先切尔西5分之多。好像冥冥中有一种暗示，利物浦将注定于2014年夏天结束对联赛冠军24年的等待。

对于切尔西而言，这势必是一次艰难的客场之旅。比赛之前，心生一计的穆里尼奥开始对外放风，暗示自己有可能拉低这场强强对话的含金量。他表示，为了让主力球员得到更多的休息时间，他正考虑在与利物浦的比赛中派上一些非主力球员。

显而易见的是，这既是穆里尼奥对利物浦拒绝调整赛程的“报复”，也不失为一种合情合理的做法。毕竟，相较于夺取英超冠军微小的可能性，切尔西理应将注意力放在掌握先手的欧冠半决赛上。葡萄牙人公开表示：“我应该会把第二回合不出场的球员派上安菲尔德，但话说回来，这也不是我一人能决定的。我只是一位教练，我还是得听俱乐部的安排。”穆里尼奥接着补充道：“这样的人员轮换很正常，要知道，当英超联盟决定把比赛安排在周日并且利物浦拒绝调整时间后，我就已经做好了派上替补的准备。毕竟，我们已经把全部注意力都放在欧冠的战线。诚然，切尔西目前是欧冠赛场唯一的英超球队，我们就是英格兰的代表。看看西班牙那边，他们的四支欧冠球队一直享受着足协的各种优待，得到了诸多便利，但我们呢？这周三，我们刚进行了一场半决赛，然后紧接着，相关人员又给我们安排了一场堪比欧冠决赛的联赛。几天以来，我们翻来覆去地寻求更改时间，希望能在周六比赛。我很清楚自己应该做些什么，但很多时候，我终究不是俱乐部，无能为力。”

穆里尼奥习惯在重要比赛之前开启心理战，这一次也不例外。比赛前一天，葡萄牙人特意找到了我，他希望利用报纸渠道放出一些风声。没错，这些内幕消息将被我写上明天的报纸，成为真正的比赛日故事。

在我看来，这真是一个有趣的戏码，穆里尼奥就像一个卧底间谍，他侦察了自家球队的秘密，然后一转头，便向我全盘托出，如数汇报。首先，葡萄牙人告诉我，“若泽身体抱恙，他在下午五点到达福姆比厅酒店，直接走进了房间。他看起来有些病态，有可能不会跟球队一起出战，也无法亲自指挥比赛”。其次，“一个小时后，切尔西全队入主下榻酒店，大卫·路易斯、拉米雷斯、特里、阿扎尔和埃托奥不见踪影，施瓦泽、卡希尔和阿斯皮利奎塔一同现身，跟他们一起下车的还有几位U-21的年轻小将，比如安德烈斯·克里斯滕森和约翰·斯威夫特”。我一五一十地把这些消息写进了报道，翌日一早，比赛日的报纸顺利出摊。

正如之前暗示的一样，穆里尼奥在安菲尔德排出了一套替补阵容：没有埃托奥，没有拉米雷斯，更没有阿扎尔、切赫、特里和路易斯，与此同时，威廉、卡希尔和托雷斯也只是坐上替补席。葡萄牙人坚决贯穿了让主力球员休息的原则。那场比赛，切尔西阵中最大的亮点无疑是托马斯·卡拉斯的现身，在此之前，这位年轻中卫从未代表一线队出战，而他在安菲尔德的处子秀，就要肩负极其艰巨的任务——抵挡路易斯·苏亚雷斯的冲击。20岁的卡拉斯并不是唯一的年轻身影，在切尔西的替补席上，还坐着19岁的纳桑·阿克和刘易斯·贝克尔。

很少有人能想到，尽遣替补的切尔西竟然以2比0获得3分。那个赛季，蓝军是第一支从安菲尔德带走联赛胜利的球队，杰拉德在中场结束前的意外滑倒，成就了登巴·巴的先拔头筹，而在全场第94分钟，曾效力于红军的托雷斯在一次无人防守的反击中将球传给威廉，后者几乎用带球的方式，轻松地推射空门得分。经此一役，原本对冠军踌躇满志的利物浦遭遇重创，在多赛一场的情况下，他们彻底失去了冲击冠军的主动权。

穆里尼奥尽情享受了这个时刻：当威廉把比分锁定在2比0时，葡萄牙人沿着边线奔向了切尔西球迷所在的看台，他肆意呐喊、挥臂庆祝、不停地拍打着胸前的切尔西队徽。事实上，在蓝军拿下这场胜利后，他们的夺冠希望也一度死灰复燃——距离领头羊只差两分。在还剩两轮联赛和一场欧冠半决赛的情况下，切尔西依然保持着加冕双冠王的可能。但仅仅三天后，这样的畅想终究破灭了，马德里竞技在客场3比1击败切尔西，昂首挺进欧冠决赛。穆里尼奥的球队不得不被打回地球。

那场比赛，客场守平的切尔西率先取得进球，第36分钟，托雷斯面对孩提时代支持的球队破门得分，他第一次尝到了攻破旧主大门的滋味。然而，蓝军的领先并没有持续太久，随着阿德里安在第44分扳平比分，双方回到了同一起跑线。这一轮淘汰赛的走势在60分钟左右揭开谜底：特里的头球攻门被库尔图瓦不可思议地扑出，仅仅180秒后，迭戈·科斯塔为客队罚入了彻底奠定优势的点球。对于葡萄牙人而言，那一扑或许更加难以理解，毕竟，比利时门将可是切尔西的球员。第72分钟，阿尔达·图兰的进球为马德里竞技锁定胜局，就这样，穆里尼奥遗憾地倒在决赛门前，他失去了在祖国葡萄牙对决老东家皇家马德里的机会。

失去了争夺欧冠的可能，切尔西只剩下英超联赛这一条生路。不过，失败和麻烦总是接踵而至，在被马竞淘汰4天后，切尔西又于主场0比0被保级球队诺维奇逼平，彻底告别了联赛奖杯。是役，许尔勒和路易斯的射门先后被门梁拒绝，蓝军鏖战整场，就是无法取得一个进球。与蓝军同样倒霉的还有利物浦，客场面对水晶宫，罗杰斯的球队遭遇滑铁卢，即便一度3球领先，红军还是未能抵挡住水晶宫的破釜沉舟。一场跌宕起伏的3比3，让失望的苏亚雷斯泪洒赛场。

2014年5月11日，英超冠军尘埃落定，仅仅霸占榜首15天的曼城，在最恰当的时机完成逆袭，并锁定奖杯。这是一个充满遗憾的赛季，蓝军亲手葬送了主动权，前者自然心知肚明。从那时起，穆里尼奥就下定决心，这样的遗憾绝不会再次发生。

# 32

## DC驾到

2014年5月1日上午11点13分，我收到了来自穆里尼奥发来的邮件，之前一晚，切尔西刚被马德里竞技踢出欧冠联赛，与蓝军传出绯闻的迭戈·科斯塔罚进了一粒点球。对于穆里尼奥和蓝军而言，这是一场令人郁闷的失利，但在如此郁闷的情况下，前者倒总是能说出一些好消息。正是在那一天，我率先获取了迭戈·科斯塔与切尔西签约的消息。

很明显，穆里尼奥并没有彻底摆脱失利的阴影，在邮件开头，“狂人”还是对自家球员库尔图瓦抱怨了一下：“这真是不可思议，我们的外租门将竟然扑出了特里势在必进的头球，这在豪门俱乐部绝对是不该发生的事！”在葡萄牙人看来，库尔图瓦在这轮半决赛中发挥了重要作用，蓝军的遗憾出局与他的反戈一击息息相关。说完库尔图瓦的事，“狂人”进入了正题，仅仅用了一句话，一切立即豁然开朗：“迭戈·科斯塔下赛季就是我们的人了。”

按照双方协议，这桩转会本应在皇马与马竞的欧冠决赛结束后对外公布，不过，求贤若渴的穆里尼奥已经无暇顾及。在度过一个虎头蛇尾的赛季后，他需要用这条消息振奋一下整个俱乐部的气势。既然得到了“狂人”爆料，我也很快地行动起来：翌日，一篇名为《若泽以3200万英镑收下科斯塔》的文章登上头条，我还在文中引用了他的原话——“我们已经开始期待下赛季的到来，切尔西无疑将变得更加强大。”

至此，穆里尼奥与切尔西长达一年的“曲折寻锋路”暂时画上句点，虽然先后接触了法尔考、卡瓦尼、莱万多夫斯基、鲁尼和曼朱基奇后，但最终与蓝军签约的却是火速蹿升的迭戈·科斯塔。当然，切尔西从马竞的收获还不止如此，不久前刚刚阻挡切尔西挺进欧冠决赛的库尔图瓦也将于2014年夏天回归斯坦福桥。从这两笔交易可以看出，葡萄牙人的引援计划正按部就班地进行，逐步收获信心的他，已经十分接近打造一支未来十年统治英超的球队。在穆里尼奥的设想中，这应该是他回到西伦敦以后的重要节点，经过一个赛季的考察和评定，他深知这支球队的强项、弱点和上限，而在转会窗口打开后，他需要做的就是修枝剪叶、补强人员，帮助球队登上新的台阶。为了让年轻的切尔西获得更多即战力，葡萄牙人希望有更多兼具经验和实力的成熟球星加盟，当然，这些人必须怀有旺盛的斗志和饥渴感，除了为主力位置奋勇拼争，还要为冠军奖杯战斗到底。

身为一名偏执狂，穆里尼奥对麾下球员有着清晰的认识，早在2013年12月，他就在谈话中透露了些许想法——简而言之，他已经找到了能帮助球队夺冠的骨干能量，除此之外，有一些人并不能听从指挥、怀揣野心以及果敢决断。彼时，在切尔西3比1击败南安普敦后，我为他送上了祝福，但后者的回复却让我有些吃惊：“说实话，执教这支球队并不轻松，我们最好的球员已经老去，而那些年轻人还幼稚得像一群米老鼠。”

2014年1月，切尔西在关键的冬季转会窗动作频出，至少在当时，他们的部分交易也引起了舆论的争议。3710万英镑，前蓝军赛季最佳球员马塔加盟曼联，1800万英镑，无球可踢的德布劳内前往沃尔夫斯堡报到。此外，马卢达转投土耳其球队特拉布宗体育，加纳后腰埃辛加盟了AC米兰。与此同时，蓝军花费2100万英镑签回塞尔维亚后腰马蒂奇，以1100万英镑从巴塞尔买来萨拉赫，至于从圣埃蒂安挖来的法国年轻后卫祖玛，则让阿布掏出了1250万英镑。

无须多言，马塔由切尔西加盟曼联的交易引来了最多的讨论，但作为将西班牙人放在替补席的始作俑者，穆里尼奥却并不在乎那些批评的声音："我们可没有那么古板，只要价钱合理到位，我们当然可以把自家球员卖给那些竞争对手。"没错，葡萄牙人并不是忽略马塔的价值，3710万英镑转会费绝对是一个很难拒绝的数字——更何况，切尔西已经在前腰和右翼拥有了威廉、阿扎尔和奥斯卡，阵容的厚度无须担心。

说完马塔，再来看看凯文·德布劳内，其实，穆里尼奥非常欣赏这位比利时新星，希望前者可以一直留下。然而，由于上场时间非常稀少，德布劳内去意已决，即便这只是其效力蓝军一线队的首个赛季，但他也不想在替补席上荒废时间。面对如此情况，切尔西只得与沃尔夫斯堡签下了"回购条款"，意图继续保留召回比利时人的可能——18个月后，当曼城砸出5500万英镑将德布劳内从德甲买回英超时，蓝军却并没有激活这个条款。马塔、德布劳内等人相继离开，蓝军球迷也将希望寄托在了新援身上。身为斯坦福桥的青训产品，从本菲卡回归的马蒂奇惹人眼球，在未来的日子里——特别是2014/2015赛季，这位身材高大的后腰成为切尔西不可或缺的一员。

无论穆里尼奥多么神通广大，他也不可能在一个冬季转会窗就让一切尽善尽美。2014年2月，当冬季转会市场正式关闭后，他还是在一次聊天中吐露了自己的雄心壮志。很明显，"狂人"对球队的改变还算满意，他甚至明确地指出，只要再多来一名顶级前锋和一名左后卫，这匹"小马驹"就算万事俱备，足以向冠军荣耀奔驰而去。



当然，葡萄牙人最关心的还是前锋问题。"我们已经彻底放弃鲁尼，法尔考也没戏了，剩下的三个目标就是迭戈·科斯塔、卡瓦尼和曼朱基奇，总之，我们会砸出重金力邀他们转会，只要有一人可以加盟，我们一定会变得非常强大。”聊着聊着，“狂人”甚至跳出转会范畴，开始描绘起蓝军的未来：在他看来，切赫和库尔图瓦的机会均等，他们将要为1号门将位置展开激烈的竞争，“伊万诺维奇、卡希尔、特里、拉米雷斯、马蒂奇、奥斯卡和阿扎尔也会成为主力，此外，阿斯皮利奎塔、祖玛、大卫·路易斯、阿什利·科尔、米克尔、兰帕德、许尔勒、范欣克尔、萨拉赫和托雷斯，将组成我们的轮换阵容，如你所见，切尔西的阵容厚度足够出色，我们现在就是毕其功于一役，尽快砸来一个顶级前锋！”

作为切尔西一队的新人，许尔勒和萨拉赫被当作替补并不让人惊讶，而状态起伏不定的大卫·路易斯，也确实很难挤进首发11人。倒是阿什利·科尔和兰帕德的退居二线，让我的内心产生一丝波澜，要知道，他们可曾是葡萄牙人手下不可动摇的绝对主力。在“狂人”眼中，从马赛加盟的阿斯皮利奎塔既可以充当右后卫伊万诺维奇的替补，也能在突发时刻成为左后卫的临时备胎，那么问题来了，穆里尼奥希望引进的主力左后卫到底是谁呢？很可惜，当我把南安普敦的卢克·肖推荐给“狂人”时，他似乎并不感冒：“这孩子有些名不副实，转会身价远远超过真实能力。我觉得他最终可能去曼联。”在否定了卢克·肖后，葡萄牙人还在继续寻找。

2014年4月初，蓝军的进攻问题显露无遗，穆里尼奥被自家前锋折磨得忍无可忍，托雷斯、登巴·巴和埃托奥的糟糕表现，已经让他怒火中烧：“我要让他们夏天全都走人。”那段时间，穆里尼奥下定决心重整锋线，他不仅在逐步接近迭戈·科斯塔，同时也期待着卢卡库能从埃弗顿回归。

当切尔西还在为“锋无力”头疼时，“小魔兽”则在古迪逊公园球场火力全开。2013/2014赛季，从切尔西租借而来的比利时人出战31场联赛，打进15球，状态上佳。眼见年轻人表现出色，穆里尼奥更坚定了要回卢卡库的意愿，他希望为后者扫清障碍，让他成为迭戈·科斯塔的第一替补。为了吸引比利时神锋回归，穆里尼奥还打算签回老将德罗巴——除了继续补充锋线的人员储备，科特迪瓦人还能充当“小魔兽”的导师，达成一箭双雕的效果。如今看来，“狂人”的设想堪称完美，但等到夏季转会窗真正来临时，计划还是永远赶不上变化。

2014年夏天，意图大干一场的切尔西，用一种特别的方式拉开了转会序幕——在确定签下迭戈·科斯塔后，蓝军毫无征兆地为球迷带来了巨大的惊喜。6月12日，切尔西宣布以3000万英镑转会费，从巴塞罗那签下西班牙中场塞斯克·法布雷加斯。

鲜为人知的是，由于认为转会成功的可能性微乎其微，穆里尼奥起初没有把这桩交易纳入自己的计划内，不过，当得知巴塞罗那和小法本人的积极态度后，他立即顺水推舟，促成了这次重要引援。为了说服西班牙人加盟，穆里尼奥甚至亲自与其约谈，求贤之心显而易见。经过一番洽谈，法布雷加斯点头应允，决意重返英超，年轻的切尔西又因此增添了不少经验和硬实力。一直以来，穆里尼奥寻找的那块重要拼版终于尘埃落定，前阿森纳队长就是他等待许久的“四分卫”。

与此前的冬季转会窗一样，切尔西在夏季转会市场也非常忙碌，在接连引进重磅球员后，他们为了平衡账目必须出售球员。5000万英镑，巴黎圣日耳曼从蓝军手中买走了大卫·路易斯，这个数字创造了后卫的历史第一身价。不过，由于巴西人只被若泽视为替补，切尔西的主力阵容并不会受到太多影响。在葡萄牙人看来，这只是一位轮换球员为斯坦福桥换来了不菲的转会收入，他们不仅可以平衡付给巴萨的开销，还能拿出盈余部分去搞定最后一个缺口：左后卫。

转会市场上风言风语，我一时被谣言冲昏头脑，直到2014年7月9日，身在巴西圣保罗的我才得到了确认消息。当时，我正在报道荷兰与阿根廷的世界杯半决赛，突然之间，我收到了穆里尼奥发来的电子邮件："左后卫搞定了，费利佩·路易斯。"借助"狂人"的通风报信，我再次写出了一篇封底头条，大约一周后，这桩转会被切尔西和马德里竞技官方宣布，一切分毫不差。

有人来就有人走，随着德罗巴以自由身回归，埃托奥合同到期后离开，登巴·巴前往土耳其加盟贝西克塔斯。看起来，蓝军的人员变动正在按部就班地进行，但费尔南多·托雷斯却是个例外。一个赛季以来，穆里尼奥三番五次地想把西班牙前锋转手出售，未曾想并没有下家主动接盘，只能长期等待。时间一点一点地流逝，直到2014/2015赛季开始前一周，托雷斯的转会事宜终于取得了戏剧性的进展。

经过长时间的等待，切尔西与AC米兰在8月末达成租借协议，托雷斯脱下蓝衫，远赴亚平宁半岛。当然，相较于此，穆里尼奥明显更关心小将卢卡库的去留，赛季结束后，埃弗顿呈上了打破队史纪录的2800万英镑转会费，他们孤注一掷、全力以赴，意图将"小魔兽"全权买断。没过多久，"太妃糖"就收到了肯定的答复，在切尔西眼中，这次报价就像曼联砸钱购买马塔一样，是一份无法让人拒绝的理想出价。要知道，卢卡库可不是切尔西的头号前锋，能依靠一名替补球员赚得2800万英镑，蓝军的主帅和高层无疑非常满意——他们只能做出这样一个现实的决定。

随着埃托奥、登巴·巴、托雷斯和卢卡库先后出走，切尔西一度只剩下迭戈·科斯塔和德罗巴两名前锋，为了以防突发状况，蓝军在夏季转会窗关闭前迅速签下了女王公园巡游者前锋雷米。事已至此，切尔西的新阵容全部搭建完毕，虽然穆里尼奥终究未能按照预想留下卢卡库，但他对于焕然一新的名单已然信心十足——凭借这套星光璀璨的班底，切尔西绝对具备了向冠军发起冲击的实力。

# 33

## 再见，兰帕德

2014年夏天，弗兰克·兰帕德转投曼城的“背叛”行为，激怒了切尔西的许多高层人物，而穆里尼奥也陷入了深深的遗憾和失望之中。在原本的设想中，虽然兰帕德即将在6月迎来35岁生日，但“狂人”仍然希望让蓝军队史第一射手留在队中——毕竟，葡萄牙人从来不会因为年龄而歧视老将，他不关心这些人过了多少生日，只在乎能不能奉上顶级的表现。别忘了，2010年哈维尔·萨内蒂在“狂人”手下捧得欧冠奖杯时，已经是一位37岁的老将了，而兰帕德甚至还比阿根廷人年轻两岁。

不过，那时的切尔西刚颁布了一个针对30岁以上球员的规定：一旦你年过而立，每次续约的合同期限只能是一年。兰帕德与俱乐部继续合作的绊脚石，也就这样随即出现。很显然，蓝军的“老将新规”就是为了最大程度保护俱乐部的利益，以防雇主与那些巅峰已过、名不副实的老将陷入长期合同的纠缠。对于各个俱乐部而言，启动新老交替都是一个不小的难题，而其中最糟糕的情况，莫过于老炮儿们坐在看台上，兜里却揣着非常可观的薪水……诚然，他们身为过气的球星，并不希望随便放弃这样高额的工资，即便雇主想把他们轰走，也很难有其他球队愿意匹配这样的薪酬。如此一来，双方的交涉往往收效甚微，面对享有长期合同的老将，俱乐部只得陷入进退两难的局面：要么砸出一大笔赔偿金解约轰人，要么只能等着他们躺在功劳簿上耗到最后一天。

为了杜绝此类问题的发生，切尔西怒下狠手，实施了老将一年一签、重新商议薪酬的规定。即便是像兰帕德这样的功勋传奇，俱乐部高层也毫不避讳地提出了大幅减薪的条件。事后看来，这就是兰帕德在2014年夏天离开切尔西的原因：蓝军的合同薪水惨淡，而曼城提供的报价则非常诱人。

有钱能使鬼推磨，这是世人皆知的道理，但具体到兰帕德和切尔西，一切似乎没那么简单。别忘了，兰帕德曾将自己称为真正的“蓝血人”，他与俱乐部和球迷的深厚感情也不是秘密。然而，短短几周时间，他竟然选择加盟了蓝军在英超的劲敌，所谓金钱与感情，究竟哪个才是更重要的？

事实上，兰帕德的去留肥皂剧早在2013年夏天就开始了，与其合作多年的经纪人史蒂夫·库特纳对外宣称，蓝军8号的斯坦福桥生涯即将终结——在续约问题上，蓝军对待队史最佳球员之一的强硬态度，让库特纳感到非常恼火。当时，兰帕德与蓝军的5年长约即将到期，但双方针对新合同的谈判迟迟没有进展，1年的合同期限并不是问题，库特纳更在乎的是“神灯”的薪水以及在队中承担的角色。经过反复的商谈和博弈，库特纳还是与切尔西达成协议，一度破裂的谈判死而复生——当年5月中旬，兰帕德勉为其难地落笔签字。

相较于翌年离开时，2013年夏天还有一点原因促使“神灯”选择留下，很简单，他刚在2012/2013赛季享受了刷新历史、值得铭记的一年：5月11日，在对阵阿斯顿维拉的联赛中，兰帕德独中两元，打破了由传奇射手坦布林保持的202球队史最多进球纪录；4天后，欧联杯决赛，兰帕德作为队长带领切尔西战胜本菲卡，连续第二年捧起欧战奖杯；与此同时，他依然以15球和17球，加冕了英超联赛和各项赛事的队内射手王。

能在代理主帅贝尼特斯手下达成这些成就，兰帕德得之不易，要知道，他们二人之间并不来电，西班牙人几乎从不与“神灯”交流，还时常将后者直接放上替补席。

随着不受欢迎的贝尼特斯离去，曾带领兰帕德染指多项冠军的穆里尼奥正式归来，在兰帕德与切尔西的续约工作一度陷入僵局时，葡萄牙人的推进也起到了关键作用。不过，这也只是暂时打消了“神灯”离开的念头，与10年前的情况完全不同，这时的穆里尼奥不会向兰帕德做出任何一劳永逸的保证。“狂人”言简意赅地表示，像特里、切赫、阿什利·科尔和兰帕德这样的功勋老将，不再是“不可触碰”的绝对主力，曾经的特殊待遇已经不复存在。

对于这些年过而立的老将，穆里尼奥最担心的问题并非个人能力——兰帕德们依然是队中最出色的球员——而是漫长赛季中的持久力和比赛场数。就连葡萄牙人自己也不敢确定是否能激发出他们更多的能量。穆里尼奥曾经告诉我：“兰帕德35岁了，他已经没办法毫无压力地踢上60场比赛，不过，他的专项能力还是像以前一样出色。我们当然要面对这样的事实，但对我来说，我最关心的还是球员的场上表现，而不是他的出生证明。”“狂人”的这段评论或许也适用于切赫、特里和阿什利·科尔，鉴于这些老将的经验、忠诚和领导力，葡萄牙人的底线显而易见——他并不希望与这些老臣分道扬镳。

2013/2014赛季，兰帕德在38轮联赛首发20场，英超进球6个，各项赛事总进球8个。很遗憾，这并不是他平常的优异表现。相较于在联赛的退居二线，“神灯”被穆里尼奥更多地用在了洲际赛场——虽然不及英超热血和激情，但欧冠更注重技战术层面的博弈，“神灯”的专项经验和能力也得以更好地发挥。

如果将兰帕德与过往相比，他的超高水准确实已不复存在，对于这一点，无论球迷、俱乐部还是他自己，都心知肚明。不同的队内角色，不同的蓝军8号，当新一轮续约谈判开启时，过去12个月累积的各种情绪和压力开始逐渐显现。

从穆里尼奥的角度看，他仍然希望经验丰富的兰帕德可以留队，即使不是绝对主力，但也是重要的轮换球员。对于蓝军的新老交替，“狂人”没有多少时间优柔寡断，为了让阿扎尔、奥斯卡这些天赋异禀的新星茁壮成长，“狂人”只能让“神灯”退居二线，以此让阿扎尔们得到更多的发展空间。尽管如此，穆里尼奥也没有想到“队副”的续约条件会如此苛刻，对于俱乐部大幅削减的薪水，他感到非常惊讶。事已至此，兰帕德的离去已经是时间问题，虽然进入职业生涯暮年，但凭借自己的声誉和影响力，他才不会为无人问津而发愁。有传言称，兰帕德收到了来自土耳其和中国的优厚报价，但最有可能发生的谈判，还是来自洛杉矶银河和纽约城FC开出的合同。

2014年5月23日，兰帕德不出意外地被切尔西列入了自由离队名单，但当时切尔西声称，他们与“神灯”的谈判还在继续，而后者随即澄清道，在正式决定离队前，他还会听取老东家的报价。后来的一周，各种传言和绯闻甚嚣尘上，大家都在等待最后的结果。5月31日，我在新温布利大球场报道卡尔·弗朗切和乔治·格罗夫斯的世界超中量级拳王争霸战，幸运的是，我在现场碰到了一个熟识兰帕德和库特纳的“线人”，他笃定地告诉我，兰帕德的蓝军生涯彻底结束了，后者已经决定在纽约开启新的篇章。身为一名切尔西和兰帕德的“双重粉丝”，我真心希望这消息是空穴来风，但没办法，这个家伙确实是知晓内幕的局内人。

得知尚未证实的内情后，我很快与穆里尼奥取得了联系，后者的回答很微妙，不过三言两语后，他也算确认了“神灯”离队的消息：“说实话，我还不知道这个事，但我相信这应该是真的。切尔西提供的续约薪水太少了，弗兰克希望可以得到更多。也许他会离开吧，我现在没有确切消息。”6月2日，兰帕德公开发表声明，他的切尔西生涯到此为止，22天后，“神灯”与纽约城FC正式签约，一出绵延数月的续约肥皂剧就此画上句号。

然而，事实并非如此，仅仅几天后，与纽约城FC同属于城市足球集团旗下的曼城，就宣布将租借兰帕德直至2015年1月。又一出转会大戏毫无征兆地开始了。不出所料，这样的“出口转内销”引来了舆论广泛的讨论，特别是在社交平台上，相关的争议和质疑更是不绝于耳。

不难想象，当2014年12月曼城宣布兰帕德将继续留队直到赛季结束时，舆论一片哗然。自然而然地，这桩牵扯到兰帕德、曼城和纽约城FC的球员交易，开始被贴上“欺骗”和“奸诈”的标签。2015年1月8日，出面仲裁的英超联盟公布了调查结果，他们在声明中表示：“兰帕德将以曼城注册球员的身份，效力到2014/2015赛季结束。英超联盟已经得到曼城俱乐部的确认，关于兰帕德合同问题，曼城或城市足球集团并未与纽约城FC达成协议。”如此一来，真相大白，“神灯”自始至终未与纽约城FC签署过任何合同，只有一项没有实际约束力的意向条款。在许多蓝军球迷甚至俱乐部高管眼中，这出沸沸扬扬的反转悬疑剧只配得上卑劣、可耻这样的字眼，兰帕德在他们心中的形象受到了极大损害。

在英超联盟公布仲裁结果后，切尔西的体育总监埃梅纳洛向主席巴克、总监玛丽娜·格拉诺夫斯卡娅和穆里尼奥发去了邮件，尼日利亚人讽刺地写道：“从我们的大家庭挖走一个切尔西死忠，这真是有趣啊！我觉得曼城彻底搞砸了，他们就不应该承认与兰帕德签到12月31日，这是不是违反了英超的自由球员签约规定？假如曼城起初并没有想签到明年6月，他们就要根据特殊条款的范畴，与兰帕德每月一签，直到12月31日为止。就我对相关条例的了解，这样才是万无一失的做法。没错，我觉得曼城应该被扣分啊！”如你所知，埃梅纳洛的愿望只是一厢情愿，机关算尽的曼城最终没有受到英足总或英超联盟的任何处罚。

兰帕德和曼城躲得过官方罚单，却躲不过舆论的争议。2015年1月31日，当曼城客场挑战切尔西时，兰帕德在脱下蓝衫后第一次以客队球员身份回访了打拼13年的斯坦福桥。在此之前，切尔西给老熟人德罗巴、巴拉克和前主帅拉涅利都送上过贴心的待遇，先后让他们在球场内发表了演讲。然而，当队史第一射手兰帕德故地重游时，切尔西却选择了视而不见——即便“神灯”对蓝军的贡献绝对比巴拉克、拉涅利和德罗巴更加突出。至于内心复杂的切尔西球迷，则在现场旗帜鲜明地分成了两个阵营：球场之内，一些球迷挂出了致敬条幅，比如“兰帕德就是传奇”“弗兰克永在我心”“感谢你奉献的一切”；而另外一些球迷，显然还无法原谅兰帕德的背叛，一位愤怒的球迷就举起了这样的标语——“兰帕德你不再是我们的传奇，在切尔西和蓝军球迷眼中，你就是个叛徒。”

这样的情感分裂和爱恨交织，与2014年9月初次重逢时大相径庭，当时，兰帕德在伊蒂哈德球场迎来老东家，切尔西球迷还为他送上了热烈的欢呼。那场比赛，兰帕德替补出场，为曼城扳平比分，迫使争冠热门切尔西只得接受1比1的平局。尽管未能取得胜利，蓝军球迷还是不断呼喊着“超级弗兰克”，向本队的传奇致敬。

然而，仅仅3个月过去，随着整个转会事件水落石出，部分蓝军拥趸由爱生恨，他们拒绝原谅这个曾经挚爱的功勋球员。如今看来，这些“黑粉”还是在赛季末得到了安慰，毕竟，由于选择离开切尔西，兰帕德终究错过了个人第四枚英超冠军奖牌。

# 34

## 慈善大使

2014年夏天，兰帕德跟随英格兰国家队参加了个人最后一届洲际大赛——巴西世界杯。作为全世界最引人注目的盛事之一，这里既汇聚了足球的美好与伟大，也囊括了一些丑陋和不堪。不过，穆里尼奥却没有置身其中，在那个休赛期，他搭上了前往非洲的飞机，准备去面对一个更严峻的世界性难题：在这个地球上，还有8.42亿人口食不果腹。在观看世界杯和慈善活动之间，他最终选择前往人类与饥饿对抗的第一线，去获取最现实和残酷的真相。

2014年5月19日下午，穆里尼奥现身于一场在伦敦市中心召开的新闻发布会，经官方宣布，葡萄牙人正式担任联合国世界粮食计划署反饥饿大使。一个惊人又冰冷的现实是，全球有6600万少年儿童还在经历饥荒的考验，其中非洲就占了2300多万，这个项目的主旨就是尽可能地为孩子们提供帮助，我也相信这是“狂人”发自内心的真实想法。



在与联合国世界粮食计划署达成共识后，穆里尼奥希望能贡献自己的力量，而5月19日这一天，他决定将自己的新身份公之于众。然而，直到发布会即将举办前，我们体育组才获知了这个消息。诚然，这件事不算是体育新闻，但由于辐射外延太广，直接聚焦到全球性问题，我们也绝不能将其疏漏。对于备受关注的“狂人”，我的态度一直是：无论他在哪儿，我必须到。当然，最理想的情况仍然是——我与若泽如影相随。得知此事后，我很快与活动组织方取得了联系，确保我的名字能递补进受邀请的媒体名单上。

在“高大上”的伦敦西一区，媒体、嘉宾和主人公都汇聚到了卡尔顿府联排的菲利普亲王之家。在下午3点发布会开始前，大家吃吃喝喝，闲情逸致，一切都被安排得井井有条。在发布会上，虽然整个大厅都充斥着专注此事的其他新闻类记者，但还是有几个跑体育的家伙，问起了穆里尼奥一些奇怪的足球话题。葡萄牙人没有避讳，他给出了不错的答案，但于我而言，这样的程度远远不够，我还在等待着独家的东西，以及更有价值的内容。况且，我依然想在发布会后逮住“狂人”，跟他一对一地好好聊一下。然而，计划还是赶不上变化，主办方并不答应我的请求，他们告诉我，所有的一对一采访申请在活动开始前就已安排妥当，名额已满，没有任何机会了。事已至此，我只能最后一搏，我对主办方说，我不仅是若泽的朋友，还在为全国销量最好的报纸工作，如果能登上我们的报纸，这条新闻一定能取得很好的传播效果。我告诉主办方，如果他们能向穆里尼奥转告我的请求，前者一定会同意见面的。不行，不行，他们的回复言简意赅。

这样的回绝并不会把我吓住，当那些参与一对一专访的媒体开始向大楼后方的采访室踱步，我也紧盯着他们的动向，快步跟了上去。很不幸，主办方的新闻官一直留意着我的一举一动，在我沿着走廊向那边走去时，她强势地出面呵斥，不仅阻止我进入采访室，还命令我立即离开活动场地。眼见事态急转直下，新闻官还叫来了其他同事，我只能礼貌地进行解释，自己并没有打算硬闯采访室。一语话毕，我便不再理会主办方的人员，开始在走廊里安静地、小心翼翼地闲逛。

既然无法得到专访的机会，我就只能退而求其次，在屋子外边等待穆里尼奥出现，事已至此，也只能碰碰运气了。由于我的固执己见、坚持不懈，惊恐的主办方被折腾得气喘吁吁，为了防止我突然狂奔进采访室，工作人员特意在采访室门口组成了人墙。仅仅几米的相隔，却成了世界上最遥远的距离。

在穆里尼奥按照计划先后接受电视台、广播和纸媒记者采访时，我一直静静地在外边等着，整个过程至少两个多小时。终于，在主办方团队和私人代表路易斯·科雷亚的护送下，穆里尼奥出现了，他很快注意到我，然后用“你好”打了个招呼。借此机会，我上前表明了来意，希望能针对他的新身份聊上几分钟。葡萄牙人很痛快地答应了，一来一回之间，如此结果既让主办方有些惊讶，也让他们心中的石头落了地。

活动结束后，穆里尼奥要重回自己的阿斯顿·马丁，我们边走边聊，直至来到了停车场。在那里，我们的谈话迟迟没有结束，差不多持续了十多分钟。就像此前一样，我们的交流非常愉快，通过这番谈话我才意识到，联合国世界粮食计划署的委任绝不是简单的公关作秀——利用穆里尼奥的全球号召力蹭蹭热点，事实上，葡萄牙人非常重视，并决心身体力行地参与其中，他希望能在夏天前往非洲，贡献出自己的一份力。

穆里尼奥坦承，全球饥荒问题的严重程度让他非常惊讶，而在为新身份、新任务开启准备工作时，那些触目惊心的照片也让他久久难以忘记。葡萄牙人说道：“一直以来，饥荒都是非常严重的全球性问题，当你真的涉身其中，你就能看见那些让人无法平复心绪的图片。时至今日，我的脑海里还留存着很多影像，那些获奖摄影师用一张张不可思议的照片，反映了这个世界上最残忍的饥荒。即使你想保持所谓的铁石心肠，也根本不可能，当你看到那些照片，你一定会崩溃的。”



在世人眼中，葡萄牙人光鲜亮丽，堪称人生赢家，而那些年少的鲜活生命，则只能经受饥饿和不幸。这样的鲜明对比，真能让穆里尼奥感同身受吗？对此，葡萄牙人如是说道："感谢上帝，我的孩提时代没有这么多困难，我们距离饥饿也比较遥远。不过，我成长的地方可算不上富裕，当多年前我还是一名老师时，我也带过一些家庭条件比较困难的孩子。对于这样的生活，我还是有一些了解。"

"至于我的妻子，虽然未曾亲身经历，但她就是出生于非洲，所以之于饥荒并不陌生。我们的孩子不需要担心这些残忍的问题，但身为父母，我和马蒂尔德应该让他们更加了解这个世界。在日常生活中，我们很容易以自我为中心，忘记其他地方的存在，而在孩子的成长中，我们必须提醒他们，这个世界远不是眼前的样子。我们希望大家不要忘记那个世界的存在，这是非常、非常重要的事。一段时间以来，我们很多次在电视中看到关于饥荒的报道，那样的事情深深地影响着我家的每一个人。我曾向孩子们解释，那里需要大家的帮助，我们应该找到那些慈善机构。后来，我们就在私下用自己的捐款付诸行动了。去年圣诞节，马蒂尔德带着孩子们回到葡萄牙，在平安夜到来时，他们用一辆货车向需要食物的人们提供了帮助。当然，加入联合国世界粮食计划署绝对是另一个层面的事情，我们需要面对更多复杂的情况。"

在我看来，穆里尼奥的表态非常坦率、真诚以及纯粹，这样不加掩饰的心理情绪和个人看法，绝对是更有力量和冲击感的存在。穆里尼奥接着补充道："截至目前，全世界大约有8.42亿人还在饥荒中挣扎，这样的数字太可怕了。对于其中8000万到9000万最弱势的群体，联合国世界粮食计划署一直在提供力所能及的帮助。这样的成果实属不易。为了竭尽所能地帮助这些饥饿人群，粮食计划署动用了飞机、船舶和卡车，他们的志愿者更是遍布全世界。简而言之，这一切都太棒了，能成为其中的一员我感到非常骄傲。"

对于下个月即将到来的非洲之行，穆里尼奥的期待之情溢于言表，他似乎已经迫不及待。为了目睹非洲最真实的儿童饥荒，穆里尼奥要求粮食计划署在安排行程时绝不能敷衍，更不需要照顾他的情绪，简而言之，他就希望去到那些最困苦的地方，尽可能地跟孩子们感同身受。“我以前确实去过非洲，”穆里尼奥这样说道，“我跟埃辛一起去到加纳，然后跟德罗巴又去了塞内加尔。”

“那时候，你冲着大家笑一笑，煽动热情，再把几件切尔西球衣发给孩子们，一切就轻而易举地搞定了。相较于下个月的旅行，这两种行程将是完全不同的体验，我的任务也会大相径庭。总之，我只想去最艰苦、最困难的地方，我希望那些朝不保夕的孩子能接受我和志愿者的帮助，以此躲避饥饿带来的生命危险。”

穆里尼奥一语话毕，我感觉自己被他深深地打动了，随着聊天即将结束，我也把录音笔关上，放回了衣服的口袋。就在我向他表示感谢时，他把我拉到一边轻声耳语道：“告诉你一件事，阿什利·科尔准备离开切尔西了。”我追问道：“真的吗？他会去哪里？”“狂人”摇了摇头说道：“这我就不知道了，但他肯定不会再是切尔西的球员。”

翌日一早，我又在报纸的封底头条奉上了独家新闻：“阿什利·科尔与切尔西分道扬镳。”不久后，这位前英格兰国脚就在个人推特上证实了这则独家报道。

诚然，这样的独家新闻确实很酷，但更让我感到骄傲的还是6月8日刊登的那两大版特写：没错，在那天的报道中，我详细撰写了穆里尼奥与联合国世界粮食计划署的这次合作，其中包括“狂人”对全球饥荒的看法，以及他知行合一地前往非洲帮助那些孩子——对此我们深感赞同，他还把这次旅程称为“人生最艰难的挑战”。就这样，当“非洲大象”要在累西腓迎来与日本的世界杯小组赛时，穆里尼奥已经飞抵科特迪瓦的首都亚穆苏克罗，准备开启自己的援助活动。

# 35

# 裁判争议

在2015年2月21日下午3点前，或许只有伯恩利和布莱顿的球迷，能说出阿什利·巴恩斯究竟是何方神圣。然而，仅仅一场比赛的工夫，这个籍籍无名的草根球员，竟然一脚抢占了头条——在第69分钟与马蒂奇的贴身对抗中，他那卑劣的、毫无必要的恶意踩踏，震惊了整个足坛。更让人感到惊讶的是，当值主裁判阿特金斯竟然对此无动于衷，他在这次争议事件中的唯一吹罚，就是向报复巴恩斯的马蒂奇出示了红牌：由于一时恼怒，遭遇严重犯规的塞尔维亚人一把推倒了巴恩斯。赛后，即使比赛本身已被淡忘，但借助于穆里尼奥的怒气冲天，巴恩斯的名字却被舆论长久地铭记——即使这样的过程并不光彩。

那场比赛，切尔西凭借伊万诺维奇的先拔头筹取得领先，不过，比赛的过程却一波三折：本应占据主场优势的切尔西，频繁地在一些争议判罚中失势。要知道，阿特金斯对马蒂奇遭踩的视而不见，已经是其全场第四次无视蓝军球员被伯恩利队侵犯，而巴恩斯这次引发混乱的红牌动作，也幸运地逃过了吹罚。

事后来看，马蒂奇的提前离场成为比赛的转折点，力争冲冠的切尔西未能抵挡住降级球队的反扑，第81分钟，本·梅利用角球机会攻破斯坦福桥的大门，蓝军在争冠之路上丢掉了关键的2分。事实上，虽然穆里尼奥被巴恩斯和阿特金斯搞得火冒三丈，但他必须克制自己的言行，如果还是公开批评裁判、强调本队遭遇了不公平待遇，“狂人”很有可能接到更重磅的罚单——毕竟在3个月前战平南安普敦时，不忍错判的葡萄牙人刚刚因言获罪，由于声称英超存在“反切尔西运动”，他被英足总处以了25000英镑罚款。

穆里尼奥终究无法默不作声，为了在合理范畴表达自己的态度，他委婉地说了很多：“对于那些插曲，我不能做出评价，如果跟你们讨论这些事，我肯定又要受到处罚。现在我唯一能说的是，全场第30分钟、第33分钟、第43分钟和第69分钟都是很关键的时刻，正是这些片段决定了比赛。我对此不予置评，如果无法表达真实想法，我宁愿什么都不说。”

葡萄牙人的陈述并未就此结束，对于阿什利·巴恩斯的拙劣表现，他依然有话要说：“在我看来，就那名球员——如果他还能被称为职业球员的话，他在30分钟时就应该被红牌罚下（对伊万诺维奇犯规），被轰回更衣室洗澡。假如那次犯规被正常吹罚，那第69分钟的冲突就根本不会发生。”那时，在1比1战平伯恩利后，切尔西的领先优势已被缩小到5分，鉴于“反切尔西运动”愈演愈烈，葡萄牙人也表达了自己的担心：“如果在两个月之前，你告诉我蓝军将在还剩12轮时领先5分，那很简单，我觉得切尔西一定可以夺冠。但从目前情况看，我实在不知道这是刚刚开始，还是已经到此为止。”

果不其然，从周六晚直到周日白天，穆里尼奥意味深长的评论占据了各大媒体的头条，而且他也一直没有收手的意思。

出乎意料的是，“狂人”竟然罕见地联系天空体育电视台，希望参加《周日评球》的直播节目，以此更明确地表达自己的态度。这一次，在天空体育的节目现场，穆里尼奥全盘托出，直言不讳地评论了巴恩斯对马蒂奇的踩踏："没错，这就是犯罪，这样的动作就是砸人饭碗的恶意犯规，对于那个人的所作所为，我实在无法用其他的词语形容。在我看来，马蒂奇已经足够幸运了。"

除了隔空谴责巴恩斯，穆里尼奥也不忘为塞尔维亚人的红牌辩护："我一直认为，足球就是一项与情绪斗争的运动，而在一些特别场合，你确实容易失去控制。很显然，马蒂奇的推搡事出有因，他的这个动作不会对他人造成任何实质性的伤害，那个被推倒的球员很快站了起来，一点事儿都没有。但你们要知道，马蒂奇遭受的踩踏可是足以威胁职业生涯的。"

"狂人"在节目中坚持认为，英足总应该一视同仁，既然之前对迭戈·科斯塔施予追加处罚，那巴恩斯的恶意犯规也不能被纪律委员会放过。众所周知，迭戈·科斯塔的争议事件发生于2015年1月，由于在联赛杯半决赛踩踏利物浦球员埃姆雷·詹，西班牙国脚虽然逃过当值主裁的判罚，却终究没有躲过英足总的追加罚单——禁赛3场。"如果你们说迭戈的侵犯是犯罪，那巴恩斯的动作至少是恶意侵人吧，"穆里尼奥如是说道，"好吧，迭戈因为踩人被禁了3场，你们告诉我，伯恩利球员应该被禁几场？如果马蒂奇和迭戈都被禁了3场，那这个人到底要接受怎样的处罚？没错，我就问问你们，也问问那些待在家看电视的人。"

质问那些在家的人，这就是穆里尼奥的真正用意。事实上，葡萄牙人之所以兴师动众地公开放炮，就是想向外界证明：蓝军总是遭受更严苛的区别对待。"狂人"想方设法地大做文章，不仅仅是表达全队的愤愤不平，更重要的是，他要借助于公众和舆论，向裁判、官员甚至是英足总施加压力，以此杜绝这样的事情再次发生。

就在做客天空体育的第二天，我与穆里尼奥取得了联系，通过报纸的渠道，他可以再次表述自己的观点。在交流过程中，我首先向"狂人"通报了几个消息：英足总并不会追加处罚巴恩斯，与此同时，他在赛后新闻发布会和天空体育电视台的“口无遮拦”，也不会受到任何机构的指控。我问穆里尼奥，能在电视上放炮是不是很爽？“当然，我很开心，人们很清楚那场比赛究竟发生了什么。”

这样的痛快并不能抵消葡萄牙人的郁闷，在得知巴恩斯仍将保持“清白之身”后，穆里尼奥愤愤不平地说道：“巴恩斯没有被罚的话，我就要杀了那帮人，我要带走裁判报告，看看上面到底写了些什么。”“狂人”口中的裁判报告，一直是英超方面在每场赛后评估裁判表现的重要参考，很多追加处罚或罚单，都是以各场比赛的报告作为判断依据。听到穆里尼奥说到裁判报告，我忽然灵机一动，我告诉“狂人”，切尔西与伯恩利的报告是由史蒂夫·格里夫斯撰写，如果能搞到一份复印版，岂不是最理想的结果。不费吹灰之力，那份报告已经躺在我的收件箱，对于我们报纸而言，这确实是一个全新的报道角度，非常具有可读性。然而，格里夫斯对阿特金斯吹罚的判定，还是超出了我的想象，全场4个争议判罚，他们完全站在了同一阵线。在格里夫斯看来，当值主裁的吹罚没有任何问题，如此与外界论调背道而驰的判定，势必会让本就荒谬的情况更加糟糕。经过一番整理，我们在报纸的封底上标注了大头条：“可笑的裁定”，而在内页的两个整版报道中——“若泽，你有没有感觉被捉弄了”，我们又从格里夫斯上交给顶头上司约翰·莫顿的赛后报告里，单独摘出了他对于那四次争议判罚的评价和判定——

第30分钟，巴恩斯对伊万诺维奇犯规，格里夫斯写道：“我认为，这不是关键事件，但你（阿特金斯）的吹罚没有问题，巴恩斯确实在空中犯规了。”

第32分钟，格里夫斯接着写道：“疑似点球，金特利禁区内手球，未予判罚。这个判罚没有问题，皮球在近距离飞行中打到金特利的手臂，他并非是故意手球。”

第43分钟，对于蓝军第二个疑似点球，格里夫斯依然与阿特金斯保持一致：“疑似点球，沙克尔与迭戈·科斯塔对抗，未予判罚。以我的个人意见，无论是现场观察还是DVD回看，迭戈·科斯塔都是在刚有身体接触时就直接摔倒。虽然沙克尔确实有手部动作，但我非常认同你的判断！！需要指出的是，由于各方面原因，主裁判应该确实没有看到沙克尔的小动作。”

好了，终于要到第69分钟了：“巴恩斯与马蒂奇对抗，你没有判罚，这是一个正确的判定。从慢动作看，这个动作非常危险，但在现场实时和DVD回放中，巴恩斯的铲抢是一个连贯动作。由于马蒂奇的左脚是在落地时遭遇踩踏，所以这个动作显得更加危险……”当然，对于阿特金斯罚下马蒂奇的决定，格里夫斯没有任何异议：“马蒂奇报复动作，直接红牌，正确。”

在知晓格里夫斯的报告内容后，穆里尼奥用特有的方式如此总结道：“这一切真是不可思议，现在每支球队都希望跟切尔西比赛吧，没有点球，没有红黄牌，裁判无动于衷。这样的感觉一定棒极了。”在与穆里尼奥进行商议后，我把他的这段回应放进了自己的文章，但为了不让他受到英足总的处罚，我将其归为了“切尔西内部人士”的表态。毕竟，穆里尼奥与切尔西即将在周末迎来联赛杯决赛，马蒂奇遭遇禁赛已经是巨大损失，他可不希望连自己都被禁止指挥比赛。

对于2014/2015赛季表现不错的马蒂奇而言，那一周可真是噩梦般的存在——遭遇禁赛的负能量还没完全消散，他就又在联赛杯决赛触了霉头。2015年3月1日，切尔西2比0击败同城对手托特纳姆热刺，成功加冕联赛杯。赛后，在决赛中没有上场的马蒂奇加入了队友们庆祝的行列，兴奋过头的塞尔维亚人竟然扭伤了自己的脚踝，不得不因伤休战……

# 36

## 阿扎尔开火

在成功拿下联赛杯冠军后，切尔西这匹骏马又以稳健的步伐向英超桂冠跑去。在此期间，穆里尼奥的球队仍然以历史纪录相伴——从赛季开始以来，他们竟然在积分榜头名的位置停留了274天，完全统治了联盟。

没有意外，蓝军队长约翰·特里第四次举起了沉甸甸的英超奖杯，整个赛季，这位前英格兰国脚没有缺席任何一分钟的比赛，继1992/1993赛季的加里·帕里斯特后，特里成为第二位企及这一成就的英超非门将球员。

身为2014年夏天加盟的新援，肩负重任的迭戈·科斯塔不负众望，他出战26场打进20球，其中有7球来自前4场联赛。同样初来乍到就表现优异的还有塞斯克·法布雷加斯，西班牙人在联赛贡献5个进球和18次助攻，以超出7次的绝对优势加冕联赛的助攻王。当然，这个赛季状态最好的球员还是埃当·阿扎尔，比利时人出战38场贡献14球和9次助攻，当之无愧地包揽了英超球员工会和记者协会分别评选的赛季最佳球员奖。此外，穆里尼奥也荣膺了年度最佳教练。

其实不止是球员个体，切尔西的球队总数据同样让人印象深刻：进球71个，联盟第2；失球32个，联盟最少；17次零封对手，联盟最多。借助于如此强势的发挥，切尔西提前3轮加冕英超冠军，“狂人”的新式蓝军已经被公认是当时英格兰最好的球队。无论是行云流水的进攻抑或坚若磐石的防守，切尔西都展现了全面的能力，他们从赛季初就奠定优势，没有任何对手能真正超越他们。从任何角度看，这都是一个属于斯坦福桥的美妙赛季。

穆里尼奥的“新战舰”起航于2014年8月18日，在与升班马伯恩利的较量中，虽然阿菲尔德先拔头筹，但“狂人”的球队还是以3比1强势逆转。迭戈·科斯塔奉上蓝军生涯处子球，帮助客队扳平比分，而仅仅4分钟后，切尔西奉上了一粒更加精彩的进球，他们脱胎换骨的攻击力初露锋芒。

第21分钟，切尔西从前场中路发起进攻：在连续盘过多名球员后，阿扎尔把球分给右侧的伊万诺维奇，塞尔维亚人稍作调整，把球吊给了埋伏于禁区前沿的法布雷加斯，后者没有停球，送出了一记妙到巅毫、撕裂整条防线的直塞，快速插上的许尔勒无人看管，一蹴而就。一粒完美的团队进球就此达成。13分钟后，接到法布雷加斯的角球，伊万诺维奇禁区内垫射破网，锁定胜局。从伯恩利带回3分后，蓝军又2比0击败莱斯特城、6比3击退埃弗顿，顺势拿下3连胜。迭戈·科斯塔的射门靴依旧闪亮，他先后刷下1球和2球，捧得了英超8月最佳球员的奖杯。9月13日，第四轮，切尔西主场4比2大胜斯旺西，迭戈·科斯塔丝毫没有受到“月最佳”魔咒的影响，他以一个耗时22分钟的帽子戏法，延续着个人和球队的火热开局。

一周后，切尔西做客挑战争冠竞争者曼城，第71分钟，替补出场的许尔勒在一次反击中为客队破门，全场以守代攻的蓝军，利用第一次射正的机会就先拔头筹。但如你所知，曼城的扳平进球才是本场比赛真正的焦点，原因很简单，攻破库尔图瓦球门的正是曾经的蓝军传奇，弗兰克·兰帕德。

身为切尔西历史第一射手，兰帕德于第78分钟替补出场，而仅仅7分钟后，他就在门前右脚扫射，成为了攻破旧主大门的“罪人”。进球之后，兰帕德没有任何庆祝，他的表情甚至有一些胆怯和尴尬，但事已至此，切尔西与曼城的平局终究无法更改，兰帕德破门让穆里尼奥在伊蒂哈德球场丢掉了2分。

遭遇反戈一击后，切尔西依靠一波三连胜重回冲冠的轨道，10月5日，在与阿森纳的较量中，迭戈·科斯塔接到前枪手法布雷加斯的助攻打入7场比赛的第九球。再加上阿扎尔罚入的点球，蓝军2比0取胜，将领先优势扩大到5分。当然，相较于比赛本身，穆里尼奥与温格在场边发生的肢体接触，才是更值得铭记的镜头。

统治英超赛场，与温格剑拔弩张，穆里尼奥的工作还不止如此。在不为公众熟知的球队幕后，他也紧锣密鼓地启动了与关键球员的续约工作：库尔图瓦、奥斯卡和阿斯皮利奎塔都与俱乐部签约5年，至于得到5年价值5200万英镑合同的阿扎尔，也接近与蓝军签字画押。穆里尼奥的初衷很简单，他希望能长久地留住这些青年才俊，谨防他们陷入转会传闻的漩涡，而如此高薪的长约合同，也是对阿扎尔们在球队连胜中发挥重要作用的奖赏。然而，穆里尼奥的未雨绸缪，终究没有让蓝军延续开局的神勇，在12月和1月之间，他的球队摇摆不定，遭遇了诸多困难。

2014年12月6日，当赛季第15轮，切尔西客场1比2负于阿兰·帕杜的纽卡斯尔联，吃到了开季以来的首场败仗。22天后，在这一年的收官之战，切尔西又与南安普敦1比1战平，未能延续连胜脚步。事后来看，这场平局的前前后后，也让葡萄牙人无法轻易忘记。这场比赛，主队的萨迪奥·马内于第17分钟首开纪录，终结了蓝军299分钟不失球的成绩。上半场临近结束时，接到法布雷加斯赛季第13次助攻，阿扎尔果断内切射门，为客队扳平比分。易边再战，西班牙中场延续着此前的活跃表现，第54分钟，在一次威胁到对方球门的进攻中，法布雷加斯于禁区内被马特·塔吉特绊倒。

从慢动作看，这是一个百分之百的点球，但主裁判安东尼·泰勒却选择无视，不仅如此，他还判定蓝军4号假摔并出示黄牌，南安普敦因此获得了一个后场任意球。果不其然，这个争议判罚一举抢占了赛后分析的头条，特别是穆里尼奥的公开质疑，更成了舆论争相讨论的话题。在“狂人”看来，这个判罚就是一则“丑闻”，一场针对切尔西的孤立运动正在愈演愈烈地进行，只要是执法切尔西比赛的裁判，都会受到来自各方施予的巨大压力。葡萄牙人如此说道：“这就是一场‘反切尔西运动’，我不知道这究竟为何而起，也并不想刻意理会。很显然，那些专家、评论员和其他球队的主帅就是始作俑者，他们对待切尔西的方式与别队完全不同，他们想方设法向裁判施加压力，以至于黑衣法官会受到影响，然后犯下这种错误，让我们丢掉2分。事实上，这样的运动从赛季第一轮就开始了，在切尔西与伯恩利的比赛中，一个明显的点球加红牌（伯恩利门将汤姆·希顿）套餐，竟然变成了迭戈·科斯塔被出示黄牌，伯恩利获得了后场任意球。如今，四五个月过去了，我们打完了18轮联赛，同样的剧情再次发生了。我们无法撤销法布雷加斯被冤枉的黄牌，那个如此明显的点球也被安东尼·泰勒误判了。”

毫无疑问，穆里尼奥将由于这段言论被英足总指控，进而接受处罚，但他对此却并不在意。他已经无法忍受这些不公平待遇，就算是被英足总开出罚单，他也要公开表达自己的态度。身为一名顶级教练，“狂人”非常清楚，在圣玛丽球场丢掉的2分绝不仅是数字问题，整支球队的势头或许都将受到影响。很不幸，葡萄牙人的假设最终成为现实，2015年1月1日，带着3分优势跨年的切尔西做客白鹿巷球场，在哈里·凯恩、汤森和沙兹利的连番攻势下，蓝军只得以3比5败下阵来，遭遇半个赛季以来的最大挫折。一夜之间，蓝军的领头羊位置岌岌可危——在积分、进球和净胜球都完全相同的情况下，切尔西只是以开头字母的顺序优势力压曼城，勉强保住了“黄色领骑衫”。阿扎尔们前半赛季的所有努力，似乎一下子都付之东流，更令人担忧的是，曼城已经准备趁热打铁、乘胜追击，试图翻上积分榜头名的位置。

眼见形势不妙，穆里尼奥和切尔西只得尽快调整，面对曼城的追击，他们必须做出回应。在葡萄牙人的敲打下，蓝军终究还是熬过难关，打出了一波冠军状态——从2015年1月10日到5月10日，他们在联赛中连续16场不败，一举奠定胜势。5月3日，14场不败的切尔西在主场迎来水晶宫，只要能在斯坦福桥拿下3分，“狂人”的球队就可以提前加冕。第45分钟，当阿扎尔走向点球点时，主场球迷似乎已经准备提前庆祝。然而，夺冠日的道路依然充满波折，比利时人的射门被斯佩罗尼奋力挡出——要知道，蓝军10号此前的点球数据可是9罚9中。幸运的是，斯佩罗尼挡出的皮球并没有飞得太远，阿扎尔紧跟两步，以一记头球补射敲开了水晶宫的大门。就这样，切尔西1比0击败对手，提前3轮夺冠。

在最终的积分榜上，切尔西独占鳌头，他们领先亚军曼城8分，领先阿森纳12分，甩下第四名曼联多达17分。

英超冠军并不是切尔西在这个赛季的唯一收获，两个月前，他们凭借特里和迭戈·科斯塔的进球击败托特纳姆热刺，不仅在3比5落败后成功复仇，还染指了穆帅回归后的第一座奖杯——联赛杯。在整个晋级过程中，切尔西先后淘汰了博尔顿、什鲁斯伯里、德比郡和利物浦，而正是借助战胜热刺的比赛，一度萎靡的切尔西重新振作，深受鼓舞的他们扼住关键的转折点，以一种强硬的方式卷土重来。

2014/2015赛季后18轮联赛，切尔西一路顺风顺水，直到提前夺冠后，他们才在客战西布罗姆维奇时遭遇了18轮比赛中的唯一一场失利。依仗如此强势的表现，他们的夺冠当之无愧。5月24日，切尔西主场3比1击败桑德兰，为整个赛季完美收官。那时候，可能很多人都有一种强烈的预感，在下赛季甚至未来几年内，这支球队都会是全英超追逐的目标。

一个并非十全十美的赛季，注定也会留存一些遗憾。2015年1月，切尔西在足总杯第4轮主场2比4负于英甲球队布拉德福德，经历了一个不堪回首的夜晚。凭借卡希尔和拉米雷斯的进球，蓝军一度2比0领先，但在随后的50分钟，四级职业联赛总排名低于主队49名的布拉德福德奋起直追，他们在斯坦福桥接连进球，上演了4比2的大逆转。切尔西在杯赛的掉队还不止如此，将近一个月后，蓝军与巴黎圣日耳曼相遇在欧冠1/8决赛，经过两回合厮杀，“狂人”的球队最终因客场进球少遗憾出局。

说来有些巧合，在目睹兰帕德反戈一击后，切尔西在欧冠赛场又体验了这样的戏码。3月11日，1/8决赛第二回合，就在比赛末段，卡希尔的破门几乎让蓝军拿到8强门票，但仅仅5分钟后，老熟人大卫·路易斯挺身而出，接到拉维奇开出的角球，巴西后卫头槌为巴黎圣日耳曼扳平比分。与兰帕德破门后的平静不同，半年前被蓝军卖走的路易斯扬眉吐气，他跑过主队球迷所在的看台，挥拳、跳跃、双膝跪地。进入加时赛后，阿扎尔的点球再度让蓝军抢占先手，但在全场第114分钟，大巴黎的另一名巴西中后卫蒂亚戈·席尔瓦临危救助，正是他的头球攻门，让两度领先的切尔西无力回天。就这样，即使伊布在开场31分钟就被红牌罚下，巴黎圣日耳曼还是凭借一场2比2的平局（总比分3比3，巴黎客场进球多），挺进了欧冠8强。

从2015年1月到2月，切尔西在三条战线遭受了三场重大失利：联赛输给热刺，欧冠负于大巴黎，足总杯被布拉德福德逆转。与整个赛季多数时间的强势不同，蓝军球员在这几场比赛中表现得令人焦虑，甚至毫无生气。但最终，这样的糟糕状态还是稍纵即逝，重装上阵后，切尔西并没有让英超和联赛杯溜走。

# 37 五十步笑百步

在切尔西被巴黎圣日耳曼淘汰后，舆论的喧嚣并没有停止，状态低迷的蓝军球员，还是难以躲避外界的批评。与此同时，切尔西由于“伊布红牌事件”遭遇的质疑也是声势浩大：“悲哀”“耻辱”“不择手段”，穆里尼奥的弟子纷纷被贴上了这样刺眼的标签。纵观蓝军与大巴黎的次回合比赛，伊布被罚出场无疑是舆论风暴的焦点：第31分钟，伊布在一次倒地铲抢中对奥斯卡犯规，刹那之间，多位切尔西球员愤怒地围住主裁判凯珀表示抗议，在局面一度混乱的情况下，凯珀向伊布直接出示了红牌。从慢动作看，奥斯卡抢在伊布之前踢到了皮球，同样铲抢的瑞典人稍慢一步，由侧面踢到了巴西中场的腿。

当时，荷兰主裁判凯珀很快做出裁定，将红牌拿在了手里，而当巴黎球员上前愤怒地抗议后，前者也并不手软，向蒂亚戈·莫塔亮出了黄牌。然而在整个过程中，最显眼的部分终究是蓝军球员在伊布犯规后的反应，几秒钟之内，他们便把凯珀团团围住，不断对裁判施加着压力——在赛后，多位蓝军球员因此受到了媒体的抨击。

作为当事人之一，得到红牌的伊布有些无奈地说道：“我不知道该生气还是该笑，当看到裁判拿出红牌时，我的感觉就是‘他一定不知道自己在干嘛，也许他错过了那个瞬间’。这还不是最糟的，最糟糕的情况是当我犯规后，所有切尔西球员都跑了过来，就像是11个婴儿围绕在我的身边。”

那场比赛后，向蓝军“放炮”的还不止是伊布，身为天空体育台评论员，利物浦名宿卡拉格言辞激烈地说道：“对于伊布的犯规，蓝军球员的过激反应实在令人失望，他们的行为并不光彩。在我看来，穆里尼奥的球队经常这么干，已经不是一次两次了。若泽的球队应该希望得到大家的尊敬，但一旦有这种情况发生，没有人会爱戴他们。切尔西追求胜利已经不择手段，没有其他球队会这么干，这样围攻裁判的一幕，也是其中的一部分。在我看来，蓝军卑鄙伎俩中最不堪的部分就是攻击裁判，他们的行为挺丢人的。多年以后，穆里尼奥很有可能以‘最成功’的头衔隐退江湖，他得到的奖杯不容置喙。但由于这样可耻的行为，我不认为“狂人”和他的球队能得到外界的青睐。穆里尼奥会在乎这些名誉吗？估计不会吧，我觉得这还挺可悲的。”

同样身为前利物浦球员，曾经执教本菲卡的格雷姆·索内斯接着补充道：“对于这些拿不上台面的小伎俩，我感到很遗憾，也很愤怒。这绝对不是红牌，只是奥斯卡把脚抬高了。如果这是一种所谓的趋势，那我们必须尽快杜绝。我认为，巴黎圣日耳曼是一支充满技术性的球队，他们必须忍受那些让人不齿的插曲，但他们一直踢得很好，很合理。再来看看切尔西，那些球员在奥斯卡被侵犯后的反应，就是我想强调的东西。为了第一时间围堵裁判，迭戈·科斯塔恨不得狂奔了50码，如此小伎俩根本毫无必要，我们熟悉的英国足球可不是这个样子。说真的，我无法接受比赛被这样的行为侵入。谢天谢地，巴黎圣日耳曼最终挺到了最后，他们可以带着荣耀回家。多年以前，当我们还在踢球时，就算被别人踢了也不想表现出来，只能一直忍着，生怕被别人看扁。”

“但如今，一切情况完全不同，很多南美和拉丁美洲球员来到英格兰，他们的球技非常出色，但他们也带来了一些不好的习惯。20世纪80年代，我曾经在意大利踢球，十几年前，我也执教过葡萄牙的本菲卡。对我而言，那是完全不同的足球文化，在他们的理念中，如果能让别人得到红黄牌抑或陷入麻烦，就俨然是值得称赞的表现。”

拿过卡拉格和索内斯的接力棒，又一位前利物浦球星——马克·劳伦森，在广播里打开了话匣子。“切尔西球员的反应就像是被设定了动作程序，好像有人按钮并发号施令道，‘包围裁判’，一切就这么发生了。我觉得迭戈·科斯塔大约跑了50多码，伊布和奥斯卡的对抗跟他有直接关系吗？”除此之外，劳伦森还认为奥斯卡的倒地过于夸张，“他应该去角逐小金人啊！”

起初，穆里尼奥没有任何公开回应，他只是发给我一封邮件，里面附加了很多英格兰球队围堵裁判的照片——就像那天的切尔西一样，有的照片甚至有些年头了。“狂人”这样标注道：“送给那些健忘的人，清白的卡拉格先生，以及执教过本菲卡的索内斯先生。”没错，邮件中确实有几张很有意思的照片，一张是几年前卡拉格在利物浦带领队友围住裁判，另一张是索内斯在本菲卡任职时，与对方球员发生冲突——为了劝阻情绪暴怒的苏格兰人，就连裁判都上前劝架。

除此之外，邮件中还有很多耳熟能详的球员，斯塔姆、罗伊·基恩、吉格斯、巴特、贝克汉姆、埃夫拉、阿什利·扬、达伦·弗莱彻、里奥·费迪南德、孔帕尼、莱斯科特、德容和戴维·席尔瓦，无论在曼联抑或曼城，他们都曾与裁判“亲密接触”。“狂人”的观点很明确，这在英国足坛算不上什么新鲜事，没有谁能保持清白。

在周五的发布会上，准备充足的穆里尼奥决定亲自开火，他对着在座记者如此说道：“这个世界真是奇怪，也许是因为节食或者食物质量变差了吧，我们的记忆力变得越来越次。当然，我之所以有这样的想法，就是因为卡拉格和索内斯对我们品头论足，别忘了，他们也是惹过麻烦的人。你们都知道，卡拉格刚刚退役两年，但他好像已经忘记了自己在球场上做过的事。跟他一样，索内斯的记忆力也不太好，但没办法，他已经离开球场很久了。哦对，索内斯大概忘记了，在他离开本菲卡两年后，我就成了那里的教练。说实话，我听说了很多关于他的事情，我可是相当了解他。没错，我是一个在球场内外都接受过良好教育的人，事已至此，我还是更愿意笑一笑，然后说一声，‘影子对人类只有嫉妒的份儿’。”

面对来自各方的质疑，穆里尼奥可不会坐以待毙，他继续着“嫉妒”的话题，还以一次大胆的预测作为回击：切尔西将夺取英超联赛冠军，以此完成一个出色的赛季。在他看来，英超每支球队都会羡慕蓝军现在的成绩——不仅已经拿到联赛杯冠军，还在少赛一场的情况下，以5分优势领跑联盟。

“我们的战绩挺好的，”穆里尼奥接着说道，“应该是全英超最佳吧，其他球队都会希望得到切尔西的排名。我们目前还有11场联赛，没有其他比赛干扰，很显然，切尔西可以全身心地投入联赛中，我也相信这支球队能夺取最后的冠军。赛季刚开始时，我们曾与曼城并驾齐驱，但经过一段时间的努力，我们已经超出他们5分，还高过第三名阿森纳9分。没错，自从输给布拉德福德后，切尔西再也没有输过球，整个赛季至今只输掉了两场联赛。”

“即便是在欧冠联赛，我们4胜4平也没有体验失败，没有输过球就被淘汰出局，这样的情况也挺特殊的。总之，我对于这些球员充满无可动摇的信心，绝对无可动摇。虽然我们在欧冠未能更进一步，但就是这帮球员，从赛季第一天就霸占英超榜首，并在不久前拿下了联赛杯冠军。是的，他们在两个月后还会捧起英超的冠军奖杯。你们都知道，我很喜欢他们，也非常信任和支持他们。无论发生什么，我们赢就一起狂，输就一起扛。”

从穆里尼奥给媒体透露的信息看，即便在欧冠饮恨出局，他也没有被遭遇失败时的沮丧困扰：“通常情况下，我们会对输球感到失望，然后努力地找出这场比赛未能取胜的原因。自然而然地，教练就可能对球员产生怀疑，进而失去信心。但这一次的情况并非如此，我没有这样的惯性感觉，别忘了，这些球员可是一直占据英超的榜首，不是昨天，不是在8月昙花一现然后跌宕起伏，他们从赛季第一天可就是领头羊！没错，他们在欧冠也没有输过！”

葡萄牙人说，在被巴黎圣日耳曼淘汰的第二天，他在科巴姆基地的训练场召开了一次球队会议。在这次35分钟的队会中，“狂人”总结了前一晚的出局，然后鼓励大家一切朝前看，竭尽所能地拿下英超桂冠。在穆里尼奥看来，那绝对是一次成功、胜利的会议，球员们的反馈就跟他期待的一样：大家广泛交流，没有人惧怕说话，更没有人害羞躲闪。虽然不是每个人都主动发言，但大家群策群力，催生了许多很好的、多元的建议：其中一个来自门将，另一个则来自前锋。当然，他们每个人在场上的感受都大相径庭，坐在替补席和身处球场内的视角更是完全不同，提出的建议自然也就不尽相同。

“身为球队的主教练，我最后告诉他们，欧冠的篇章已经彻底结束了，淘汰就是淘汰，无法辩驳。所以，我们需要把注意力对准未来，只要能夺取英超冠军，一个染指双冠王的赛季注定光彩照人、非常美妙。这就是我们未来两个月的目标，至少现在，我们的形势一片大好。”

穆里尼奥说到做到。2015年5月，当赛季收官时，切尔西确实成了包揽英超和联赛杯的双冠王。

# 38

# 奇怪的月最佳

各种各样的奖杯拿到手软，穆里尼奥早已在世界足坛奠定了特殊的地位。也许你会认为，像“月度最佳教练”这样无关紧要的奖项，他根本不会在乎，但事实上，情况并非如此。

穆里尼奥不想放过任何一个得到认可的机会，他希望成为公认的最强者。但在那些“黑粉”眼中，“狂人”就是渴望用存在感来填满自己的傲慢和虚荣。对此，葡萄牙人也没有太多避讳，他确实希望用奖项证明自己的与众不同。没错，这也就是为什么穆里尼奥在2014/2015赛季连续无缘月度最佳教练奖时，他会确信英格兰存在着反对自己的联盟。众所周知，穆里尼奥拥有两个欧冠冠军，他不仅是意大利足坛唯一获得三冠王的教练，还是唯一在葡萄牙、英格兰、西班牙和亚平宁半岛都拿到顶级联赛冠军的主帅——在前14年执教生涯中，“狂人”已经拿下多达17个重要赛事的奖杯。正是有了这些辉煌的铺垫，葡萄牙人才更无法忍受残酷的冷落，就这样，当自己再度与英超月度最佳教练无缘时，他觉得必须要说点什么。

2014年12月，穆里尼奥找到我如此说道："帮我个忙吧，查查到底哪些人在评选每月最佳教练的奖项？我本来并不在乎这些，但你都看到了，从赛季开始到现在，我们一直排在积分榜第一，甚至一场球都没输过。然而，无论8月、9月、10月还是11月，我什么都没有拿到！上个月的最佳教练是纽卡斯尔联的阿兰·帕杜，他在11月输给过西汉姆联，而我和切尔西可是4胜1平未尝败绩，包括客场击败利物浦。"

"这真是太不正常了！我就想知道，那些评奖的人到底是谁，我在英超执教了4个赛季，虽然拿下两次联赛冠军，但月度最佳我就获得过两次吧？"事实上，葡萄牙人拿到过3次，这个数字与大卫·奥莱利和科比亚什维利持平。

在穆里尼奥向我求助后，我很快就行动起来，但经过一番调查，我惊讶地发现这几乎是个难以完成的任务——由于各方都做好了保密措施，我真的很难拿到这个评奖小组的完整名单。最终，我只获悉了其中的几个名字，要知道，他们还都是我的同行。在当赛季的剩余时间，这个小组的"集体智慧"仍然持续不断地忽视穆里尼奥，在葡萄牙人的夺冠赛季，他竟然一次都没有拿到月度最佳教练。"狂人"的愤怒绝不是空穴来风。第五个赛季，第三个英超冠军，穆里尼奥继续在切尔西创造着辉煌纪录，从赛季第一天起，他的球队就一直领跑全联盟，在球场内彰显着不容置喙的统治力。身为蓝军统帅，葡萄牙人自然功不可没。5月8日，当赛季最后一个月度最佳教练奖公布，很遗憾，提前夺冠的葡萄牙人再度落选了。

"4月最佳教练，尼赫尔·皮尔森！"穆里尼奥愤怒地告诉我，"别忘了，上个月切尔西刚战胜他的莱斯特城，我们在4月份又是4胜1平，保持不败。我整个赛季都在领跑英超，但为什么就是得不到这个蛋糕上的樱桃？如你所知，我从第一天就成为领头羊，很多个月份切尔西都是未尝败绩。现在，我战胜了莱斯特城，但他们的主教练竟然拿到了月度最佳。9个月空手而归，这真是不可思议！"

我告诉穆里尼奥：英超联盟的行为太丢人了，这简直是一种冒犯，如果你被评为了赛季最佳教练，你应该拒绝接受。葡萄牙人回应道："先别急，我得不得还不一定呢。就像你说的，这就是对我的冒犯，任何事情都要有个限度，他们应该为自己的所作所为感到惭愧。"一语话毕，穆里尼奥话锋一转开起了玩笑："你知道吗，我的助教们都想买一个奖杯当礼物送我了。"

受到葡萄牙人的启发，我想起了自己在当球员时获得的奖杯，在翌日出席新闻发布会时，我便带着那个小奖杯一同前往现场，想好好逗一逗不开心的穆里尼奥。当我把奖杯递给他时，"狂人"哈哈大笑。当我离开新闻发布厅时，我透过窗户看到"狂人"正站在办公室的窗边。我们四目相对，穆里尼奥向我挥手致意，这还没完，他很快开始了自己的表演：除了在屋子里手舞足蹈，他还把想象中的奖杯举过头顶，做出了激情庆祝的动作。那一天，我们都非常开心。

半个月后，这个未能荣膺月度最佳的主帅，被评为英超年度最佳教练。在英超执教的5个赛季，穆里尼奥先后3次染指这个年度奖项，只要是斩获联赛冠军，他就会顺势揽下此奖。对于葡萄牙人而言，他还在2014/2015赛季创造了另一项历史纪录，这也是月度评奖小组绝不应该忽视的成就——多达274天，他与切尔西都霸占着积分榜的头名。

穆里尼奥没有听从我的建议，他与教练组一起领取了年度最佳教练的奖杯。在整个赛季都对月度评选怨声载道后，他终于拿到了最重要的一个教练奖项。"我没有拿到任何单月的月度最佳，所以，我本来也没指望自己能染指年度奖项，"穆里尼奥滔滔不绝地说道，"但很显然，我很高兴自己能获奖，就像英格兰人经常说的那样，这是蛋糕上的樱桃。我们都知道，蛋糕就是英超冠军，蛋糕永远比樱桃更加重要。在任何情况下，追求联赛冠军，都是主教练、教练组、球员、俱乐部和数百万球迷的核心目标。我就是要为蛋糕工作，而不是樱桃。当然，能当选年度最佳教练也是很好的奖励，我觉得这不是个人奖杯，而是属于切尔西俱乐部的荣誉。正是得益于教练组、球员和每一位同事的帮助，我才能拿到这个奖项，如果没有他们，我根本无法取得这些成绩。”

在拿到年度最佳教练的奖杯后，穆里尼奥叫来了所有助手，与他们一起拍摄了官方宣传照——助理教练西尔维诺·路洛、鲁伊·法里亚、史蒂夫·霍兰，守门员教练克里斯托弗·洛利松，体能教练卡洛斯·拉林和克里斯·琼斯，纷纷现身其中。穆里尼奥用自己的笑容，掩盖了很长一段时间以来的抱怨和愤怒。

# 39

# 奖牌，纪念，回忆

赛季最佳教练，这是一份殊荣，却没有奖杯；这是一段记忆，却无关奖牌。穆里尼奥说，这个奖项只会让他放松5分钟，时间一过，他就又会燃起对冠军和荣耀的渴望。在葡萄牙人的设想中，只有执教生涯的最后一份顶级殊荣，才能让他反复品味，倍加关爱。

当然，穆里尼奥不是对曾经的成就毫不在乎，他非常珍存那些记忆，言谈话语之间总是如数家珍。每到此时，你也会想起来，即便是与历史最佳相比，穆里尼奥创下的成绩和纪录也依然不落下风。不过，先后染指17项重大锦标的葡萄牙人可不是万能“百科全书”，对于几块跟随奖杯一起颁发的冠军奖牌，他就无法说出它们的具体下落。多年以来，“狂人”可没少把自己的奖牌扔上看台，很多球迷因此捡到了这份幸运。

2006年4月，切尔西在主场3比0击败曼联，成功卫冕英超冠军。在领取完奖杯和奖牌后，庆祝仪式进入尾声，意犹未尽的穆里尼奥顺势将奖牌扔上了马修·哈丁看台，他在事后打趣道：“这枚奖牌属于所有人，但捡到的那个人无疑是最幸运的。”这还没完，当得到主办方补发的第二块奖牌后，葡萄牙人故技重施，再次不由分说地把它抛向看台：“无论谁得到奖牌都可以好好收藏，当然，他们也可以放到eBay上拍卖，好好赚上一笔。”

2008年11月，一位幸运者确实这么做了，他在网络上拍卖，收获了2.16万英镑的高额回报。2015年夏天，穆里尼奥拿下第三个英超冠军，但这一次，他选择将金牌留下，送给了自己的孩子。

穆里尼奥的老把戏并未就此结束，2015/2016赛季前，在英格兰的传统预热赛事社区盾杯上，穆里尼奥再次把奖牌扔向了观众席。不过这一次，葡萄牙人抛撒的幸运却并非金牌，而是银牌——在恢弘的新温布利大球场，切尔西0比1遗憾负于温格的阿森纳，未能夺取桂冠。在“常胜将军”眼中，这个亚军没有任何价值，但那位捡到银牌的、来自考文垂的阿森纳球迷一定非常高兴。

2013年夏天，对于并不在意奖牌和纪念的问题，穆里尼奥曾向我如此解释道：“生活就是不断地前行，你获得胜利、你珍存记忆，无论是否拿到奖牌，你都必须继续前进，去寻求下一个挑战。那些回忆和感受，一直留存于我的心中，不会抹去。这样看来，只有执教生涯最后一个冠军，才能让我心无旁骛地完全享受其中吧。没错，我希望能像弗格森一样以冠军结束职业生涯。”

对于“狂人”而言，追求自始至终的胜利是家常便饭：这不是重在参与，而是真正的掌控。穆里尼奥说，相较于所谓的犯错和性格缺陷，这样的欲望野心才是人类更正常、更自然的本能。无论是什么级别，只要设身处地地从事体育项目，任何人都会拥有向往胜利的意愿和驱动力。

“小时候，当你还在大街上跟小伙伴们踢3对3或4对4时，你一定希望能获得胜利，”穆里尼奥接着补充道，“这是足球最基本的构成，同时也是最纯粹的感受。很简单的到来，来都来了，谁不想赢球。事实上，这样的感觉与你所处的级别毫无关系，无论是英超、英冠、英甲、英乙抑或地区联赛，只要能夺得冠军，那样的狂喜和愉悦根本没有差别。每个人都有属于自己的平台，大家也都有各自的欢喜与惆怅，但就人类的感受而言，它们别无二致。”

在穆里尼奥心中，由胜利催生的幸福感和满足感，远比触手可及的金牌和奖杯更加重要。他说：“我确实不太关心那些实打实的奖杯，最重要的其实是它代表的过程和意义。那些奖杯的复制品我早就有了，只有那种感觉，那种心志，才是永远不会被取代的存在。奖杯和金牌什么的都无所谓，我把它们放到了家里，有的在葡萄牙，有的在伦敦，还有一些在我儿子的卧室。就像我之前强调的，相较于这些实物，只有你的感受、情感和回忆，才能永驻心间。那些过往的每一个荣耀时刻，我都一直记忆犹新，而在一些非常特殊的场景——比如赛季收官抑或决赛后，你的大脑中也时常会闪回那些让人难忘的瞬间。你会想到最爱的人、陪伴你的人，还有一路经历的那些重要节点。当然，在这些闪回结束后，一切又要从零开始，也就是5分钟吧，我就会重装上阵，继续前行。”

穆里尼奥对于胜利的执着和偏执，促使他拥有多数人难以企及的锋利、专注和强度。对此，一些人也持有截然不同的观点，他们认为“狂人”秉承的高压管理模式，对球员施予了极高的要求和压力，一旦后者无法应付这种心无旁骛、毫无保留的执教，他们就很有可能被彻底榨干，进而坠向深渊。除此之外，葡萄牙人无法在一家俱乐部执教三年以上的现实，也成为反对者们握有的重要材料。

面对接二连三的质疑，穆里尼奥当然不会无动于衷，他无法理解那些只满足于一次胜利的人，他坚持的理念就是不断怀揣野心，一直成为赢家——他的任何要求都是为了更加靠近胜利。很显然，这就是为什么他一直秉承“极致对抗”的原因，如果没有竞争，他根本毫无兴趣：“你知道，我热衷于那种真刀真枪的强力比拼，如果大家都不竞争，都不争胜，没有谁还会去看球吧。无论足球还是其他项目，假如只是一场没有对抗的友谊赛，我绝对不会有任何兴趣——是的，就算这场表演赛由网坛世界第一对世界第二，我依然不会捧场。针锋相对才是硬道理。”

若泽就是这样的人，只有成败攸关的比赛才会让他投入其中，进而为新挑战感到兴奋。作为追求胜利的偏执狂，“狂人”只想成为第一名，第二名没有任何意义。这一切都只关乎于获胜，以及成为最好的一个。经过这样的过程，他已经获得了绵长的记忆和挥之不去的满足感，那些奖牌什么的，就只是毫不起眼的装饰品罢了。

# 40

# 比赛时分

穆里尼奥接二连三地斩获奖杯，总会引起外界的好奇，他成功的秘密到底是什么？很简单，那就是对胜利的渴望。他的生存之道就是不断拿下比赛，从眼前的这一场开始，然后一直延续下去。这听起来像是陈词滥调，但葡萄牙人正是依靠于此才走上巅峰。在“狂人”的足球人生中，“比赛日”就意味着一切——他在日常的所有付出，都是为了每个周末的到来，他积攒的能量、希望和野心，都与这一天的90分钟息息相关。

这也就不难理解，为什么每场赛事都会催生出一点即燃的情绪、情感和肾上腺素。对于穆里尼奥而言，每一次对决都是极其重要的挑战，他不愿放过任何一个击倒对手的机会，即便其中的过程可能并不美丽。在他看来，这就是一份严肃的工作，并不是为了享乐和愉悦。

穆里尼奥这样总结过：“很多人经常说，‘走吧，让我们享受这场比赛’，这道理或许没错，但与此同时我却会告诉自己的队员，‘上场吧，我们要做好自己的工作’。”很显然，穆里尼奥的第一关注点与理想主义无关，做好本职工作和赢得胜利就是最为重要的事。有了这样的前提，你就不难理解“狂人”要在训练中精益求精、一丝不苟，无论是队内会议或者赛前讲话，他都会秉持着自己的原则。鲜为人知的是，葡萄牙人每逢比赛日的最后一次队内讲话，并不是发生于球场更衣室，而是在球队下榻的酒店。而在整个备战周期，他一般都会为队员召开好几次赛前会议。

“在我们开始研究下一个对手时，全队就要进入开会的节奏了，”穆里尼奥如是说，“我们会分析对手，总结自己，得出具有针对性的战术布置，然后在训练中不断实践和打磨。通常情况下，鉴于我们自身的风格，球员在开会前就会有自己的认知和理解，教练组也会尊重他们的意见。比赛日当天，当全队离开酒店前，我会进行最后一次集体讲话，而在大家进入球场更衣室后，我只会根据对方的首发阵容再找个别球员面授机宜，比如对方谁上了，谁没上，以及一些更具体的注意事项。”

然而，就在开球时间进入倒计时时，一阵暴风雨前的平静开始侵袭穆里尼奥。简而言之，当球员们开始换装、热身、逐渐进入临战状态时，葡萄牙人却必须熬过一段冗长、无聊且扎心的时间，没办法，在等待主裁判吹响哨子前，他就是这样无所事事。对于这段时间，“狂人”厌恶至极：“这就是我所说的赛前空当，我真的很不喜欢它。是的，球员们陆续做好准备，而我却无事可做，只能傻等着时间流逝。直到走出更衣室，来到球员通道或场内，这段难熬的空白期才算正式结束。这么多年过去，即便我从不紧张，但也很难控制那个时间段，那时候的一分一秒都在催促着我赶紧进入正题。所以，当比赛进入倒计时后，我很喜欢那种紧迫的感觉，我们早都迫不及待了。对于每场比赛而言，全队的动力一以贯之，我们希望获得每场比赛的胜利。大家知道这只是一个美好的愿望，但这样的目标却并不会改变。”

多年以来，无论主场客场，抑或球迷支持与否，一旦主裁判吹响开场哨，穆里尼奥就会全神贯注地投入比赛：他不仅在场边做出必要的指挥，还要观察着阵容、战术和每一次单挑，至于他最关注的一点，无疑是赛前准备究竟是否起到了作用?

“有时候站在指挥区，有时候坐在替补席，我都要时刻解读比赛。虽然不是用脚踢球，但我也在与对方进行着角力。我需要用自己的分析和反馈，支撑在场上奋战的球员。只有尽可能完美地阅读比赛，我才可以在中场休息时做出更好的指示，进而帮助球队在下半场奉上更好的表现。从这个角度看，我非常享受其中。90分钟的实战比赛固然重要，但我必须做好这些场边的工作。无论是支持我的主场，抑或反对我的客场，因为你在对手的家里踢球，他们都不会让我分散注意力，我只是来到球场做好自己的工作。公平地讲，两种情况都是很不错的体验。”

若要找出穆里尼奥最无法容忍的事，首当其冲的便是球员没有贯彻好战术意图，致使他的赛前准备彻底泡汤。众所周知，葡萄牙人对每场比赛的准备堪称业界楷模，不仅高标准、严要求，而且事无巨细，非常全面。在整个计划中，他会向球队完整地灌输对方的特点，包括如何抑制他们的强点，以及怎样利用他们的弱点。这也就是“狂人”通常信心满满的原因，他一再确信，只要球队按照他的部署作赛，一切都是手到擒来。与之相反的是，如果突发意外状况，抑或个别球员偏离轨道，比赛的结果也就难以预料。葡萄牙人曾经表示，偶然事件是很正常的足球因素，可以接受，但对于第二种的个体犯错，他确实无法容忍。

“对于那些赛前准备，我一直满怀信心。不过，我真的很讨厌有球员在我们强调过的细节出错，真的非常气愤！说实话，如果是因为无法预知而出现偏差，我完全可以理解，因为每个人都知道，不可预测就是足球比赛的一部分。然而，当你做过功课，还知晓了对手的习惯、强弱项以及比赛风格后，你的无能为力就会让我感到愤怒。要知道，你在训练场上早就预演过了，但却未能在比赛中展示出来，看到这样的结果，我会感觉自己被背叛了。”

正如“狂人”所说，他可以接受那些突发情况的出现，毕竟，这样的插曲无法在竞技比赛中根除。但身为一个偏执狂，他一直都在努力将不可预知性降到最低。在日常训练中，穆里尼奥经常会演练11打10或10打11，以此让球员模拟在本队或对方被罚下一人后的突发局面。几乎每个可以想象的偶然场景，“狂人”都会让球队在训练中加以实践——没错，即便只是低概率插曲，他也希望队员能多做一些准备。穆里尼奥说：“我想出的办法，就是为了减小比赛的无法预知性，任何事情都有可能在实战中发生，比分的优势和劣势更是无法估计。我能以1比0赢，也能以0比1输，我们可能踢得不错，也有可能踢得很差。”

“比赛之前，我会在训练中特意放大那些突发状况，以此让全队做好准备，减小临场插曲带来的干扰。虽然很多时候还是无法押宝成功，只能临时做出调整，改变我们的既有设定，但这仍然是我与球队例行的训练科目。从英格兰、意大利再到西班牙，我依然在绞尽脑汁地减小不可预知性，尽可能地了解这千变万化的现实。”

在这个现实世界，我们总会遇到各种失败和挫折，“狂人”也不例外。长久以来，穆里尼奥都被认为是一个输不起的人：在执教生涯的很多时刻，他的言行似乎都能证明这样的标签，特别是当球员让他失望，抑或为球队感到不公时更是如此。葡萄牙人的抱怨、指责和质疑，时常会引来舆论的争议，他也难以逃脱罚款和禁赛的处罚。即便是保守计算，若泽的“前科”也着实不少了。

当然，在遭遇重大失败和挫折之后，穆里尼奥并不是没展示过自己的风度和尊重。2011年4月2日，希洪竞技爆冷客场击败皇家马德里，葡萄牙人横贯9年的150场主场联赛不败神话就此终结。这个伟大的纪录从波尔图开始，历经切尔西、国际米兰，直至在马德里画上句号。赛后，若泽走进了客队更衣室，向希洪竞技的球员表示了祝贺。

2015年1月，切尔西在足总杯被英甲球队布拉德福德掀翻，两球的优势只换来对方连进4球的苦涩。比赛结束后，“狂人”谈到了自家球员亲手毁掉了大好局面，并表达了身为教练的难堪。离开新闻发布厅，若泽来到了布拉德福德的更衣室，他与每一位客队球员握手致意，恭喜他们晋级下一轮比赛。

类似的事情还发生于2014/2015赛季的欧冠赛场。2015年3月，在切尔西于1/8决赛被大巴黎淘汰出局后，穆里尼奥如是说道："球员退场时，我站在通道跟每一位巴黎球员握手，我告诉他们，'你们配得上这轮胜利，祝你们在未来好运'。"5个月后，切尔西在社区盾决赛0比1负于同城死敌阿森纳。在颁奖仪式后，葡萄牙人站在走下领奖台的必经之路，与染指桂冠的阿森纳球员一一握手。

穆里尼奥曾经透露，这样的处事风格都是从弗格森那里学来的。2004年欧冠淘汰赛，身为少帅的"狂人"在老特拉福德球场淘汰曼联，向着"大耳朵杯"继续前进，在他的印象中，输球之后的弗格森举止得体，毫无瑕疵，让他十分钦佩。在穆里尼奥的行为哲学里，宽宏大量可不是那么信手拈来，那时候苏格兰人的亲身示范，一直让他记忆犹新。"通过那次对决，我发现这个伟大的教练拥有两张面孔，"葡萄牙人事后回忆道，"第一张就是竞争者，他总是想方设法地希望为球队争取胜利。除此之外，弗格森又保有自己的原则，那就是尊重对手，以及公平竞争。在那轮对决后，我对弗格森有了更真切的了解，这之于我自己也起到了重大影响。你知道，在葡萄牙或拉丁文化中，我们并不拥有第二张面孔，在大多数情况下，我们的脑子里只会想着赢球。不过那一次，我在曼联输球后却看到了弗格森展示的风度，以至于我后来决定试一试，希望自己也可以做到。对此，我一直在做出尝试。"

在我看来，穆里尼奥对于"试"的重复是刻意强调的，不过也足够真诚。这不是什么庄严的承诺，但其中却保有他的期望。葡萄牙人很清楚，他在一些场合很容易失控、愤怒、不计后果，即便现在进入50岁，他也依然承认自己的"认识"不等于百分之百的"行动"。若泽确实无法次次成功，但他已经在不断挑战自己。

# 41

## 温格，冤家路窄

当你公开指责某个人是“失败专家”和“偷窥狂”时，这足以证明你非常讨厌他。穆里尼奥与温格的关系，大抵如此。很多人都非常好奇，在没有摄像机和麦克风的地方，葡萄牙人会对温格如何评价呢?

据我的了解，这里没有什么反转剧，私下甚至更糟一些。简单说吧，两人有几次已经怼得剑拔弩张，几乎闹到了随时可能单挑的边缘。穆里尼奥甚至很多次都说过，他真想跟温格来一场武力对决。此情此景，充分阐释了多年以来二人的敌对关系，这已经成为一种常态。自2004年穆里尼奥来到英超以来，他与温格的隔空斗嘴就是媒体热炒的头条话题，随着时间推移，仇恨不断加深甚至溃烂，他们已经结成了世界足坛最长久的世仇之一。那些轻蔑和鄙视，不可能再被他们隐藏起来。

时至今日，如果只把二人的对立归咎于性格和足球理念不合，未免显得太过简单。不过要找出冲突的源头，这依然是很好的切入点。

1996年，籍籍无名的温格从日本来到英格兰，接过了兵工厂的教鞭。对此，英国媒体不约而同地发出疑问，“温格是谁”，甚至一些阿森纳的球员，都坦承对这位戴着眼镜的法国人一无所知。不过时间来到2004年，摘掉眼镜的温格已经成为享誉世界的一代名帅，凭借美丽足球和不断赢取的奖杯，他的声望水涨船高。彼时，他的荣誉室里璀璨夺目，3个英超冠军，2个足总杯冠军，还有3次社区盾（前身为慈善盾）冠军。阿森纳是英格兰足坛最具传统和历史底蕴的俱乐部之一，凭借多年以来对兵工厂的绝对主宰，以及自己的学院派背景，法国人还得到了一个儒雅的绰号：教授。

与之相反，穆里尼奥则是截然不同的存在。身为比温格小14岁的后辈，狂妄的葡萄牙人初到英格兰，就向外界展示了大野心、自我主义和口无遮拦。还记得吧，在背靠背为波尔图拿下联盟杯和欧冠之后，“狂人”来到斯坦福桥接过拉涅利留下的教鞭，在第一次亮相发布会上，他就把自己称为“特别的一个”。从那一刻起，盛气凌人的新球队，自命不凡的新主帅，以及砸入巨资的俄罗斯富豪，开始为共同的目标而努力。

新贵的横空出世必然引起传统势力的“不满”，就在切尔西开始用连胜和冠军抢占头条时，麻烦和口水战也随之爆发。2004/2005赛季和2005/2006赛季，若泽和蓝军顺利地斩获英超两连冠，无论阿森纳、曼联抑或利物浦，都被他们甩在身后。温格认为，阿布的金元政策使得整个联赛和转会市场变得畸形，已经失去了以往的秩序。2005年夏天，针对“狂人”和切尔西的战术风格，法国人公开炮轰道：“我很清楚，我们生活在一个成王败寇的现实世界。不过，当一项运动开始鼓励消极防守而不是主动进攻时，这个项目就要面临危险的处境了。”大约一年后，法国人又继续向蓝军的转会政策开火，但这一次，不甘沉默的葡萄牙人选择主动回击，他的语不惊人死不休引来了更多的争议。

穆里尼奥说道：“我觉得温格就是那种偷窥狂，他总是喜欢观察别人，而不是自己。这些人只会躲在家里，然后用一个大望远镜偷看别家的动静。没错，温格总是对切尔西说个不停，没完没了。”

对此，温格很快给予了回击：“他已经失控了，这些信口雌黄的言论，没有任何最起码的尊重。当一个愚蠢的人取得成功后，他只会变得更加愚蠢。”没错，他们的恩怨情仇正式拉开序幕。

2013年1月初，我前往马德里拜访穆里尼奥，即便身在不同的国家且不再是直接竞争对手，葡萄牙人仍然没有忘记讽刺一下温格。此前一个赛季，若泽刚带领皇马以创纪录的姿态封王西甲，为自己的荣誉室再添一冠。而他也注意到，自2005年以来，温格与阿森纳一直没有再获得任何一个冠军。对于法国人的长年坚持和帅位安稳程度，“狂人”表达了羡慕之情，但他同时表示，他绝对无法忍受这么长时间与冠军无缘。“是的，我希望待在一个稳定的俱乐部长期执教，”皇马主帅如是说道，“但从心理角度看，我同样需要外界施予的压力催促我尽快成功，即便没有这样的环境，我也会自我加压，就是那种必须夺冠的压力。当你执教一支球队后，或许在一两个赛季不会赢得什么，一切都是在为未来打基础。不过，我对颗粒无收的忍耐时间也只有一两年。或许，阿森纳就在经历一个过程，他们可以打出漂亮的足球，培养出优秀的球员，而且在转会市场也在持续不断地引援。反正迟早有一天，他们应该能做点什么，赢得一些东西。”

2013年夏天，穆里尼奥从西班牙回到英格兰，又一次，他与法国人成了同城对手——那种熟悉的战争状态很快重回伦敦。

当赛季冬季转会窗，温格在公开场合评论了蓝军的一笔转会，在切尔西以3710万英镑将马塔出售给曼联后，法国人被记者问到会不会对交易感到惊讶：“没错，我确实有这种感觉，”温格这样说道，“毕竟，马塔是一名很好的球员，而切尔西竟然把他卖给了竞争对手。”在温格看来，由于切尔西已经打完与曼联的两场联赛，这桩转会并不会对蓝军造成伤害，但那些还将与曼联交手的球队（包括阿森纳），还是会受到一些影响。温格说：“他们本可以在上周就完成交易（切尔西与曼联交手前），但最终还是拖到了比赛之后。如此情况再次引发了一个问题，冬季转会市场的时间还是值得商榷。别忘了，只有部分球队之间打完了双循环比赛。我认为，如果是希望保证所有人的公平，这桩交易就不应该发生。”在穆里尼奥眼中，这番有趣的表态再次证明了那个结论：温格沉迷于对蓝军说三道四。但这一次，若泽并没有刻意还嘴。

这样的平静其实并没有持续太久，一个月后，当温格声称葡萄牙人否认夺冠机会是因为“惧怕失败”后，“狂人”没有再保持沉默。在这场火花四溅的口水战中，穆里尼奥选择正面回应，况且，挑起争端的主教练还是8年未能染指桂冠的老冤家温格。在被记者问起温格时，“狂人”这样说道：“你们都知道，温格才是熟稔失败的专家，而我并不是。如果你们认为他是对的，那也只是因为我失败的次数屈指可数，以至于毫无经验可言。也许温格是对的，我确实不习惯迎接失利，在受挫这方面，他整整8年没有拿到冠军，绝对实打实的专家。假如我在切尔西8年颗粒无收，我早就主动走人了，而且不再回来。”

这一天，正是2014年2月14日。在这场“情人节惨案”中，穆里尼奥在光天化日之下，对自己的敌人完成了一次冷血的暗杀。不可避免地，“狂人”的言论被一些人认为过于残忍，在他们眼中，这些毫无情面的针锋相对，就是赤裸裸的恶意和报复。当然，若泽并不这么想。

几天后，穆里尼奥仍然怒气未消，他私下告诉我：“当温格批评我们与曼联的交易时，我就开始琢磨，在未来的某一天，我要在球场之外打花他的脸。”无巧不成书，仅仅几周后，葡萄牙人确实让法国人经受了一次暴击。2014年3月22日，阿森纳客场挑战切尔西，这是温格执教生涯的第1000场正式比赛。然而，这场伦敦德比却成了他痛苦的回忆，切尔西狂轰6球，阿森纳颗粒无收。在熬过90分钟的羞辱后，温格已经不愿在斯坦福桥继续停留，他甚至极其罕见地缺席了赛后发布会。对此，阿森纳给出的理由是球队大巴即将启程，法国人不得不提前离开。

“等下次输球的时候，我也不去参加发布会了。没办法，球队大巴正等着我呢。”没有同情，没有怜悯，没有任何遗憾和后悔，得胜而归的穆里尼奥不放过任何一个嘲弄法国人的机会。对于温格，他的内心只有憎恶。

一周后，在切尔西客战水晶宫前，我向穆里尼奥提出了专访的邀约。经过一番商议，我们将采访地点定在瑞士，届时，他将飞往巴塞尔参加宇舶的宣传活动。对于若泽的建议，我当然不会反驳，事实证明，这是一次意义深远的采访，他不仅谈到了争冠形势、莫耶斯在曼联的举步维艰、自己是否接到过红魔邀请，还说到了利物浦的罗杰斯、曼城以及切尔西的进化之路。

我对穆里尼奥提问道：“若泽，蓝军现在位列英超第一，欧冠赛场也打进8强。不过客观地讲，你们仍然有可能在赛季结束时一无所获。假如连续两个赛季颗粒无收，你会怎么看？这样的情况似乎并不该属于你。”葡萄牙人回应道：“对于我和切尔西而言，这是一个特殊的赛季，我相信大家可以赢得一些东西。不过，即便没有夺取冠军，我们也要具体情况具体分析，如果不仅未能取胜，全队进步也是微乎其微，那真是糟糕透顶。但从目前来看，无论心志抑或比赛内容，我都能观察到个体和全队的改变。在我看来，争取英超冠军和从欧联打到欧冠8强，都是重要的成长台阶，对于很多球员而言，这都是一种全新的体验。每个赛事只会诞生一个冠军，让我们静观其变吧。”

乍听起来，为了以防球队四大皆空，穆里尼奥似乎是在为自己留出回旋的余地。当时，我想到了温格在过往接受采访时说过的话，法国人曾经表示，进入英超前4名和夺得冠军其实差别不大。借助温格的理论，我直接向若泽反问道：“好吧，我明白你的意思，那是不是因为打进前4就相当于捧得奖杯了？”

穆里尼奥停顿了一会儿，厉声地说：“当然不是，我们才不会像某些人一样把第二、第三和第四名都当成冠军。这绝不是我们的目标！我希望切尔西能够明白，只有第一名才是冠军。其他的排名与冠军毫无关系。”

没毛病，一切大功告成。在那两个报纸版面，我写了这样的大标题：“我们才不会把第二、第三和第四当成冠军……我们跟某些人不一样。”所有人都知道，“某些人”指代的就是温格。

2014年10月5日，这一天还是来了，在绵延多年的唇枪舌剑后，穆里尼奥与温格的矛盾终于演变为肢体冲突。那场比赛，切尔西主场2比0取胜，阿扎尔和迭戈·科斯塔分别收获进球。但相较而言，两名主帅在边线外的怒火中烧，才是最为人铭记的片段。

比赛翌日，我向穆里尼奥求证到底发生了什么，他说：“温格要求裁判向我们出示红牌，他还走到我的指挥区，不断向裁判施加压力。我让他退回自己的区域，然后温格就顺势推了我一把。我对他警告道：‘你知道我现在不能回应你，但未来的某一天，我会在大街上等着你的。’”时至今日，我依然认为穆里尼奥并没有太在意这一掌，他只是有些生气，然后企图发泄一下。那时候，即便我深知以“温格，我们去大街上单挑”为题的独家报道一定会引起轩然大波，但我还是决定三思而后行。毕竟，封底版面不用考虑了，只要我动笔写下这个独家，就绝对是全世界的头版头条，但在那种情况下，我们更需要冷静的思考。总有一些时刻，我与穆里尼奥的关系更像是朋友，而并非记者与教练。我对葡萄牙人劝解道：“再推一把，我们就街上见”的报道绝对够猛，这可以展现你遭受的无礼对待，但我还是认为，这样的想法并不可取。现在所有的关注点都在温格身上，大家看到他是如何失去理智，以及做出了多么愚蠢的行为。这已经足够了。就这样吧，我们拿到了3分，你的成绩很棒，这是一段快乐的日子。”

最终，穆里尼奥听取了我的意见：“好吧，好吧，他的高大形象已经受到了影响。但你知道吗，这要是我对温格做出类似的推搡动作，媒体和英足总肯定会把我搞死。”嗯，也许真是这样吧。

鲜为人知的是，2015年1月末，穆里尼奥又几乎制造了一个关于阿森纳的大新闻。1月17日，蓝军客场5比0大胜斯旺西，向全联盟发出冲冠宣言。我在2万多人的自由球场，见证了若泽的球队成为当之无愧的冠军候选。当我在赛后向他表示祝贺时，“狂人”已经把注意力对准了曼城与阿森纳的比赛——下一轮蓝军就要与曼城碰面，“是的，大家踢得非常好，现在让我们看看烂队阿森纳吧”。

我与若泽都很确信，曼城会轻松地取得胜利，但事实并非如此，凭借卡索拉和吉鲁的进球，枪手客场2比0击败蓝月亮。我跟若泽打趣道，阿森纳这场的战术意图，完全是照搬了一年前你客场击败曼城的经典策略：“我非常肯定啊，枪手的这套战术似曾相识。哈哈，模仿就是最真诚的恭维，温格是真爱你啊！”

没过多久，葡萄牙人发回的电邮让我目瞪口呆。“狂人”先是开了个玩笑，“温格再得5年合同”，然后接着写道，“有球员发短信告诉我，这场比赛是他们在周中自己准备的，他们自主商讨了整个战略，温格什么都没做”。当我用惊讶的语气发去回信时，“狂人”又笃定地向我保证：“百分之百真实。”

很遗憾，虽然这则线索足够惊诧旁人，但这只能成为又一个无法发表的新闻。我并非不信任若泽，只因为这条爆料让我们无法辨别。是的，我只拥有穆里尼奥这一个消息源，第二个求证渠道无法找到，在这种情况下，报社律师绝对不会让这篇新闻登报发表。穆里尼奥对温格的厌恶无可争辩，只有排除一切合理怀疑，我们才能认定事实。

2015年夏天，当阿森纳试图以1000万英镑签下切尔西功勋门将彼得·切赫时，穆里尼奥对枪手的不满再次喷薄而出。很显然，“狂人”对于转会费不感兴趣，他只希望留住捷克国门。不过，阿布拉莫维奇却另有想法，俄罗斯老板同意了这笔交易。无奈之下，穆里尼奥将不满情绪对准了法国人，他指责道，正是温格的勾引扰乱了切赫的心弦，而一系列令人讨厌的问题也随之出现。

为了不让对手得偿所愿并寻求一些补偿，穆里尼奥还想出过一个应急方案：他密谋将简单的金钱买卖，改变为两队的球员交换。即便是最差的情况，他或许也想至少扰乱一下两个阿森纳年轻球员的心绪，以此报复温格。

葡萄牙人在邮件中告诉我：“温格先生想要得到切赫，他以为钞票就能搞定……根本不存在！我就X他的……想要切赫？好吧，那你就把沃尔科特或者张伯伦送来！！！想得到顶级门将？OK，那我就要年轻人，他们在你手下就是屎，但跟了我就会变成最好的球员。”

显而易见，穆里尼奥圈定的两个年轻球员就是沃尔科特和张伯伦，他希望在温格的失败伤口上撒盐，让两位英格兰国脚晋级为更好的球员，然后不断地拿取奖杯。当然，在后来的报道中，我并没有直接引用“狂人”的咆哮，只是写下了关于切赫交换球员的可能。那一段时间，这个话题接连引发了很多头条报道，在穆里尼奥与温格持续交恶的过程中，很多深入证据也随之见诸报端。

至少在2015年下半年的交锋中，温格笑到了最后，他不仅只用钞票就买回了切赫，还在年末见证了穆里尼奥执教两个半赛季就宣告下课的无奈。当年10月，法国人迎来了执教阿森纳的19年纪念，但在2015/2016赛季的英超积分榜上，阿森纳最终以10分劣势屈居第二，未能阻止莱斯特城上演伟大的逆袭。

不可否认，能在一家豪门球会执教20年绝对是一项伟大的成就。这是穆里尼奥可望而不可求的。但与此同时，拥有持续性和稳定性的温格，却无法在奖杯数量上与葡萄牙人相提并论——简而言之，穆里尼奥就是把奖杯荣耀放在第一，帅位安全排在第二。

# 42

# 贝尼特斯，这里不欢迎你

关于穆里尼奥对贝尼特斯的厌烦，我们很容易找到答案：这其中既包含对抗关系，也掺杂着一些失意。毕竟，当穆里尼奥以两个联赛冠军成为英格兰之王时，贝尼特斯却在欧战和杯赛赛场给予葡萄牙人沉重的打击。从两次欧冠半决赛、足总杯半决赛到社区盾决赛，穆氏切尔西多次被贝尼特斯的利物浦挡在领奖台之外。

这确实让人感到困惑，要知道，切尔西已经在漫长的联赛展现了超出利物浦的实力，并且拥有着一套更好的、能在各条战线连续应对挑战的阵容。然而，从2004年到2007年，执掌红军的贝尼特斯却一直是“狂人”的最大苦主，后者非常讨厌这样的感觉。

2004年夏天，穆里尼奥与贝尼特斯同时来到英格兰。带着联盟杯、欧冠和葡超的连冠头衔，“狂人”接过切尔西的教鞭。至于带领瓦伦西亚在西甲三年两冠，而且同样举起过联盟杯的贝尼特斯，则前往利物浦，成为安菲尔德的新主人。之于英格兰足坛，二人都是出类拔萃的顶级主帅，他们也都想在这里留下光辉的烙印。

初来乍到，先发制人的是身在西伦敦的穆里尼奥。2004/2005赛季，在与贝尼特斯进行的三场较量中，葡萄牙人一举拿下三连胜，其中包括两场联赛，以及一场跌宕起伏的联赛杯决赛。2005年4月27日，欧冠半决赛首回合，两队以一场互交白卷结束了赛季第四次较量。在经受了1平3负的尴尬后，贝尼特斯竭力在次回合追求胜利。

一周后，安菲尔德球场，贝尼特斯终于等来了完全不同却引起争议的故事，凭借路易斯·加西亚著名的"幽灵进球"，利物浦淘汰切尔西进军决赛。之后的故事享誉世界，虽然在欧冠决赛中以0比3落后AC米兰，但顽强的利物浦上演绝地逆袭，最终以点球决胜击败"红黑军团"，捧起"大耳朵杯"。

依仗于伊斯坦布尔的神奇一夜，西班牙人连续第二年斩获欧足联年度最佳教练的称号。对于这个结果，屈居次席的穆里尼奥时至今日也无法接受，毕竟，在二人于当赛季的5次交手中，"狂人"以3胜1平1负占据绝对优势。此外，切尔西还以创纪录的方式夺取英超冠军和联赛杯，而在联赛积分榜上，穆里尼奥也超出贝尼特斯足有惊人的37分。

2005/2006赛季，这两位顶级主帅的较量还在继续。9月末到10月初，蓝军与红军在5天内连续交手：欧冠小组赛，两队0比0握手言和；英超联赛，切尔西客场4比1大胜利物浦，兰帕德、达夫、乔·科尔和格雷米纷纷破门。当年12月，当两队提前携手从欧冠小组赛出线后，穆里尼奥与贝尼特斯又在斯坦福桥打出了一场没有进球的平局。不过，由于排名位于利物浦之后，蓝军只得以小组第二晋级淘汰赛，事后看来，这可让穆帅之队吃了大亏。随后的欧冠1/8决赛，切尔西主场1比2、客场1比1，总比分2比3被巴塞罗那淘汰，而踏上卫冕之路的利物浦也没有走得太远，客场0比1、主场0比2，红军被本菲卡挡在8强之外。

双双从欧冠赛场铩羽而归后，红蓝两军将注意力放回英超和足总杯赛场。4月22日，当赛季足总杯半决赛，切尔西与利物浦相遇在老特拉福德球场。在64575名观众的注视下，穆里尼奥的球队希望向着连续第二年“双冠王”的目标挺进，但又一次，他们在杯赛赛场发挥欠佳，未能迈过利物浦的阻拦。

开场20分钟，挪威后卫里瑟利用一次间接任意球，远程轰开了库迪奇尼把守的球门。下半场伊始，路易斯·加西亚又用一脚绝无争议的抽射扩大比分。第69分钟，德罗巴为切尔西扳回一城，但最终的分还是定格在1比2。贝尼特斯的球队成功进军加的夫千年球场。

5月13日，足总杯决赛，继伊斯坦布尔之夜后，利物浦又以一种戏剧性的方式后来居上，染指冠军。在前30分钟0比2落后的情况下，利物浦凭借西塞和杰拉德的破门将比赛拖入点球大战——红军队长在第91分钟的远程制导更是技惊四座。又是落后扳平，又是点球取胜，利物浦成功捧得足总杯。当然，为冠军欢欣鼓舞的不止是贝尼特斯，穆里尼奥的切尔西在英超赛场实现卫冕，相较于排名第三的利物浦，切尔西多拿到了9个积分。

2006年8月，社区盾决赛，贝尼特斯卷土重来，虽然蓝军新援舍甫琴科在首秀就破门得分，但里瑟和克劳奇的进球还是为红军带来胜利。2比1，西班牙人再胜一局，这场比赛也预示着又一段血雨腥风的开启。2006/2007赛季，蓝红两军在英超各胜一场：9月17日，切尔西主场1比0取胜，进球者为德罗巴；翌年1月20日，利物浦主场2比0赢球，库伊特和彭南特分别建功。遗憾的是，动荡之中的切尔西未能完成英超三连冠，而在赛季进入尾声时，更糟糕的赛果也是接踵而至。在万众瞩目的欧冠赛场，切尔西与利物浦三年内第二次于半决赛相逢，这一次，穆里尼奥希望为两年前的“幽灵失分”讨回公道。

第一回合，多次在红蓝大战建功的乔·科尔再次破门得分，上半场第29分钟，他为切尔西打开了胜利之门。不同于两年前的互交白卷，蓝军带着一球优势奔赴安菲尔德。至于红军方面，虽然客场0比1告负，但他们还拥有第二回合坐镇主场的优势。2007年5月1日，欧冠半决赛次回合，开场不久，气势如虹的利物浦就凭借阿格的进球将总比分扳平，两队重回同一起跑线。随后的常规时间和加时赛，比分的均势一直未能被打破，利物浦迎来了自己擅长的点球大战。四轮点球，利物浦在主队球迷的助威下弹无虚发，岑登、阿隆索、杰拉德和库伊特先后破门，而切尔西这一边，罗本和格雷米的点射都未能得手，西班牙门将雷纳成了安菲尔德之夜的英雄。

这是切尔西四年之内的第三次欧冠半决赛——2004年对摩纳哥，2005年、2007年对利物浦，然而，无论拉涅利还是穆里尼奥，都未能摸到欧冠决赛的草皮。反观贝尼特斯的利物浦，则在3年内第二次来到决战之巅，历史上第七次进军欧冠决赛。但在2007年，拥有因扎吉、卡卡和皮尔洛的AC米兰才是最后赢家，雅典之战，红黑军团2比1击败利物浦，终于为两年前的伊斯坦布尔之夜复仇。

在利物浦饮恨雅典之前，切尔西通过打入足总杯决赛找到了些许安慰——5月19日，那是切尔西的赛季末战，也是新温布利大球场落成后的首场足总杯决赛，没错，穆里尼奥再遇弗格森。整场比赛，两队一直处于僵持局面，直到第116分钟，兰帕德的助攻才帮助德罗巴奉上绝杀。穆里尼奥也就此完成了英格兰足坛的奖杯大满贯。但在英超赛场，切尔西终究未能实现三连霸：冠军，曼联，89分；亚军，切尔西，83分；季军，利物浦，68分。

穆氏蓝军和贝氏红军的最后一次交锋，发生于2007年8月19日。当赛季第三轮，利物浦与切尔西1比1战平，新援托雷斯在第15分钟为红军先拔头筹，但在第62分钟，兰帕德用一记争议点球把比分拉平。对于主裁判罗勃·斯泰尔斯的判罚，利物浦将士表达了强烈不满。

一个月后，穆里尼奥从切尔西黯然下课，他的戏剧性离开让这组恩怨对决戛然而止。但时至今日，由于二人剪不断理还乱的职业轨迹，他们的对立仍然为公众津津乐道。2010年6月，在为红军拿下3座冠军奖杯后，贝尼特斯与利物浦达成分手协议，他的下一站正是穆里尼奥的前东家国际米兰。更有趣的是，西班牙人后来接手的切尔西和皇家马德里，也都是葡萄牙人曾经战斗过的地方，这在日后还引来了贝尼特斯妻子的一番抱怨。不过，贝尼特斯本该告诉自己的妻子，他在执教切尔西和皇马时的“前任”，可都不是若泽·穆里尼奥。

2015年夏天，在贝尼特斯入主皇马后不久，其妻子蒙特塞拉接受了西班牙媒体《缘由报》的采访，在这次公开访谈中，后者如是说道：“这是拉法第三次接过穆里尼奥留下的教鞭了，我们又得给他收拾烂摊子！”

对于老冤家内人的调侃，穆里尼奥很快做出回应：“这位女士可能有点糊涂，她的丈夫在切尔西接替的是迪马特奥，到皇家马德里则替代了安切洛蒂。只有国际米兰时期，拉法成了我的直接继任者。但很不幸，他用短短6个月就摧毁了欧洲最好的球队。鉴于蒙特塞拉如此有闲心谈论我的工作，我觉得她还是需要找点事做，反正吧，如果能悉心打理老公的饮食，她可能就没什么时间再说我了。”

穆里尼奥的反击看似平淡无奇，但在“饮食”中却暗藏玄机。由于自己愈发发福的身材，贝尼特斯在英格兰时就得到了一个偏向贬义的绰号——“西班牙胖侍者”。穆里尼奥虽然没叫过，但一直知道这个“饮食梗”的存在，借助这次机会，葡萄牙人也玩了一把暗度陈仓。

这绝不是“穆贝”二人第一次公开互怼，他们之间的蔑视已经不是秘密。就像穆里尼奥与温格一样，一切都已成为常态。事实上，由于长时间的斗嘴争吵，若泽与拉法早已渐行渐远，无论是球队抑或个人，他们之间的敌意一直是有增无减。

多年以来，贝尼特斯几乎从不是我与穆里尼奥的聊天话题——直到2012年11月，西班牙人竟然成了蓝军的代理主帅。当这个消息正式确认时，我们都被吓了一跳，穆里尼奥正好发来短信：“拉法要去切尔西了。”我相信“狂人”对此并不高兴。

当然，切尔西球迷的反应无疑更加激烈。自从贝尼特斯与切尔西签约后，蓝军球迷就开始通过各种形式表达着自己的愤怒，他们抵制、抗议，不断发泄不满。2012年11月25日，蓝军在斯坦福桥与曼城互交白卷，各取一分。不过，在这场贝尼特斯的首秀中，主场球迷却将嘘声和骂声送给了这位曾经的敌人，前者在赛后说道：“我可以理解之前利物浦与切尔西的敌对情绪，但我觉得大多数球迷应该能理解，我是一位职业教练，我只希望尽力做好自己的工作。”西班牙人向蓝军球迷隔空喊话，“我会努力工作，竭尽全力帮助切尔西拿下胜利”，但一切事与愿违。这场针对贝尼特斯的抗议没有一晃而过，随着时间推移，它甚至变成了一场持久战。

在切尔西球迷采取的抵制措施中，标语和横幅无疑是最受欢迎的选择：“我们不要拉法当教练”“阿布时期最差的教练”“阿布，没人想让西班牙胖侍者点单”“迪马特奥是传奇，我们拒绝拉法”。要说其中最普遍的一句，莫过于人尽皆知的“拉法，走人”。

如果贝尼特斯和阿布以为这些敌对都是过眼云烟，他们就大错特错了。进入2013年，抗议的声势甚至愈发浩大，完全没有停止的迹象。说来有些讽刺，几乎与此同时，穆里尼奥也在皇马遇到了相似的情况，当年1月，“狂人”给我发来了一条意味深长的短信：“相较于皇马球迷对我的敌意，切尔西球迷还是挺爱贝尼特斯的。”

2013年1月末，我给穆里尼奥发去了一段视频，以此证明他确实想错了。这个短片拍摄于切尔西与布伦特福德一役的中场休息，当时，客场作战的蓝军正以0比1落后，进军足总杯第五轮的前景着实不妙。而就在几天前，蓝军刚被斯旺西淘汰出联赛杯，无奈地倒在决赛门口。眼见本队0比1落后于第三级球队布伦特福德，远征的切尔西球迷开始用唱歌表达着愤慨：“我们不欢迎你，我们不欢迎你。”他们不是一唱而过，而是不断地重复歌词，肆意宣泄着自己的情绪。当然，这些球迷的招式还不止如此，他们朝着贝尼特斯发出嘘声、嘲笑声以及咒骂声。虽然切尔西在两度落后的情况下逼得一场平局，以2比2避免了负于布伦特福德的尴尬。但对于蓝军球迷而言，这依然是悲惨的一天，他们就是无法理解，为什么阿布会让贝尼特斯得到这份合同。

2013年2月，我了解到穆里尼奥即将离开皇马，他很倾向于在夏天重返斯坦福桥。与此同时，蓝军球迷的日子也不太好过，球队在各条战线举步维艰。2月21日，切尔西在欧联杯1/16决赛次回合陷入苦战，全场比赛，他们在布拉格斯巴达门前表现平平，肆意挥霍着机会——5000万英镑身价的托雷斯更是状态不佳。直到第92分钟，阿扎尔的破门才帮助主队涉险过关。翌日，穆里尼奥向我发来了邮件："拉法昨晚的运气真不错……让我们等着下场切尔西对曼城吧。"很显然，"狂人"对老东家并不看好，他的预测也成为现实：切尔西客场0比2完败，图雷和特维斯分别破门。

身处质疑和声讨的漩涡，贝尼特斯的处境可想而知，2月27日，进退两难的西班牙人终于爆发了。那一天，切尔西在足总杯客场2比0击败米德尔斯堡，压垮骆驼的最后一根稻草已经出现，受够了本队球迷的嘘声和骂声，贝尼特斯如是回应道："假如他们要继续唱歌、拉横幅、浪费时间，这就会成为切尔西的麻烦。简单说吧，如果球迷们还希望球队能打进欧冠，他们就应该全力支持切尔西。我与切尔西的合同到赛季末就会结束，他们不用为此担心，因为我一定会离开这里。没错，我在赛季结束后就将卸任。"

有趣的是，这次发飙真的奏效了，听到西班牙人到期走人的消息，蓝军球迷心情大悦。3月2日，切尔西在主场1比0击败西布罗姆维奇，整场比赛，主场球迷都在高唱穆里尼奥之歌，以各种横幅和标语期待着"狂人"的回归。当我把这些片段告诉穆里尼奥时，他显得非常开心，他说，每当自己听到球迷高唱着"若泽""若泽"，他就会更加坚定重返斯坦福桥的意愿。

两个多月后，切尔西球迷终于如愿以偿，葡萄牙人接替贝尼特斯完成"二进宫"。当然，重新接过蓝军的教鞭，穆里尼奥首先要收拾前任留下的"残局"："我希望这家俱乐部能与球迷水乳交融，真正地成为家人。无论好比赛、坏比赛、好天气、坏天气，抑或主场、客场、胜利和失败，我们都要在一起，一直坚守下去。我们都知道，过去一段时间发生了很多事，这个大家庭有些支离破碎，但从现在起，我的任务就是让一切恢复正常。”

从国际米兰到切尔西，贝尼特斯由继任者变成了前任，但他的任期都只有6个月而已。在离开西伦敦后，贝尼特斯度过了一年多的空档期。2015年夏天，他被弗洛伦蒂诺任命为皇马主帅，与上次一样，我和“狂人”又被震惊了。在此之前，我曾经因为得到一个可信的线报而向穆里尼奥求证：“我听说贝尼特斯可能接手皇马啊……”几分钟之内，葡萄牙人就用电邮笃定地回复道：“这不可能，弗洛伦蒂诺很期待我能回去，他其实非常欣赏我，还希望我能帮他清理掉佩佩、卡西利亚斯、拉莫斯和马塞洛。但我只能告诉他，一切都太迟了，我的新东家是切尔西。弗洛伦蒂诺正在想着把齐达内提拔上去，但后者把B队搞得一团乱，他还没做好迎接挑战的准备。我觉得克洛普可能是唯一能挖到的候选……至于贝尼特斯，这根本不可能啊。”

事实证明，若泽猜错了，当天午夜过后，他惊讶地通知我：“我听说贝尼特斯真的要上任了！！真不敢相信这竟然是真的。”一个月后，2015年6月，传言最终成为现实，贝尼特斯成为伯纳乌球场的新主人。但很遗憾，他这一次的任期也没有持续到处子季结束，当球队接连遭遇不顺后，分手无可避免。2016年1月，弗洛伦蒂诺宣布贝尼特斯下课，齐达内接任，虽然是第一次接任职业一线队，但法国人将C罗们带到了欧冠决赛，并在点球大战击败马竞夺冠。2017年夏天，在英冠卧薪尝胆的贝尼特斯带领纽卡斯尔联杀回英超联赛，他与穆里尼奥的宿命对抗，或许又将迎来新的篇章。

# 43

# 就差钱

2015年12月，若泽·穆里尼奥结束了第二段蓝军生涯。之前拿下的英超和联赛杯冠军，无法掩盖他们在2015/2016赛季的失魂落魄——有一段时间，他们甚至成为英超历史上战绩最差的卫冕冠军。仅仅几个月的时间，切尔西就从统治者变成了任人宰割的“弱旅”，他们在联赛中的坠落让人唏嘘不已，境遇十分悲惨。面对这样的耻辱性滑落，穆里尼奥同样无法理解，这位冠军主帅也是无能为力，未能找到应对的办法。在很多人看来，蓝军戏剧性的低迷毫无征兆，让人感到措手不及，但事实上，凡事都有个过程，一切都不是凭空突然出现。

鲜为人知的是，“穆二期”遭遇的第一个隐患，就是产生于2014/2015的夺冠赛季。2014年冬天，从开局阶段就势如破竹的切尔西还拥有着“黄色领骑衫”，然而，本希望为球队添砖加瓦的穆里尼奥，却在冬季转会市场接连碰壁，蓝军引援不利的麻烦，最终被“双冠王”的荣耀遮蔽了。

自从重回斯坦福桥后，穆里尼奥曾经反复强调，他要把握好每一个转会窗口，竭力地让球队阵容变得更加强大。所以在2014年11月，为了寻觅一条独家新闻，我决定先发制人地询问穆里尼奥，打探一下蓝军在明年1月转会窗的买卖意向。去年此时，切尔西在冬天买下了马蒂奇和萨拉赫，在后来的球队运转体系中，塞尔维亚中场起到了至关重要的作用，一举奠定了主力后腰的位置。那么问题来了，今年1月，“特别的一个”又想买谁呢？

发出这个问题后，我很快得到了回复，“狂人”的表态言简意赅：“这个1月无钱可花。”

对于这个情况，我着实没有想到。在我看来，当时的切尔西虽然有望夺冠，但后半赛季前路艰险，任何事情都有可能发生，如果能在这个冬窗买来一两名合适的球员，情况就会大不一样。但从葡萄牙人的回应看，这样的设想只能暂时搁浅了。为了进一步搞清状况，我继续向“狂人”提问道：“所以说，倘若想买进新援，切尔西就得先出售球员？”穆里尼奥再次秒回道：“是的，但我并不想卖走那些表现很好的球员。”

听到“狂人”这样的表态，我觉得距离真正的答案已经不远了。于是，我试探性地说了两个名字，看看“狂人”是不是要把他们放上货架：“我认为吧，这两个球员你可能想要卖走，萨拉赫，还有许尔勒。”对此，穆里尼奥很快给予了确认：“当然。”

就这样，一手的独家新闻顺利到手，我在稿件中如此写道，萨拉赫和许尔勒要为自己在切尔西的未来奋斗，要不然，他们很有可能在明年1月被俱乐部出售。果不其然，仅仅两个月后，他们就离开了科巴姆基地。

穆里尼奥在转会市场的麻烦还不止如此：2015年年初，功勋门将彼得·切赫的离队传闻搞得他不得安宁。身为“狂人”的一期弟子，当时切赫与蓝军的合同还有18个月，然而，由于主力位置被比利时年轻门将库尔图瓦夺走，捷克人在西伦敦过得并不开心。2014年夏天，库尔图瓦从马德里竞技租借归来，不仅与蓝军签下长约，还一跃成为穆里尼奥的第一选择。毫无疑问，这是一个艰难的决定，毕竟32岁的切赫一直保持着不错的状态，但葡萄牙人还是着眼于未来，启用了年轻10岁的比利时门将。类似的新老交替，穆里尼奥在10年前也曾亲自导演，2004年夏天，“狂人”将22岁的切赫放上首发，撤下了年过而立的意大利人库迪奇尼。

三十年河东三十年河西，现在轮到切赫坐上替补席了。很显然，穆里尼奥不希望切赫离开，他非常高兴本队能拥有两位世界顶级门将，在接受采访时，“狂人”甚至扬言世界前三的门将有两个都在切尔西。

不过，葡萄牙人终究无法一人决定事态的走向。切赫起初同意留在球队，为重新获得主力位置而努力，但随着赛季推进，坐在板凳上，捷克人的耐心丧失殆尽，他不再抱有任何期望和幻想。与此同时，他也在冬夏转会市场得知一些俱乐部有意抛出橄榄枝，潜在的下家已经浮出水面。外界一致认为，切尔西应该尽快于夏窗将切赫转手，否则一旦后者合同到期以自由身离开，蓝军将一无所获。

然而在穆里尼奥心中，这样的假设却并不成立，他希望切赫能再留一年，直到2015/2016赛季合同正式到期。理想很丰满，现实很骨感，虽然已在公开场合明确表态，但穆里尼奥也无法预测事态的走向，毕竟6个月前，他刚刚无奈地放走弗兰克·兰帕德。事实上，穆里尼奥很担心自己的设想会被俱乐部某个大人物推翻，致使切赫离开。从最好的结果看，“狂人”的忧虑成为现实，但至少在2015年冬天，捷克人没有离开切尔西。

对于曾经挥金如土的蓝军而言，那一年的冬季转会市场平淡无奇，他们的亡羊补牢，也显得“为时已晚”：直到转会窗临近关闭前，切尔西才先后卖出许尔勒（220万英镑）和伯特兰（1000万英镑），并以2600万英镑从佛罗伦萨购入了哥伦比亚边锋夸德拉多——而鲜有出场机会的埃及人萨拉赫，则作为这笔交易的一部分，被租借到了“紫百合”。掐指一算，“狂人”送走3人，只换回了1名新援。

遗憾的是，穆里尼奥在1月的忍耐并没有换来高层的慷慨，4个月后，当“狂人”得知在夏窗依然要先卖后买时，他感到非常诧异。对于这样令人困惑的决定，葡萄牙人确实很难接受，要知道，这支球队可是刚用英超和联赛杯冠军，交出了一份满意的成绩单。在穆里尼奥的计划中，他本希望用至少两个重量级签约，作为对外发声的强势宣言——虽然度过一个非常不错的赛季，但蓝军并不想躺在荣誉簿上晒太阳、睡大觉，他们还希望得到更多。

况且，曼联和曼城都已经启动转会攻略，两支曼市球队都期待用大手笔和超级新援，缩小自己与冠军的距离。从当时的英超局势看，这都是很必要的投入。在媒体的猜测中，切尔西自然不会甘于人后：保罗·博格巴、安托万·格列兹曼、道格拉斯·科斯塔、伊斯科和马里奥·格策，先后与蓝军传出绯闻。

这些成名球星最后一个都没来，我跟若泽也没有感到太过惊讶。正如前文所说，2015年5月，当穆里尼奥第一次与切尔西高层商讨下赛季的转会策略时，他的引援计划就已经被愈发勤俭的高层打乱了。两个月后，葡萄牙人度假归来，开始全面备战2015/2016赛季，当时我给他发去邮件，想打探一下是否有什么即将发生的签约，“狂人”讽刺地说道：“这里没什么新闻，俱乐部认为我可以创造奇迹，不需要任何新援了，哈哈。”

无奈之下，若泽只能不停地抱怨，他非常渴望新球星的到来。我尝试写了几篇文章，试图从舆论的角度为他站台。在那些心仪的目标中，穆里尼奥急切地想买入一名中后卫，这既是一个人员补充，也能与老队长特里、卡希尔和年轻的祖玛竞争上岗。“狂人”很明白，蓝军的防线必须尽快实施改造，这个问题绝不能被轻易忽略。一直以来，葡萄牙人都希望再次接洽皇马中卫瓦拉内，2015年春天，蓝军也曾再度发起过攻势，但据“狂人”事后透露，根本没有任何机会。

当年夏天，穆里尼奥把新晋目标锁定于埃弗顿后卫约翰·斯通斯，一桩连绵数月的转会大戏，就此拉开序幕。但遗憾的是，穆里尼奥最后收获的只有愤怒，切尔西不幸复制了两年前追逐鲁尼的失败经历，竹篮打水一场空。葡萄牙人尽力了，他在无数场合表达对斯通斯的喜爱，不断表扬着这个年轻人的能力。然而，切尔西高层却想在谈判中精打细算，与埃弗顿进行一场心机对决。

起初，切尔西并没有马上开出报价，先让埃弗顿被舆论侵扰了一会儿，试图以静制动。第一次开价，蓝军以一份2000万英镑的低价开场，试探一下水深，也想看看“太妃糖”的回应。马丁内斯的球队当然回绝了这次接洽。

这只是漫长拉锯战的开始，自作聪明的切尔西很快丢掉了主动权。紧接着，蓝军把报价提到2600万英镑和3000万英镑，埃弗顿依然无动于衷。即便斯通斯在3000万英镑开出前正式递交转会申请——这可是当年鲁尼没做过的事，但“太妃糖”仍然没有因为球员施压而松口。

是的，斯通斯的摊牌毫无作用。埃弗顿一直拒绝接受报价，即便伦敦人下达“最后通牒”，默西赛德郡人也依旧坚挺。就这样，蓝军只能眼巴巴地看着转会窗关闭，穆里尼奥又一次与自己的重要目标无缘。

除了对斯通斯的追求外，切尔西在那个夏天的转会市场一度非常安静。阿布拉莫维奇不顾穆里尼奥的反对，将切赫以1000万英镑出售给阿森纳——事已至此，更重视人情和感性的建议被忽视了，取而代之的是一个不讲情面的专业决定。随后，蓝军以800万英镑从斯托克城买来了波黑门将贝戈维奇。在德罗巴二度离队后，切尔西将状态一般的法尔考租到队中，即便上赛季哥伦比亚人在曼联形同梦游，但蓝军还是签下了合约。与此同时，西班牙中场罗梅乌也被蓝军以500万英镑卖到南安普敦，而弗卢米嫩塞小将肯尼迪则来到斯坦福桥，转会费630万英镑。简而言之，一进一出，保持平衡。

除此之外，切尔西还进行了一些不足挂齿的小交易：中后卫，迈克尔·赫克托，400万英镑从雷丁加盟；中后卫，吉洛博吉，270万英镑从南特转来。还有125万英镑从贝尔格莱德游击队加盟，紧接着，就被租到阿纳姆维特斯的达尼洛·潘蒂奇。看起来，这些都像是储备人才的签约。

直到7月末至8月中旬，切尔西的球员交易才终于热闹起来。由于一直未能适应英超，仅效力蓝军一年的路易斯·费利佩决意回归马竞，切尔西因此得到了1600万英镑。半个月后，阿布以2170万英镑挖来了巴西人的替代者，来自奥格斯堡的左翼球员巴巴·拉赫曼。没错，又是先卖后买，一进一出，净投入不到600万英镑。

那个夏天，切尔西唯一一笔不计投入的球员投资，或许就是以2100万英镑从巴塞罗那买来佩德罗，但事实上，这也仍然是一出一进，西班牙国脚要替代的前任正是在英格兰表现不佳的夸德拉多。当时，后者处于进退两难的局面，即便蓝军没有设置转会费障碍，但依然没有俱乐部愿意将其招致麾下。最终，夸德拉多以租借形式回到亚平宁半岛，告别难熬的伦敦，成为尤文图斯的一员。就这样，当夏季转会窗大幕落下时，蓝军相较上赛季的变化微乎其微，与斯通斯遗憾错过的穆里尼奥，只能用夺冠原班人马加上佩德罗，踏上新赛季的征程。

一个夏天过去，切尔西总计花费6500万英镑，收回3175万英镑，净投入只有3325万英镑。与蓝军的谨慎而行不同，其他英超豪门的投入则声势浩大，仅仅为了本特克一人，利物浦的花费就超过了卫冕冠军的全部净投入。3600万英镑，曼联从摩纳哥买下法国新人马夏尔，此外，他们还以2500万英镑购入了南安普敦的后腰施奈德林。身为红魔的同城死敌，曼城在转会市场更显土豪风范——5500万英镑，“蓝月亮”从沃尔夫斯堡买入蓝军旧将德布劳内，斯特林4400万英镑的身价俨然不足挂齿。整个夏季转会窗，曼城总计投入1.375亿英镑，而出售球员换回的资金只有2200万英镑。依仗于高达1.15亿镑的重量级投资，“蓝月亮”不仅想向英超桂冠发起冲击，更希望在欧冠联赛取得突破——要知道，他们之前在欧冠的战绩实在不敢恭维。对比而言，切尔西的投资规模就显得相形见绌，穆里尼奥非常明白，无论球场内外，他的工作势必将遭遇诸多困难。

# 44

## 名望与财富

当成为像穆里尼奥一样的名人时，你才会发现，他们的生活其实同样被问题和麻烦充斥。

你是否真的想象过，穆里尼奥们究竟经历着怎样的日子呢？名望，金钱，足球，还有数不胜数的追随者？身为一名享誉全球的明星，你往往会因为身份和名誉被贴上这样的标签：豪华别墅、超级跑车、金银珠宝、昂贵手表，你可以拥有高档品牌的订制穿着，也能享受到无与伦比的璀璨假日。这样的生活，宛如梦境。

但现实的情况是，没有任何人的生活可以与烦恼彻底隔绝。众所周知，名人度过的每分每秒都会出现于公众的视野中，伴随着持续不断的压力，你走向了不成功便成仁的死路。有时候，来自外部的监视不仅会侵入你的工作，更会影响正常的生活——每当你走出自己的家门，就处于被监视的状态，没办法，你必须面对那些没完没了的签名和合影请求。当然，除了来自崇拜者的追随，也必然有出自“黑粉”的中伤，无论是大街、超市、电影院、餐厅抑或海滩，名人们总会遇到各种各样的情况。

那么，成为若泽·马里奥·多斯桑托斯·穆里尼奥·菲利克斯究竟是怎样的体验？这是一个我必须向他提出的问题。

2013年8月，在华盛顿波托马克河畔的文华东方酒店，我与穆里尼奥相约在贵宾包厢，当时，他刚自称为“快乐的一个”，时隔5个赛季，“狂人”重新拿起了老东家切尔西的教鞭。对于穆里尼奥而言，这样的回归意味非凡，他与蓝军之间的感情已无须多言。

那年夏天，葡萄牙人上任后的第一个任务，就是带领球队奔赴美国开启季前集训，与此同时，他们还要与皇马、尤文图斯、国际米兰、AC米兰、瓦伦西亚、埃弗顿和洛杉矶银河一同参加国际冠军杯的比赛。而在集训临近结束前，我得到了与穆里尼奥畅谈一个下午的机会，我们聊了很多很多，其中就包括他经历的真实生活。

谈到自己的“名人日常”，穆里尼奥简单地总结道：“总体来说，好事总比坏事多吧，不好的情况基本就是片刻之事。我们由于工作成了公众人物，但随之而来的，就会失去一些东西，这就是成名的代价。说实话，我不是很享受那些虚浮的名誉和声望，如果能花钱让我和家人在逛街时免于打扰，能让我们在海滩上像普通人那样休闲放松，我非常愿意掏出这笔钱。这样一来，我们就不用在海滩面对那些拍照和录像的手机了。我不喜欢这样的打扰，这是足球让我损失的自由，不过，我也不会因此怨声载道，毕竟足球已经给予了我太多东西。”

名誉往往与丰沛的财富相伴，穆里尼奥认为，他并没有对金钱太过在意。“我只是一个普通人，”葡萄牙人如此说道，“无论有钱没钱，我的生活准则几乎没什么改变。身为一个父亲，我要做的就是用工作换取收入，然后尽全力支持自己的孩子和家人。无论这几个孩子想去哪里上大学，无论他们结婚后想在哪个地方买房生活，我都希望自己能帮助他们。除此之外，我对财富没有太多的想法，我和妻子都是普通人。”

“狂人”接着说道：“相较于25年前在一起时，我们的生活方式大同小异，一直以来，我与马蒂尔德都教育孩子们不要偏离这条轨道。刚结婚那会儿，我们每天都期盼着发薪日的到来，学校发钱的日子是25日，在每个月的最后几天，我们必须控制好自己的开销。公平地说，我与马蒂尔德在当时没有遇到太多困难，但只要有机会，我们还是会向孩子们讲述那段过去的日子，告诉他们生活的真实面目。对于那段时光，我的记忆一直非常深刻，我们要保持好收支平衡，为当月的每一笔支出都做好规划，包括那些必须付清的款项。我还记得自己特意留出积蓄，只为买一辆新车，抑或重新粉刷一下房间。是的，我们在那时确实很注意理财。”

乍听起来，这样的穆里尼奥显得理智、精细、实用主义，但在“黑粉”眼中，这同样不是什么优点。所谓的名誉与声望从来都伴随着仇恨，无论“狂人”身在何处抑或执教任何球队，恨他的人似乎都比拥趸更多一些。实际上，越大的俱乐部往往代表着更大的憎恨，他在皇马的经历就能证明这一点。就连穆里尼奥自己都无法否认，他的性格就是让人爱憎分明：要么支持，有么厌恶，没有灰色地带。

当然，穆里尼奥并不回避自己犯下的错误，他非常清楚，那种强硬态度和对胜利的偏执，很容易让他与一些球员产生隔阂。有时候，他的行为过于极端，以至于铸成错事。不过，对于曾经的所作所为，他不想做出什么改变，也不会感到任何后悔：“这没什么可后悔或遗憾的，况且，你本来就不可能回到过去。实际上，总有一些决定、行为和事情，你希望能得到不同的结局，但于我而言，我不会再去回想它们，这都是没有意义的想法。”

穆里尼奥也许不会后悔，但他确实曾为自己的错误行为道歉。2011年8月，那应该是“狂人”最失礼的举动，在皇马与巴塞罗那将士发生冲突时，他对巴萨助教比拉诺瓦做出了“戳眼”的动作。这起意外事件一度引起热议，成为舆论关注的焦点。事后，穆里尼奥在接受福克斯体育采访时表示：“很显然，我不应该做出这样的行为，这都是我的错，事已至此，我不会为此找出任何理由或借口。错了就是错了，我必须承担后果。那张照片就永存于世，这比任何辩解都更有说服力。我跟比拉诺瓦之间没有任何问题，无论过去还是以后，我们都会在碰面时相互问候。现在，一切都可以翻篇了，我们都希望类似的事情不要再次发生。”

从某种角度看，穆里尼奥可以理解那些厌恶他的人。“这要看他们究竟为什么讨厌我，”“狂人”如此说道，“如果是出于合理的原因，我可以表示尊重。但与之相反，倘若他们的敌意源自于谎言抑或煽动情绪，我觉得这样并不公平，更不会享受其中。足球就是这样，是非好恶都来源于比赛，作为这项运动的一员，我也不能免俗。所有人都应该理解这样的道理。”

在部分人看来，穆里尼奥在为人处世中过于傲慢和自大，而对于这样的评价，他也有自己的评断。在接受《每日镜报》采访时，葡萄牙人如此回应道：“如果有人说我是一个自大的教练，也许他们的看法不算大错特错。不过，他们既不了解我，更不是我的家人或朋友，我不关心他们的看法。没错，如果是家人或朋友这么评价我，我一定会感到焦虑和不安，因为我很明白，自己绝不是一个高傲的朋友或亲人。嗯，其实我很平易近人。”

无论说什么做什么，穆里尼奥一直是那个让人爱憎分明的“狂人”，就像他在接受皇马时所说的那样：“我是若泽·穆里尼奥，我不会主动改变什么，我带着所有的优点和缺点而来，这就是完整的我。”或许，任何人眼中的穆里尼奥都是截然不同的，至于优点和缺点各占几成，这就要取决于你是爱他，还是恨他。这就是成名的代价。

# 45

## 家庭为先

在足球世界，穆里尼奥是一个心直口快、富有感召力的巨星，但只要回到家，他就完全变成了另一个人。那扇再普通不过的家门，似乎拥有改变葡萄牙人的魔力，身处这样熟悉的环境，他就是一个普通人而已。“我在家里没什么特别的，”穆里尼奥如是说道，“我就是那种平凡的父亲和丈夫，我会做自己力所能及的事情，但对于一些让我丢脸的家务，我通常会敬而远之，做饭就是其中之一。举个例子吧，我不需要打扫房间，但我喜欢去超市扫货，抑或陪着孩子做点事情，包括看看电影，以及帮他们完成作业什么的。没错，我喜欢这样正常的状态。”

穆里尼奥从不掩饰自己对妻子的感情，在他的日常生活中，马蒂尔德还有一个特别的绰号：塔米。“狂人”真切地将妻子称为“一家之主”，但相较于20多年前，他们之间的相处方式并没有什么变化。2013年，突发奇想的马蒂尔德怂恿“狂人”一起去搞个文身，若泽确实照做了，他将塔米、蒂塔（女儿）和祖卡（儿子）文上了左手腕关节。很显然，葡萄牙人做出了明智的选择，他杜绝了一场可能发生的家庭纠纷。

就像世界上很多忠贞不渝的爱情一样，穆里尼奥与马蒂尔德的相偎相依并没有什么特别的秘密。穆里尼奥这样总结道：“塔米非常了解我，也信任我，从我17岁开始，她（15岁）就一直陪伴着我。在我们的生活中，所有事都是简洁明了，一目了然。

我的工作和家庭就是日常的重心，那些特别的社交生活与我无关，对于这样的处事方式，我感到非常满意。在我看来，任何一件事的秘密都在于爱，无论是工作抑或生活，只要心中有爱，你一定会得到自己想要的结果。没错，爱就是一切的基础。”

对于穆里尼奥而言，家庭是他的真爱，足球就是他的激情。“狂人”说过，没有了足球他会非常痛苦，而失去了家人则会生无可恋。“没错，家庭第一，足球第二，”葡萄牙人如此解释道，“如果没有家人的陪伴，我基本就是行尸走肉，没有足球的话，我也会告别快乐的生活。是的，足球确实对我非常重要，只有当我离开它时，我才会最深切地体验这样的感受。2007年9月，我从切尔西正式离任，当时我就决定，直到赛季结束都不会接手任何工作。事后看来，那一阵从9月到5月的感觉大概是这样的——10月非常享受，11月一般一般，12月到5月简直度日如年。”穆里尼奥当然明白，即使没有工作，他也依然有家庭的支持。

坦白讲，穆里尼奥算是个溺爱型的父亲，这有一个很生动的例子。2014年3月，若泽突然找到我，希望我去报道一下他女儿的摄影作品，据悉，那是一次学校的作业，项目完成后可以在伦敦康韦街的IB艺术与电影秀展出。在把地址交给我后，穆里尼奥如此说道：“这其实是一个摄影展，在此之前，女儿把我当作模特拍了照片。挺好玩的！”简而言之，“狂人”想让我把这个作品搬上报纸的版面，表扬一下孩子的劳动成果。对此，穆里尼奥也是用心良苦，他不想让女儿知道这一切都是幕后安排的：“哦对，我女儿并不知道我来找你，那个展览是对外开放的，任何人都可以前去参观。告诉你，我的照片非常非常有趣，每张都是在反映我的情绪，包括生气、幸福和厌恶。”最后，葡萄牙人不忘叮嘱道：“别把她的学校泄露了，我不想让公众知道这些信息。”好的，我只想去看看那些照片，这应该能写成一篇有趣的报道。

其实，这本来是一个很简单的任务：我去展览现场转一圈，拍个照片，写篇文章上报，全部搞定。然而，这一切最终变成了一场噩梦。要知道，我前后三次要去展会现场一探究竟，但竟然一次都没有成功。无奈之下，我只能给学校发去了邮件，请求他们在保护其他人隐私的情况下，允许我进场拍摄穆帅女儿的作品。我并没有说出穆里尼奥已经牵涉其中，但出于稳妥起见，我一直跟“狂人”保持着联系。他说：“这张照片相当私密，绝对只属于我的女儿。她拍得非常好。”

然而，学校却拒绝配合，这让我和穆里尼奥感到困惑不已。就连若泽也无法相信，一件如此简单的事情，怎么就变得这么复杂了。没办法，他只能亲自参与其中：“我去找老师谈一谈吧，尽量把这事搞定。”

经过长达4天的努力，我终于得到了好消息，穆里尼奥给我发来邮件：“我的妻子和女儿已经让学校批准了，你可以代表《太阳报》进场参观！我女儿只有一个请求，希望你能写上她拍摄这组照片的初衷——那一天正好是父亲节。”这个线索真是太好了，它可以为我的文章增添新的噱头：没错，女儿在父亲节为爸爸拍摄了一组照片，以此作为特殊的节日礼物，若泽的好与坏、幸福与愤怒，都能在镜头下完美显现。这将是一篇值得我付出时间和精力的好文章。

没想到，当我准备就绪、决定付诸实践时，穆里尼奥在第二天又发来一封邮件：“很遗憾，学校那边还是决定不让这篇报道出炉，他们说这是为了其他学生好……”

就像世间那些普通的父亲一样，若泽也非常为自己的孩子骄傲。有一次，“狂人”向我展示了一张拍摄于2014年11月的照片——在一场于伦敦举办的电影首映式上，他的两个孩子得到了与好莱坞明星珍妮弗·劳伦斯合影的机会。

至于这张照片的背景信息，穆里尼奥如是回忆道：“我们在庆祝击败利物浦啊……”当时，切尔西刚在安菲尔德以2比1击败利物浦，借助得胜之喜，他决定带着孩子们出来见见世面。

当然，穆里尼奥的办公室才是存放着自家孩子更多照片的地方。早在执教皇家马德里时，他就把一张祖卡飞身扑救的照片摆在了办公桌上。鲜为人知的是，穆里尼奥的父亲正是一名门将，对于祖卡效仿爷爷把守龙门的决定，若泽感到非常自豪。很显然，穆里尼奥可以借助自己的合同和特权，去帮助祖卡实现一些目标：定居于马德里时，后者就在当地球队卡尼利亚斯效力，而在若泽到切尔西后，祖卡又通过了富勒姆的试训，得到了伦敦球队开出的合同。

在自己不踢球的时候，祖卡就是一位普通的切尔西球迷，他会坐在斯坦福桥主队替补席的后边，关注着球场上的一分一秒。但现实情况是，他的看球过程往往并非如此，原因很简单，祖卡的季票位置其实是客队替补席之后的看台——说来有些搞笑，一位主队教练的孩子，竟然只能在客队的指挥区后面看球。直到2013年10月切尔西与曼城赛后，祖卡遭遇的尴尬才总算得到解决，而整个事情的起因，竟然是他父亲又一次的疯狂庆祝。

那场较量，切尔西凭借托雷斯的终场绝杀击败曼城，人头攒动的斯坦福桥陷入了沸腾。刹那间，兴奋的穆里尼奥跑向曼城替补席后边的区域，与自己的儿子激情拥抱。在外人看来，葡萄牙人的举动充满不尊重和挑衅意味，毕竟那是佩莱格里尼和曼城的地盘，但穆里尼奥的解释言简意赅：他只是想与坐在那里的祖卡一同分享绝杀的喜悦。

穆里尼奥如是回应道：“没错，这就是切尔西俱乐部的错，我希望给儿子买一张季票，但俱乐部却把祖卡安排到了客队替补席的区域。好吧，现在事情简单了，工作人员应该把祖卡换到我的身后了。我可以向你们保证，我跑向曼城替补区就是为了祖卡，要知道，这可是最后时刻的破门，去年在马德里见证C罗绝杀曼城时，我都用一记滑跪彻底毁掉了自己的西裤。你们都知道，这就是足球的激情。如果愿意相信我，那真的非常好，与之相反，假如有人不相信而且认定我做错了，我也向他们表示歉意。”

值得一提的是，祖卡之于葡萄牙人的影响还不止如此，后者向观众席抛出奖牌的行为，也是因为“小穆里尼奥”才戛然而止的。身为冠军教练的后辈，祖卡理所当然地开始为穆里尼奥收集那些奖杯和奖牌，随着时间推移，“狂人”也习惯将这些东西留给儿子。即便女儿拿到了若泽的奖牌，她也无法据为己有。2015年夏天，穆里尼奥拿到了12年以来的第八个冠军，由于祖卡没有到场，“狂人”暂时把英超奖牌交给了女儿。但在新闻发布会上，穆里尼奥却向蒂塔传递了明确的信息，只要一回到家，纪念品“物归原主”：“由于儿子今天没来，我只能把奖牌交给蒂塔，但她非常明白，她回去以后还是要把奖牌让给祖卡。”

可以说，穆里尼奥将亲人和家庭摆在了生活中的首位，而他的多位家人，也都与足球有着不解之缘。葡萄牙人确信，他对于足球的偏执都源于自家的遗传基因，出生在这样一个拥有体育血脉的家庭，对于他的体育生涯而言至关重要。

穆里尼奥的父亲，名叫若泽·曼努埃尔·穆里尼奥·菲利克斯，作为一名葡萄牙的优秀门将，他拥有19年的球员生涯，还染指过丰田杯的冠军。从1971年到1996年，若泽的父亲度过了自己的执教时代，在“狂人”的记忆中，他从出生的那一刻起就呼吸着关于足球的一切。

“我是一名职业球员的儿子，在成长的岁月中又成了教练的后代，”穆里尼奥如是回忆道，“确切地说，我是在父亲参加一场重要比赛前出生的，当时，他一度从球场赶回家里，直到打理妥当后，才赶紧返回比赛现场。没错，我从出生开始就接受这样的耳濡目染，后来我才知道，老爹在那一天的对手就是劲敌里斯本竞技。”

“我一直记得父亲参加的一场国家队比赛，1972年6月25日，葡萄牙在累西腓对阵爱尔兰。虽然还只是个8岁的孩子，但我清楚地记得那一天发生的所有细节和情绪，自那之后，我已经深陷于足球之中，留存的记忆也越来越多。”

“不久后，我便开启了自己的足球生涯，很多年过去，我经历了执掌球队的初体验，也开始为日后的执教打下基础。就这样，随着一年一年辗转变化，我最终进入了职业足坛，直至走到现在。没错，我的生命就是足球、足球和足球。”

自从正式进入足球世界后，穆里尼奥就一直非常努力，不过很遗憾，他未能像父亲一样成长为一名优秀的球员。1981年，若泽的父亲在葡萄牙顶级联赛球队里约·阿维执教，彼时，“狂人”作为前锋也一度跻身球队的大名单。遗憾的是，即便若泽对于足球的追求从未停止，但他的球员生涯却自始至终碌碌无为。终于，在结束籍籍无名的球员时代后，穆里尼奥决定走进指挥区，成为一名教练。

对于自家的足球基因，穆里尼奥一直感到非常骄傲：“从遗传学的角度看，你经历的一切都有迹可循，甚至可以说，DNA已经为你预知了人生。无论程度深浅，你至少都会沿着这个方向前进。”或许在未来的某一天，祖卡也能在职业足坛延续穆里尼奥一家的血脉，毫无疑问，那一定会让他的父亲和爷爷引以为豪。

# 46

# 我与若泽

说实话，我与穆里尼奥的相处模式，早已从工作伙伴演变成了私人关系。但多年以来，我并没有从利己角度刻意地改变过什么，可以很坦诚地说，我从来没有试图讨好或谄媚穆里尼奥。实际上，我的许多行为正好与之相反。

我与葡萄牙人确实拥有着不同寻常的关系：当“狂人”取得成功时，我会向他表示祝贺；当他遭遇挫折时，我也会送上自己的鼓励，帮助他渡过难关。我会在这些时候提醒若泽，他已经取得了无数光荣的成就，他依然是一位特别的教练。当然，出于一种职业层面的平衡，我在工作时并不会让他好过。通常情况下，我都会向穆里尼奥提出一些难以招架的问题，对于切尔西球员的表现，我从不会避重就轻，都是直言不讳地发表看法。必要的时候，我的比赛报道总会带有严厉的批评，从职业角度看，我非常尊重若泽，我也相信他能表示尊重和理解。



我与穆里尼奥的关系远不止如此，甚至产生了跨越工作的友谊。

在很多时候，我们的幽默感和感性认识都极其相似，我与他不仅坦诚相待，也非常信任彼此。回溯我们的日常交流，大家都是实事求是，没有任何废话和谎言，具体到球队事务，我们都希望切尔西能朝着好的方向发展。不知不觉间，我与若泽催生了一条特别的纽带，随着时间推移，我们畅谈的话题也不再只是足球和工作，渐渐变成了家人和生活。

在我看来，虽然我与若泽保持着紧密的关系，但我们之间的关系却并不对等，很明显，他为我们的友谊付出了更多。

身为穆里尼奥的朋友，我能为这样的世界级名人做点什么呢？我可以当一个传声筒，到处打听消息；我能观察舆论，为他提供反馈；无论是否公开发布，我都可以通过媒体帮他传达见解和看法；最后，无论是世界足坛、英超联赛、英足总抑或其他球队，我同样能通过自己的资源和渠道，向他透露一些内幕消息。但即便如此，这些事情也只是小巫见大巫，穆里尼奥其实为我做得更多，他为此付出了很多精力和诚意——不仅是我自己，就连我的孩子、家人和朋友，都享受过“狂人”的慷慨与好意。

鲜为人知的是，当我的父母庆祝60周年结婚纪念时，他们还意外收到了来自穆里尼奥夫妇寄出的祝贺卡片。那一次，“狂人”在内页上写道：“60周年快乐，宛如梦幻！”我的父母非常高兴，后来，就连当地报纸都为此撰写了一篇报道。

2014/2015赛季开局阶段，在切尔西迎来新赛季第一个主场比赛时，我的儿子约书亚正好迎来13岁的生日。在对阵莱斯特城前，穆里尼奥特意为我们留出了3张斯坦福桥的VIP贵宾券。毫无疑问，能在看球之余享受美食肯定是特别的体验，那里的设施和服务一应俱全，比赛开始前，我们就享用了一顿大餐，而在中场休息和比赛结束后，俱乐部还会提供咖啡、茶、饼干、蛋糕以及各种饮料和食物。其实在赛前一天，穆里尼奥就为约书亚准备了一份意外的礼物——他在下午专门邀请我们一家前往蓝军驻扎的码头酒店，亲自将球票交到了约书亚手上。后来的一小时，穆里尼奥与助手法里亚一直陪着我们，大家畅所欲言，谈天说地，关于足球，关于切尔西，还有关于家人。要知道，这可是切尔西在新赛季的首个主场比赛，上赛季的最后一个主场，蓝军还与诺维奇0比0战平。

经过赛前的大快朵颐，约书亚和萨斯基亚（我的女儿）从包厢来到看台，坐在了“狂人”为他们安排的特别位置——切尔西替补席的后边，穆里尼奥的孩子也与他们坐在一起。凭借迭戈·科斯塔和阿扎尔的进球，切尔西主场2比0击败莱斯特城，迎来了主场开门红。比赛结束后，约书亚和萨斯基亚在“狂人”的特许下来到新闻发布厅，旁观了葡萄牙人的赛后发布会。而当若泽完成工作准备离开时，他还停下脚步与他们问好，并把身上的白色训练服当作礼物送出。得到穆里尼奥的馈赠后，我们让约书亚和萨斯基亚穿上这件衣服坐在了新闻发布厅的主座上，为他们先后拍下了照片。第二天，我还把这几张照片用邮件发给了葡萄牙人。对于我们全家人而言，这绝对是一个难忘的场景，这张照片永远地记录了那一刻的美好。在邮件中，若泽开心地回复道：“哈哈，很高兴他们乐在其中。”

这不是我的孩子第一次收到穆里尼奥的衣服，早在“狂人”执教皇马时，约书亚和萨斯基亚就在一年圣诞节后收到了两件有若泽签名的皇马球衣：一件上写着“送给约书亚”，另一件上写着“送给萨斯基亚”。我的孩子们受宠若惊，但后来的日子，他们从没穿过这两件衣服，原因很简单，他们害怕上面的签名因为水洗而消失。

对于我的孩子而言，若泽一直在带给他们美好的惊喜。2013年夏天，在葡萄牙人回到切尔西后，他让约书亚和萨斯基亚参观了科巴姆训练基地，与多位球星见面，还旁听了一次赛前新闻发布会。

多年以来，每逢圣诞节和新年到来，我们都会互发祝福短信：“拥抱你”“希望你一切都好”。当我在电视上接受采访或写出一篇不错的报道后，“狂人”也会向我表示祝贺：“干得好”“给你个拥抱”“业界标杆”。

当然，我们也会互相开开玩笑。有一次，我因为接受膝盖手术要休养6周，当我把这个消息告诉若泽时，他这样回复道：“哥们，保重身体。你岁数越来越大，别再做什么蠢事了。”对此，我可并没有领情：“哈哈，我越来越老了？我怎么记得某个人连头发都变灰了！！”

还有一次，由于要领取新闻国际公司颁发的老员工忠诚奖，已为公司效力20年的我缺席了穆里尼奥的赛前发布会。后来我们聊起此事，若泽很希望我能得到一份嘉奖：“都20年了，希望他们能给你一笔不小的奖金。”然而，我最终没有得到什么大奖，当我告诉若泽自己只拿到了300英镑奖励时，“狂人”心直口快地骂了一句：“去他的，默多克。”没错，他总是逗得我哈哈大笑。

很少有人能真正了解，穆里尼奥绝不是个自私的人，他对别人的慷慨甚至会吓你一跳。看起来，似乎从没有什么麻烦事能难倒他，即便有时我代表家人或朋友向他索取，他也来者不拒。

这么多年，穆里尼奥帮我搞定了很多件签名球衣：我的堂兄伊恩为朋友要了一件，我的侄女贝姬为未婚夫的伯母要了一件，我的好朋友菲利普·莫里森为他的妻子要了一件当作婚礼日礼物，“狂人”在上面还写了一句祝语——“你是特别的一个”。除此之外，我的兄弟科林·莱斯特和格兰特·布莱克还得到过两张切尔西客战加拉塔萨雷的VIP门票，葡萄牙人将我的索求一一兑现。

有趣的是，就在科林·莱斯特和格兰特·布莱克在伊斯坦布尔看完球赛后，他们也以一种特别的方式，回报了穆里尼奥的恩惠。当时，科林担任着英国创作型歌手克雷格·大卫的经理人，而身为唱片制作人、歌曲创作者的布莱克，还是著名填词大师、奥斯卡金像奖获得者唐·布莱克的儿子。正是借助于自己的身份，莱斯特和布莱克希望以几张克雷格·大卫演唱会的门票，向穆里尼奥及其家人表示感谢。来得好不如来得巧，穆里尼奥的女儿正是克雷格·大卫的铁杆粉丝，这样的礼尚往来确实让人难忘。然而归根结底，穆里尼奥让我和朋友们享受了太多的恩惠，我们几乎不可能一一偿还。

# 47
## 分道扬镳

2015年5月24日，当我和穆里尼奥在斯坦福桥品尝着水晶香槟时，我们在事业上可谓春风得意、荣耀加身：葡萄牙人先后拿下联赛杯和英超桂冠，还得到了一份为期4年的续约合同；而我也凭借着一系列独家报道，夯实着自己的地位，其中独家披露切尔西签约迭戈·科斯塔的特写，还被官方提名为当年年度最佳新闻奖。恐怕谁都未曾想到，仅仅几个月后，我们就双双离开了自己的工作岗位，都没能扛到2015/2016赛季收官之时。

就像之前"狂人"遇到的引援困境一样，我在公司遭遇的麻烦也是早有先兆。当时，新上任的报社管理层对我的工作理念并不感冒，他们很快就通知我：独家报道不再是这个时代纸媒的重心，我的想法仍然停留在20世纪90年代，甚至犹如恐龙一般落伍。在这些新领导眼中，《太阳报》的梦幻之队游戏、宾果游戏和投注板块，才是未来决定公司成功与否的三大重要业务，即使由于收费导致我们的网站没有什么热度，但我也应该改变想法，去为那些网络上的"盘中兽"效劳。除此之外，我还得到了新领导另外一个指示：由于我与穆里尼奥的关系“超乎寻常”，所以从新赛季开始，我将不再担任切尔西的跟队记者，全公司任何一位同事都可以与“狂人”随意交流，只有我被排除在外。很显然，我已经处于离职的边缘了。我把这些消息转告了穆里尼奥，对此，“狂人”感到非常吃惊：“我他妈真不敢相信，他们竟然要孤立你。”实际上，对于葡萄牙人后来的遭遇，我也几乎难以置信。

2015/2016赛季第一轮，切尔西主场2比2战平斯旺西，从这场比赛开始，葡萄牙人就遭遇了接二连三的难题。对于切尔西而言，2比2的结果并非不能接受，更何况，他们从第52分钟开始就少一人作战——库尔图瓦由于在防守单刀时犯规，被主裁判奥利弗直接红牌罚下。不过，这个判罚可不是当场比赛的第一焦点，穆里尼奥与队医伊娃·卡尔内罗的公开对峙，才是当时乃至未来几周体育媒体的最大头条。

切尔西与斯旺西一役，当比赛行将结束时，队医卡尔内罗和弗恩在看到阿扎尔倒地后快速冲进场地，意图为比利时人查看伤情。但就在这两人跑进球场后，站在替补席前的穆里尼奥大动肝火，愤怒不已，他向跑远的二人怒吼着，发泄着自己的不满。“狂人”在事后解释道，队医的进场使得阿扎尔必须离场治疗，但由此一来，蓝军就不得不在最后时刻面对9打11人的不利局面，这就是他情绪失控的根本原因。赛后新闻发布会，葡萄牙人毫不避讳地谈起此事，在他看来，卡尔内罗和弗恩的举动“既冲动又幼稚”，一周后，在蓝军客场挑战曼城前，他们正式被“狂人”请出了替补席。

逮到这样的重大新闻，媒体自然不会轻易放过，很长一段时间，关于此事的后续报道层出不穷。切尔西与斯旺西一役结束后，处于风口浪尖的卡尔内罗没有再继续为蓝军工作，这位女队医找来了律师，决定以“不公平解雇”的指控起诉穆里尼奥和切尔西俱乐部。事已至此，穆里尼奥的发怒已经覆水难收，他只能暂时避一避风头，等待事态的最新进展。然而让人始料料未及的是，葡萄牙人有一天突然更换了自己的邮箱地址，这样的变化让我的工作生活更加棘手。众所周知，在我失去切尔西跟队记者的职务后，我与穆里尼奥唯一的联系渠道，就只剩下从瓦尔维克开车到伦敦，然后直接敲响他家的大门。如今，随着邮箱地址的变化，我们最后的沟通渠道也暂时搁浅，换言之，这实在是一段无法更糟的日子。

与我的处境一样，当时的穆里尼奥也未能摆脱麻烦的侵扰，事后看来，他与卡尔内罗的口舌之争，正是蓝军陷入一系列惊世危机的开端：从社区盾负于阿森纳到联赛0比3败给曼城、主场1比2输给水晶宫、客场1比3折戟古迪逊公园，切尔西遭遇了“穆氏时代”最惨淡的一段低潮期，赛季前6场比赛，蓝军1胜1平4负，排名倒数第四。这样的开局让人沮丧至极，身为局外人的看客怎么都想不明白，切尔西的内部究竟发生了什么？

从新赛季首轮比赛日起，我一直在反复地试图联系穆里尼奥，但每每发出邮件，却总会被系统退回。直到8月27日，我决定更换目标，开始联系“狂人”最信赖的助手鲁伊·法里亚，对于穆里尼奥下课后种种可能发生的事情，我希望能得到一些更准确的讯息，以此辨别我打听到的小道线索。当时有消息称，如果“狂人”中途下课，后者会像第一次离开斯坦福桥时那样放弃保险赔偿金——切尔西只需正常支付工资，直到他找到下一份工作。

没错，我的计划奏效了。仅仅一小时内，穆里尼奥就通过法里亚回复了我的询问。葡萄牙人的开篇言简意赅，却也意味深长：“不要再发邮件了，这样很危险！”后来我才知道，由于卡尔内罗向法院提出诉讼，“狂人”过去和现在的电子邮件便全部处于被监管的状态，这样一来，我的很多疑问烟消云散，他改动邮箱地址的行为也就合情合理了。事实证明，葡萄牙人的担心不无道理，在2016年6月关于“不公平解雇”的诉讼中，“狂人”发出的邮件内容确实涉及其中。



即便要为私人信件被监控的事情操心，穆里尼奥也不忘打消我对解约赔偿金的疑问。对于自己离开切尔西的假设和猜测，“狂人”给出了明确的解释：“你知道，我与俱乐部签了4年合同，如果阿布现在解雇我，我会照常得到两年的工资。如果老板在合同还剩2年时炒掉我，我也能拿到至少一年的工资。”最后，葡萄牙人又补充了一句：“话虽如此，你也不要再浪费时间了，这些都是愚蠢的问题。”很显然，即便连续输给水晶宫和埃弗顿已经使得一切皆有可能，但那时的穆里尼奥仍然没有想过自己会丢掉工作。

2015年9月12日，英超第五轮，切尔西客场1比3负于马丁内斯执教的埃弗顿。那一天，穆里尼奥在古迪逊公园遭遇重创，而身在山楂球场的我，也迎来了记者生涯的重要节点。我的工作本来与切尔西无关，报社派给我的任务是报道西布罗姆维奇主场对阵南安普敦。不过，由于切尔西对埃弗顿是在中午12点45分正式开始（西布罗姆维奇与南安普敦在3点开始），所以我就决定待在媒体室，先看一看蓝军的表现。

开场仅22分钟，客场作战的切尔西就连丢两球，一举葬送了比赛，鉴于形势愈发严峻，我猜想可能会有突发的事件发生。经过一番权衡，我决定待在媒体室，等待穆里尼奥出席赛后发布会的画面传来。至于西布罗姆维奇和南安普敦的比赛，则被我暂时抛到脑后。

在我看来，这并不是什么失职的表现，与之相反，这算是我依仗新闻嗅觉做出的判断。当时，报社安排我与格拉姆·拜尔斯一同报道周末的英超联赛，他负责周日的战报，我则掌管周一的版面。我把自己的计划告诉了拜尔斯，他也认为这个决定合情合理，毕竟，相较于西布朗和“圣徒”的平淡较量，我们都认为蓝军发酵的队内危机无疑是更大的新闻点。

在新闻发布会上，穆里尼奥的沮丧溢于言表，仅仅开赛5轮，他基本打消了争冠的念头。没错，从卫冕冠军到难求一胜，蓝军遭遇的困境让人摸不着头脑。

身处那样的情况，我决定铤而走险，挑战一下“狂人”的脾气，即便他不让我再发去邮件，但我还是希望能在此时得到更多的一手消息。发出这封邮件后，我走进开赛半小时的山楂球场，一边见证着两支球队的互交白卷，一边等待着那个经受巨大压力的葡萄牙人能给予一些答复。但很遗憾，我的期盼最终徒劳无功。

星期天，我在家里度过正常的休息日，一条询问切尔西的邮件突然映入眼帘。这不算什么友好的讯息，甚至连最起码的礼仪和问好都没有，那边直抒胸臆地问道："是时候用到你跟穆里尼奥的关系了，你现在到底都知道些什么？他是不是真要下课走人了？"

看到这样的信息，我本应该怒火中烧，但我现实的反应却是笑出了声。你们还记得吧，我就是因为与穆里尼奥关系"超乎寻常"，以至于失去了报道切尔西的机会，全公司甚至只有我不能对他进行采访！但此时此刻，我没有置身于古迪逊公园球场，但报社的领导却竟然想让我帮忙。没错，我已经不是蓝军的跟队记者了，自从上赛季末轮与"狂人"分享过香槟后，我们就再也没有见过彼此。就是这样同一帮人，他们先是剥夺我的报道权限，然后又突然想从我这里得到关于切尔西和穆里尼奥的独家消息。这一切真是荒谬至极。

在回复中，我用礼貌的方式回溯了整个过程，也表达了自己的想法。我还顺带告诉他们，穆里尼奥已经不再回复我的邮件，对于目前葡萄牙人的处境以及是否有离开之意，我真的一无所知。

翌日，在照常来到公司后，我从内容负责人那里得到了一个消息："鉴于你不愿意提供关于切尔西的帮助，没有按照要求遵从上级的合理安排，我认为你的行为已经触犯了纪律条款，应该接受正式的审查。"

很显然，那些人动用这样的手段，就是想让我离开公司，待到下个月，我还得参加一次可笑的纪律听证会。事已至此，我本应该彻底抛开工作，义无反顾地表达自己的愤怒与不屑。但现实情况是，我不得不暂时向权力低头，毕竟我是两个孩子的父亲，还有一大堆贷款和账单必须偿还，无论如何，我的责任就是让家人在未来过上幸福和稳定的生活。虽然在我看来，这样的指控悲哀至极而且毫无根据，不过出于家庭考虑，我必须要战斗到底、绝不放弃，但愿最终的结果能让那个疯子感到难堪。

与之相反，就在我陷入进退两难的局面时，切尔西却似乎暂时踩住了下滑的刹车：9月16日，欧冠小组赛，蓝军主场4比0大胜特拉维夫马卡比；一周后，联赛杯第三轮，若泽的球队客场4比1击败沃尔索尔。而在这两场比赛之间，9月19日，切尔西在斯坦福桥取得了一场极其重要的胜利，凭借祖玛和阿扎尔的进球，蓝军主场2比0打败同城死敌阿森纳。我原本以为，切尔西和穆里尼奥终于等到了赛季的拐点，但事实证明，这并不是破晓前显现的曙光，只是低迷之中的回光返照。就在我高兴地告诉穆里尼奥，"这个3分应该是转折点时"，"狂人"只是无奈地回复道："本来是这样，但英足总又他妈处罚迭戈了。"没错，蓝军遭遇的萎靡和挫折，依然绵延不绝。

从比赛过程看，切尔西本该从这场胜利中得到巨大的激励，多名球员的表现非常出色。但实际上，迭戈·科斯塔制造的事端，还是让蓝军陷入了又一个困境，在穆里尼奥眼中，蓝军依然未能走上正轨。由于对科斯切尔尼施予暴力行为，西班牙国脚在赛后接到了英足总开出的禁赛3场的罚单，战绩不佳的蓝军再遭打击。从一个挫折苦难到另一个天灾人祸，"狂人"与蓝军已经举步维艰，随着各方的施压快速累积，切尔西将士已经无处可躲。然而，即便是身处巨大的危机和压力之中，葡萄牙人却依然愿意助我一臂之力。

为了拯救我的工作，我想出了一个不错的计划。很简单，对于我呈报给上司的理由，穆里尼奥绝对可以充当我的第一见证人。没错，极端情况下只能采用特殊的方法，再一次，我给穆里尼奥发去了邮件，希望他能考虑到目前的情况，以一封回信肯定我的清白。从当事人的角度看，我当然期盼着穆里尼奥可以现身说法，证明我一直在试图联系他，但一直都未能得到回应。为了增强可信度，我还附带发送了相关的工作邮件和惩戒程序的条文，我觉得当他看到这些东西时，应该也会产生怜悯之心吧。谢天谢地，这真的奏效了。无论编写邮件是否还存在危险，这位蓝军主帅终究选择了为我撑腰，他这一次的回复，着实让我印象深刻。

发件人：若泽·穆里尼奥

主题：不公平！

日期：2015年9月21日 12:24:11

收件人：罗博·比斯利

我认为你遭受了不公平的待遇……当然，我们是朋友，我很希望可以帮助你完成工作。但有时候，我真的没什么可说的，这里也没有故事可挖。

切尔西俱乐部已经今非昔比，我们现在很平静，没有内讧，没有问题，跟老板也是相安无事……正因如此，我无法公开回应什么。

由于我的邮件正处于被监管的状态，所以我无法与你进行通信。

不过，当你保住自己的工作后，我们可以商议一下，究竟如何才能更好地帮助你。

在整个英格兰的记者圈，我只与你保持着一定的交流，你的公司绝不应该把你放走。

向你的家人问好！

若泽·穆里尼奥

几天后，穆里尼奥甚至把这个话题带到了新闻发布会，当他的未来开始被广泛讨论时，“狂人”却主动谈起了记者的前途命运。“我一直在试图搞清楚一件事，为什么有人会因为别人失去工作而感到兴奋和快乐，”穆里尼奥如是说道，“简而言之，如果你告诉我自己效力的报社计划裁员20人，我最先考虑的肯定是你的职位是否安全，我希望你能安然无恙。除此之外，即便我不知道那20个员工到底是谁，我仍然会为他们的离开感到难过。”就像他在邮件里给予我的支持一样，“狂人”字字珠玑，没有任何空话和套话。但遗憾的是，这样简洁凝练的表态，已经无法改变我们注定面对的结局。

我的工作依然前途未卜，切尔西的状态也没有多大改观。从9月末到10月初，蓝军先是在客场1比2负于波尔图，然后又到主场1比3败给由科曼执教的南安普敦。2比0击败保级队阿斯顿维拉算不上良药，同城对手西汉姆联很快就在蓝军的伤口上继续撒盐，待到10月31日万圣节到来，穆里尼奥的球队又被利物浦带进了万劫不复的主场噩梦——1比3，拉米雷斯的进球无法抵挡库蒂尼奥和本特克的联合发力。

进入11月，切尔西的战绩稍稍有些好转：英超联赛中，他们1比0击败诺维奇，0比0战平托特纳姆热刺；欧冠联赛里，蓝军主场2比1击败基辅迪纳摩，客场4比0大胜特拉维夫马卡比。

但对于我而言，这个新月份依然糟糕：经过一番斟酌，我最终决定不上交那份穆里尼奥发来的证明邮件，换言之，我不会用它作为拯救这份工作的杀手锏。在外人看来，或许我已经拿到了一块“免死金牌”，但内心深处的声音却告诉我：不要这么做。我一直坚持相信，自己在整个过程没有做错任何事，我的所有决定都是合理和正确的。自始至终，这个纪律审查就附带着偏见的推论，完全是虚张声势。所以，我最终决意让穆里尼奥远离这样的是非，保持自己的道德制高点。总之，我不愿意与他们可悲的意志为伍，在我心中，这样的底线与我跟穆里尼奥的关系同等重要。

不出所料，报社的纪律处罚如约而至，一份书面警告让整件事情尘埃落定，我的离职也正式进入倒计时。但万万没想到，我居然比若泽抵抗了更长的时间。2016年3月，我得到了报社批下来的解约金，数额大约是刚过2年的薪水。说来有些幸运，由于接受了一次拖延许久的脚踝手术，我终于得以从长期的精神折磨中解脱出来，依仗于这次因祸得福，我远离了工作岗位长达3个月的时间。但正因如此，我没能在第一线见证穆里尼奥经历的血雨腥风，那时候，他已经没有任何喘息之机。12月5日，切尔西主场0比1爆冷负于伯恩茅斯，当比赛结果出炉时，我正与约书亚坐在一起，专心观看着大黄蜂与埃克塞特酋长的橄榄球重磅对决。我告诉约书亚："这一下板上钉钉，若泽肯定要下课了。"他点了点头表示同意，我们都无法为"狂人"找到更多的希望了。不过，身处那样的逆境，苟延残喘的葡萄牙人倒真是多待了10天。

在2015年12月17日被解雇前，穆里尼奥又带领蓝军在欧冠小组赛末轮2比0击败波尔图，拿下出线资格。紧接着，他与切尔西前往万众瞩目的莱斯特，迎接了一场堪称赛季分水岭的比赛。那时，距离"狂人"加冕赛季最佳教练仅仅过去7个月，但这场1比2的客场败局，终究成了压垮骆驼的最后一根稻草。切尔西负于莱斯特城3天后，我收到来自科巴姆基地的可靠线报，有内部人士称穆里尼奥已经被阿布解雇。随即，我打开电子邮箱，希望能立即联系到葡萄牙人。不过这一次，"狂人"的新邮箱地址也失效了：眼见着邮件被系统退回，他在切尔西的工作邮箱彻底消失了。没过多久，若泽下课的新闻被媒体相继曝出，他与斯坦福桥的缘分再度耗到尽头。

对于切尔西的糟糕战绩，恐怕没有人不会感到惊讶。在1比2负于莱斯特城后，蓝军在前16轮遭遇9场失利，卫冕冠军的排名甚至跌到了英超倒数第五名。毫无疑问，穆里尼奥曾为斯坦福桥带来前所未有的成功和奖杯，我们一直深爱着这家俱乐部，对于功勋卓著的"狂人"而言，他在切尔西的最终章着实让人唏嘘不已。3个英超冠军，3个联赛杯冠军，3次欧冠半决赛，1个足总杯冠军，1个社区盾冠军——两段生涯，7个赛季，多么伟大的纪录，多么丰厚的"遗产"。

# 后记

## 2016年，老特拉福德球场

2016年5月27日，早上9点30分，曼联终于在官网公布了这个几乎世人皆知的“秘密”：若泽·穆里尼奥入主老特拉福德。在内文的亮相照片中，西装革履的“狂人”露出微笑，骄傲地举起了一件新东家的球衣。他与曼联签下的合同为期3年，直到2020年夏天。

红魔首席执行官艾德·伍德沃德表示：“若泽绝对是当今世界足坛最优秀的教练，在欧洲许多国家，他都激励了球员，并且赢得了很多奖杯。当然，他非常熟悉英超联赛的环境，鉴于此前的成功履历，我们认为若泽是带领曼联前进的理想选择。”

在官方公告中，穆里尼奥表达了自己的想法：“这是一家举世闻名的俱乐部，能成为曼联的主帅是一种特殊的荣耀。毫无疑问，这里拥有着别队无法比拟的神秘和浪漫色彩。我与老特拉福德一直很有缘分，在这些年的执教生涯里，我在‘梦剧场’拥过有很多特别的记忆，与此同时，我也很享受与曼联球迷建立的融洽关系。没错，我很期待成为他们的主帅，未来几年，我也想一直享受于他们无与伦比的支持之中。”

当天稍晚，曼联官方电视台播出了对穆里尼奥的采访，说实话，“狂人”面对镜头表现得不是太好，或许是受到兴奋之情的影响，站在赞助商的挡板之前的他竟然有点舌头打结。尽管如此，葡萄牙人还是明确传递了这样的信息：他来到这里就是为了不断取胜，不断获得奖杯，对于即将到来的一切，他已经迫不及待了。

在穆里尼奥看来，现在就是接手曼联的最佳时机，他的履历和经验，足够匹配曼联施予的超高期待。“我的感觉非常好，现在的一切都来得恰到好处，”葡萄牙人如是说道，“我们都知道，曼联是一家超级豪门，他们理应聘任最好的教练，想要执教这样的球队，教练必须做好充足的准备。没错，我已经准备好了。现在得到这份工作，我完全可以享受当下，不停表达着开心、光荣、荣耀和志得意满，但现实是，我只想尽快地投入工作、回到球场，翘首以盼7月的到来。”

随后，葡萄牙人还提到了曼联此前遭遇的3年低潮期：“我们可以把红魔的历史分为两个部分，一个是弗格森离开之后；另一个就是那些为人熟知的伟大时刻。于我而言，我会倾向于忘掉曼联过去的3年，我会专注于现在的球队，也会谨记俱乐部的光荣历史。无论如何，我都会为这支球队倾尽全力，向着我们期待的方向不断前进。”

对于曼联的忠实球迷，穆里尼奥也不忘隔空喊话。多年以来，“狂人”带领切尔西和皇马在这里拿下了多场胜利，他很感谢红魔球迷一直能给予他公正的待遇。葡萄牙人说：“我和曼联球迷都很清楚，我们究竟能为对方带来什么。很显然，对于一支球队而言，最重要的就是球员以及他们与球迷的关系。令人惊讶的是，我曾经带领很多球队来到‘梦剧场’比赛，曼联球迷一直怀有同理心，我们没有出现过任何不快。正因如此，我还说出过令自家球队不满的言论。至今我还记得，当我带领皇马在这里淘汰曼联后，我对记者表示‘最好的球队’输了，当时就有很多皇马人感到不悦。”

对于若泽和曼联而言，他们面对的最根本问题，就是前者能否将红魔带出此前3年的低潮期？很多人想当然地认为，“狂人”再差也差不过莫耶斯和范加尔，但在穆里尼奥心中，这二人绝不是他要比较的对象——他才不是那种寻求"比差"的人。身为当今足坛的顶级教练，葡萄牙人当然希望能像弗格森一样，让曼联重新成为英超乃至欧洲的霸主。想想自己之前的光辉履历，"狂人"完全有理由对此表示乐观。

可以预见的是，执教切尔西最后5个月的惨淡和耻辱，会驱使穆里尼奥尽快地打出新成绩，以此洗刷掉这段不堪回首的过往。对于"狂人"来说，这将是一股强大的鞭策之力，不过，真正能让他在曼彻斯特做到尽善尽美的原动力，终究是他对于胜利永不停止的追求和不曾松懈的工作态度，每一天的日常，他都会事无巨细地做好各种细节准备，只为把风险降到最低。我们可以想象，在每场比赛到来前，他都会找到对方的强点，并加以分析找到应对的方法，而针对对方的短处和弱项，"狂人"也会对症下药，绝不疏忽大意。在来到一支新的球队后，穆里尼奥往往会很快找出与自己"三观吻合"的球员，在他的体系中，这些球员就是本队的骨干力量，他们最先接受"狂人"对工作和备战的偏执要求，以及"我们对抗全世界"的思想，然后再耳濡目染地带动队友，直至全队完成升级。作为与穆帅较为亲近的人，我对于其中的过程了然于胸，如果你与穆帅"三观相投"以至于共进退，一切都会顺其自然，绝不需要太长时间磨合。当然，如果你与若泽毫不来电，甚至将其惹怒，他也会给予反击对你视而不见。这么多年过去，这样的事情我见得太多了：乔·科尔、舍甫琴科、维拉斯-博阿斯、卡西利亚斯、拉莫斯、大卫·路易斯、德布劳内、卢卡库，他们的情况大抵如此。

穆里尼奥在曼联仍然会引起一些争议，而一些不幸的"牺牲者"也会再次出现。从他与比拉诺瓦和伊娃·卡瓦内罗的冲突可以看出，"狂人"暴烈的南欧脾气，往往会将他推上险峻的悬崖峭壁。我可以肯定地说，穆里尼奥仍然会因为这些插曲陷入窘迫的境地，但我们都知道，他绝不会感到任何后悔，在重装上阵后就会继续前行。在这一方面，弗格森爵士也基本如此。

实际上，穆里尼奥与弗格森的相像之处还有很多：火爆的脾气，坚持己见，他们都从不惧怕公开表态抑或逆流而上。无论弗格森还是穆里尼奥，他们都不愿意与笨人为伍，包括对手、同行、裁判、评论员或者记者。众所周知，这两位性格主帅非常厌恶别人对他们的工作、计划或转会交易指手画脚，而一旦遇到正面对峙，他们也绝不会躲躲藏藏，总是心直口快地予以回应。然而，与弗格森的绝对掌控不同，穆里尼奥在切尔西、皇马都遇到了关于权力的长久斗争，由于只能充当弗洛伦蒂诺和阿布拉莫维奇的附庸和随从，“狂人”在老板的利己主义下，体会到了沮丧以及被束缚的感觉。如今，来到老特拉福德，穆里尼奥势必希望像弗格森一样拥有绝对的自主权，一切都可以由他自己掌控。这样的工作方式，不仅是弗格森的习惯，也是葡萄牙人的最爱，依仗于此，他可以带领球队一同野蛮生长。

一直以来，穆里尼奥都恭敬地称呼苏格兰老头为“弗格森爵士”，“狂人”曾经亲口承认，他根本不可能企及弗格森在世界足坛取得的非凡成就。但我依然相信，若泽可以在英格兰最伟大的俱乐部打下出色的成绩，对于他的为人和职业能力，我都知道“狂人”究竟有多么优秀。在将近40年的媒体生涯中，我与很多优秀的教练一起共事，但如果非要从中选出最好的一个，穆里尼奥当之无愧——别忘了，很多与其合作过的球员都感同身受。在未来几年的时间，我很确信穆里尼奥仍然将染指很多的奖项、荣誉和奖杯，即便不能成为历史第一人，他也一定能继续巩固当世顶级的头衔。*

* 2016/2017 赛季，穆里尼奥与曼联拿下了社区盾、联赛杯和欧联杯冠军。——译者注

# 鸣谢

致若泽·穆里尼奥：无论为人抑或担任教练，他就是“特别的一个”。老大，感谢你为我做的一切！

特别感谢乔安妮·奥佩博士，还有我的好兄弟菲利普·莫里森。感谢你们的校对，以及对这本书的大力支持。

当然，我还要感谢爸爸和妈妈，即便我做事欠妥，你们对我的爱也从来不会动摇。

我要送给姐姐艾莉森以及侄子、外甥、侄女和外甥女海伦、汤姆、萨缪尔和贝姬一个大大的拥抱。

我必须向已故的、伟大的罗杰·杰弗里表达长久的感激之情，他曾是《纳尼顿论坛晚报》的编辑，1997年夏天，正是他给予了我第一次从事新闻工作的机会。

最后，我还要感谢家乡纳尼顿，就是这个地方让我成为现在的自己，那里永远是我的家。